청소년을 위한
북유럽 신화

청소년을 위한
북유럽 신화

2017년 12월 31일 초판 1쇄 발행

지은이 | 패드라익 콜럼
옮긴이 | 박일귀
펴낸이 | 한승수
펴낸곳 | 문예춘추사

편집 | 정내현
마케팅 | 신기탁
디자인 | 우디

등록번호 | 제300-1994-16호
등록일자 | 1994. 1. 24

주소 | 서울시 마포구 동교로27길 53 지남빌딩 309호
전화 | 02-338-0084
팩스 | 02-338-0087
E-mail | moonchusa@naver.com

ISBN 978-89-7604-355-9 (44900)
      978-89-7604-309-2 (세트)

The Book of Northern Myths

청소년을 위한
북유럽 신화

패드라익 콜럼 지음 | **박일귀** 옮김

문예춘추사

　북유럽 신화의 인기가 예전보다 부쩍 높아진 것 같다. 서양 신화 하면 보통 그리스·로마 신화가 대세인데, 최근에는 대중의 관심이 북유럽 신화까지 넓어지고 있다. 아무래도 영화, 만화, 소설, 게임 등 대중문화의 영향이 적지 않은 듯하다. 대표적으로 천둥의 신 '토르'의 인기가 매우 높다. 마블 스튜디오의 영화《토르》시리즈가 큰 몫을 하고 있다. 소설과 영화로 나온《반지의 제왕》시리즈도 북유럽 신화에 관심을 불러일으키는 데 한몫했다. 이미 MMORPG와 같은 온라인 게임에서도 신화의 배경과 인물, 스토리가 적극 활용되고 있다.

　하지만 북유럽 신화는 여전히 그리스·로마 신화만큼 대중에게 널리 알려져 있지는 않다. 그리스·로마 신화와는 또 다른 매력을 지니고 있지만 아직 많은 사람들에게 북유럽 신화는 낯설다.

　흔히 북유럽 신화는 그리스·로마 신화와 쌍벽을 이루는 서양 신화라고 한다. 그만큼 서양 문화의 원류를 이해하려면 필히 알아야 할 고전으로 꼽히고 있다. 그래서 신화를 공부해야 한다고 말하는 사람들도 있다. 그런데 북유럽 신화를 꼭 '공부'하는 마음으로 읽어야 하는 걸까? 신화는 본래 입에서 입으로 전해 내려오는 '이야기'이다. 엄마가 자녀에게, 할아버지가 손주에게 들려주는 재미난 옛날이야기 말이다. 이야기는 이야기로 들어야 한다. 신화의 배경 세계는 어떤지, 등장인물의 성격은 어떤지 군이 이론을 다루듯 딱딱하게 설명할 필요가 없다. 이야기를 듣다 보면 자연스럽게 신화의 세계를 이해하고 등장인물의 성격과 분위기도 파악하게 된다.

　기왕이면 하나의 '완결된' 스토리로 들으면 좋다. 대부분의 신화 서적들은 인물이나 주제에 따라 사전식으로 나열하는 경우가 많다. 그래서 이야기의 흐름이 뚝뚝 끊어지기 일쑤다. 여러 인물들이 중구난방으로 등장해 독자가 혼란에 빠질 때도 있다. 사실 북유럽 신화의 원전으로 꼽히는

『옛 에다』(8~11세기경)와 『스노리 에다』(12~13세기경) 자체가 이야기를 앞뒤 맥락 없이 늘어놓고 있다.

그런 의미에서 패드라익 콜럼의 『청소년을 위한 북유럽 신화』(원제: The Children of Odin : The Book of Northern Myths)는 북유럽 신화를 읽기 쉽고 편하게 완결된 스토리로 엮어 놓은 신화 책이라 할 수 있다. 저자가 애초에 아동과 청소년을 독자로 염두에 둔 것도 있지만, '이야기의 달인'이라 불릴 만큼 이야기를 재미나게 풀어 쓰고 하나의 큰 흐름으로 엮는 실력이 워낙 뛰어나다. 책을 읽어 보면 무슨 말인지 이해하게 될 것이다.

신화를 읽으면 자연스럽게 상상력도 많이 발휘하게 된다. 이 세상에 존재하지 않는 신비하고도 아이러니한 세계가 펼쳐져 있기 때문이다. 문자 그대로 읽으면 도무지 말이 안 되는 이야기도 상상의 나래를 펼치면 무엇이든 가능하다. 그러면서 한편으로는 신이나 거인, 영웅, 난쟁이, 요정 등 인간이 아닌 신화적 존재들이 오히려 너무나 인간적인 모습으로 다가올 때가 있다. 그래서인지 모르겠지만, 그들이 인간보다 더 친숙하고 살갑게 느껴지기도 한다.

이 책에는 여러 삽화가들의 그림이 실려 있다. 같은 배경, 같은 인물, 같은 이야기라도 삽화가들의 상상력에 따라 얼마든지 다채롭게 표현될 수 있다. 상상력에는 정답이 없기 때문이다. 이런 그림들을 감상하는 것도 신화를 읽는 또 하나의 묘미가 될 것이다.

그럼 이제 이야기의 달인 손에서 새롭게 태어난, 재밌고도 매력적인 북유럽의 신화 속으로 함께 들어가 보자!

옮긴이 박일귀

차례

제1부

아스가르드의 신들

아득한 옛날 머나먼 곳에서

　아득한 옛날, 하늘에는 우리가 지금 보고 있는 해와 달과는 전혀 다른 해와 달이 떠 있었다. 해의 이름은 '솔(Sol)'이었고, 달의 이름은 '마니(Mani)'였다. 그런데 솔과 마니의 뒤를 늑대가 한 마리씩 쫓고 있었다. 결국 두 늑대는 솔과 마니를 집어 삼켜 버렸다. 그러자 세상은 어두워졌고 기온도 뚝 떨어졌다.

　그 시절에는 오딘(Odin), 토르(Thor), 회두르(Hödur), 발두르 (Baldur), 티르(Tyr), 헤임달(Heimdall), 비다르(Vidar), 발리(Vali) 그리고 로키(Loki)라는 신들이 살고 있었다. 프리가(Frigga), 프레야(Freya), 난나(Nanna), 이둔(Idun), 시프(Sif)라는 아름다운 여신들도 있었다. 그러나 해와 달이 늑대에게 먹혀 사라질 때 신들도 죽음을 맞이했다. 발두르는 이미 그 전에 죽었고, 오딘의 아들 비다르와 발리, 토르의 아들 모디(Modi)와 마그니(Magni)를 제외한 모든 신이 죽음을 당했다.

　그때 세상에는 인간들도 살고 있었다. 해와 달이 사라지고 신들이 죽기 전에 인간 세상에도 끔찍한 일이 벌어졌다. 온 세상에 눈이 펑

펑 내렸는데, 겨울에는 물론이고 봄, 여름, 가을에도 눈발이 끊이지 않았다. 사방에서 거센 폭풍우도 불어댔다. 한파가 들이닥쳐 세상이 꽁꽁 얼어붙는데도 사람들은 서로 싸우고 죽이기 바빴다. 인류가 멸망하는 그날까지 싸움은 계속되었다.

인간이 사는 세상 말고 신들이 사는 세상이 있었다. 초목이 우거진 아름다운 세상이었다. 그러나 사나운 바람이 그곳까지 불어와 숲과 언덕을 모두 덮쳤고 신들이 사는 집까지 초토화시켰다. 또 하늘에서 불이 내려와 세상을 송두리째 태워 버렸다. 해와 달이 사라진 뒤에는 어둠이 찾아왔고 신들도 죽음을 맞이했다. 이처럼 끔찍한 일이 벌어진 시기를 '라그나뢰크(Ragnarök)', 즉 신들의 황혼이라 부른다.

라그나뢰크 이후 하늘에 새로운 해와 달이 나타났다. 이 해와 달은 솔과 마니보다 더 멋지고 아름다웠다. 이번에는 늑대들이 쫓아다니지도 않았다. 땅 위에는 다시 푸른 초목이 우거지고 세상은 살기 좋은 곳으로 변했다. 불길이 침범하지 못할 정도로 깊

리프와 리프트라시르(로렌츠 프뢸리히 作)

은 숲 속에 있던 여자와 남자가 마침내 잠에서 깨어났다. 신들의 아버지 오딘이 여자와 남자를 깊은 숲 속에 숨겨 놓고는 라그나뢰크 기간 동안 잠들게 했던 것이다.

여자의 이름은 리프(Lif)였고, 남자의 이름은 리프를 사랑하는 자를 의미하는 리프트라시르(Lifthrasir)였다. 여자와 남자는 깊은 숲 속에서 세상 밖으로 나왔다. 여자와 남자가 자손을 낳고 그 자손이 또 자손을 낳아 새 땅 위에는 사람들이 점점 불어났다. 오딘의 아들 비다르와 발리, 토르의 아들 모디와 마그니도 살아남았다. 비다르와 발리는 옛 신들이 글을 적어 놓은 돌판을 발견했는데, 돌판에는 라그나뢰크 이전에 세상에서 벌어졌던 모든 일들이 적혀 있었다. 라그나뢰크 이후에 살았던 사람들은 예전처럼 멸망과 파괴의 고통을 겪지는 않았다.

아스가르드의 성벽을 쌓다

　신족과 거인족 사이에는 오랫동안 전쟁과 갈등이 끊이지 않았다. 거인족은 인간 세계를 파괴하려 했고, 신족은 인간 세계를 거인들로부터 보호하고 세상을 더욱 아름답게 만들려고 노력했다.

　지금까지 신들과 관련해 전해 내려오는 이야기는 무궁무진하다. 그중 먼저 소개할 내용은 신들의 도시 건설에 관한 이야기이다.

　신들은 높은 산 정상에 거인들이 침입할 수 없는 신의 도시를 세우고자 했다. 도시의 이름은 '신들의 거처'를 뜻하는 '아스가르드(Asgard)'였다. 산 정상에 찬연하게 펼쳐진 고지대가 바로 아스가르드가 세워질 자리였다. 신들은 도시 둘레에 튼튼하고 높은 성벽을 세우면 좋겠다고 생각했다. 신들이 한참 궁전을 짓고 있는데, 낯선 사람 하나가 아스가르드에 찾아왔다. 신들의 아버지 오딘이 낯선 사람에게 물었다.

　"신들의 산에는 무슨 일로 왔느냐?"

　"저는 신들께서 어떤 생각을 하고 계신지 잘 알고 있습니다."

낯선 사람이 머리를 조아리며 말했다.

"이곳에 신들의 도시를 짓고 계시지요. 저는 감히 궁전은 짓지 못하지만 절대 무너지지 않는 성벽을 쌓을 수는 있습니다. 제게 도시의 성벽을 쌓을 수 있도록 허락해 주십시오."

"성벽을 쌓는 데 시간은 얼마나 걸리겠느냐?"

오딘은 듣던 중 반가운 소식에 마음이 들떴다.

"넉넉히 일 년 정도면 완성할 수 있습니다."

낯선 사람이 자신 있게 대답했다.

도시 둘레에 거대한 성벽이 세워지면 신들이 굳이 아스가르드를 지키는 데 많은 시간을 할애하지 않아도 되었다. 아스가르드만 무사하다면 오딘 자신도 마음 놓고 세상에 내려가 사람들을 바른길로 인도하고 도울 수 있었다. 오딘은 마음속으로 그래도 아무 대가 없이 일을 맡기는 건 옳지 않다고 생각했다.

낯선 사람은 그날 바로 신들의 회의에 참석해 1년 안에 성벽을 짓겠다고 맹세했다. 오딘도 1년 안에 성벽을 완성하면 원하는 건 무엇이든 들어주겠다고 약속했다. 다음 날 낯선 사람이 다시 신들 앞에 나타났다. 이날부터 성벽 짓는 일을 시작했는데, 바로 '여름의 첫날'이었다. 낯선 사람은 큰 말 한 마리 외에 같이 일할 사람을 따로 데려오지는 않았다.

신들은 큰 말이 돌을 나르는 일만 할 거라고 생각했는데, 놀랍게도 그 이상의 일을 해내고 있었다. 큰 말이 직접 돌을 가져다가 회반죽을 바르고 성벽을 쌓고 있는 게 아닌가! 큰 말은 밤낮으로 쉴 새 없이 일을 했다. 신들이 세우고 있는 궁전 주위로 어느새 거대한 성벽이 올라가고 있었다.

"그런데 저 낯선 사람이 성벽을 쌓는 대가로 우리에게 무엇을 요구

할까?"

신들은 낯선 사람이 무엇을 바랄지 궁금해졌다. 오딘은 낯선 사람에게 말했다.

"자네가 큰 말과 함께 열심히 일하는 것을 보고 많이 놀랐네. 우리는 자네가 아스가르드의 성벽을 기한 내에 완성할 거라고 믿네. 자네가 원하는 걸 미리 말해 주면 우리도 준비하도록 하지."

오딘의 말에 낯선 사람은 성벽을 쌓다 말고 돌아서며 말했다.

"오, 신들의 아버지 오딘이시여, 제가 바라는 건 저 하늘의 해와 달입니다. 그리고 꽃과 풀을 보살피는 프레야를 제 아내로 삼고 싶습니다."

그 말을 듣자 오딘은 어처구니가 없었다. 대가가 터무니없이 컸기 때문이다. 오딘은 궁전을 짓고 있던 신들에게 돌아가 방금 낯선 사람이 한 말을 그대로 전했다. 그러자 신들은 태양과 달이 없으면 세상은 소멸할 것이라며 걱정했다. 여신들도 프레야가 없으면 아스가르드는 암울해질 거라고 말했다.

신들은 낯선 사람의 요구를 들어주느니 차라리 성벽을 세우지 않는 게 낫다고 생각했다. 그때 신들 중 하나가 앞으로 나왔다. 로키(Loki)라는 신이었는데, 아버지가 바람의 거인(Wind Giant)이었기 때문에 반(半)만 신이었다.

"저 낯선 사람에게 아스가르드의 성벽을 짓게 하십시오. 그 사람이 무리한 협상을 포기하게 할 계략이 있습니다. 우선, 그에게 내년 '여름의 첫날'까지 성벽 건축을 완료하지 못하면 땡전 한 푼 받을 수 없을 거라고 경고해 주십시오."

신들은 로키의 말대로 낯선 사람에게 가서 내년 '여름의 첫날'까지 성벽 건축을 마무리 짓지 못하면 해와 달과 프레야를 주지 않을 거라

아스가르드의 성벽을 쌓는 거인과 큰 말 스바딜파리
(로버트 엔젤스 作)

고 경고했다. 그날 신들은 낯선 자가 다름 아닌 거인족이라는 사실도 알게 되었다.

거인은 큰 말과 함께 더욱더 서둘러 성벽을 쌓아올렸다. 밤에 거인이 잠을 잘 때도 큰 말은 계속해서 일을 했다. 말은 큰 앞발로 돌을 하나씩 하나씩 쌓아올렸다. 하루하루가 지나면서 아스가르드의 성벽도 점점 높아져 갔다.

신들은 성벽이 올라가는 걸 보고 있자니 마음이 영 불안해 어찌할 바를 몰랐다. 거인이 일 년 안에 성벽 건축을 끝내고 해와 달과 프레야를 데려갈 것만 같았다. 하지만 로키는 눈 하나 깜짝하지 않았다. 거인에게 일을 끝내지 못하게 해서 요구하는 바를 들어주지 않을 좋은 방법이 있다며 신들을 안심시켰다.

시간은 쏜살같이 흘러 어느새 '여름의 첫날'이 사흘 앞으로 다가왔다. 이제 성문을 제외하고 모든 성벽이 완성되었다. 성문 위에 큰 돌 하나가 아직 놓이지 않았다. 밤이 되자 거인은 잠자러 가기 전에 큰 말에게 마지막 돌을 쌓으라고 지시했다. 그 돌만 쌓으면 여름이 되기

이틀 전에 성벽 건축이 끝나는 것이었다.

달빛이 은은하게 아름다운 밤이었다. 거인의 큰 말인 스바딜파리 (Svadilfare)가 성문 위로 마지막 돌을 쌓아올리려고 하는데, 저쪽에서 작은 암말이 달려오고 있었다. 스바딜파리는 세상에서 저렇게 예쁜 암말을 본 적이 없었다. 큰 말은 넋을 놓고 암말을 쳐다보았다.

"스바딜파리는 거인의 노예로구나."

작은 암말은 스바딜파리를 놀리며 쌩하고 지나갔다.

스바딜파리는 들고 있던 돌을 바닥에 내려놓고는 암말을 불렀다. 암말이 다시 스바딜파리 쪽으로 돌아왔다.

"왜 날 보고 거인의 노예라고 하는 거지?"

기분 나빠진 스바딜파리가 물었다.

"주인을 위해 밤새 노예처럼 일하고 있잖아. 네 주인은 오로지 일, 일, 일만 시키고 마음껏 뛰놀 시간은 절대 주지 않거든. 넌 그 돌을 놔두고 나랑 놀 생각은 전혀 못할 거 아냐?"

암말이 새침하게 말했다.

"내가 너랑 놀 생각을 전혀 못한다고 누가 그래?"

스바딜파리는 언짢았다.

"넌 감히 놀 생각을 못할 걸?"

작은 암말은 발굽을 신나게 구르며 달빛이 비치는 초원 위를 즐겁게 뛰어다녔다. 사실 스바딜파리는 밤낮 쉬지 않고 일을 하느라 많이 지쳐 있었다. 암말이 초원을 자유롭게 질주하는 모습을 보니 갑자기 자신의 처지가 불만스러웠다. 쌓아올리려던 돌을 내팽개치고 암말을 좇아 전속력으로 달려갔다.

스바딜파리는 암말을 따라잡지 못했다. 암말은 잡힐 듯 말 듯 스바딜파리 앞에서 이리저리 뛰어다녔다. 달빛이 아름답게 비치는 목초지를 뛰어다니던 암말은 고개를 홱 돌려 큰 덩치를 이끌고 뛰어오는 스바딜파리를 쳐다보았다. 암말은 산비탈을 내려왔고 스바딜파리도 신선한 바람과 꽃향기를 만끽하며 암말의 뒤를 따랐다.

아침이 밝을 때 즈음 두 말은 어느 동굴 근처에 도착했다. 작은 암말이 동굴로 들어가자 스바딜파리도 따라 들어갔고 두 말은 함께 동굴 속을 돌아다녔다. 스바딜파리는 암말이 들려주는 난쟁이와 요정 이야기에 흠뻑 빠져들었다. 두 말은 동굴에서 나와 어느 숲 속에 이르렀다. 둘은 즐겁게 노느라 시간 가는 줄도 몰랐다.

아침이 되자 거인이 성벽으로 향했다. 성문 위에 마지막 돌까지 쌓아 완성된 성벽이 눈앞에 펼쳐져 있을 걸 생각하니 몹시 흥분됐다. 그런데 어찌된 영문인지 성문 위에 올라가 있어야 할 큰 돌이 바닥에 내팽개쳐져 있었다. 거인은 급히 스바딜파리를 불렀다. 하지만 말은 돌아올 기미가 보이지 않았다. 거인은 스바딜파리를 찾으러 산비탈로 내려갔고 말이 갈 수 있는 곳은 모조리 찾아다녔지만 끝내 찾지 못했다.

드디어 여름의 첫날이 밝았다. 신들도 아직 성벽이 완성되지 않았다는 사실을 알게 되었다. 오늘 밤까지 성벽 건축이 마무리되지 않으면 해와 달과 프레야를 거인에게 줄 필요가 없었다. 여름의 첫날이 다 지나가도 거인은 성문 위에 마지막 큰 돌을 쌓아올리지 못했다. 이윽고 밤이 되자 거인은 신들 앞에 모습을 드러냈다. 오딘이 거인에게 말했다.

"자네는 약속한 대로 일을 끝내지 못했네. 그러니 우리가 자네와 약속한 것을 지킬 필요가 없게 되었지. 자네에게 해와 달과 프레야를 주지 않겠네."

화가 난 거인은 자기가 쌓은 성벽을 다시 허물어 버리겠다고 을러

대고는 정말로 성벽과 신들의 궁전을 무너뜨리려고 했다. 그러자 신들은 거인을 붙잡아 성벽 밖으로 내던졌다.

"썩 물러가라. 다시는 아스가르드 안에 한 발짝도 들어오지 말라."

오딘은 거인을 꾸짖으며 엄명을 내렸다.

얼마 후, 로키가 아스가르드로 돌아왔다. 로키는 자신이 어여쁜 암말로 변신해 스바딜파리를 유혹한 이야기를 신들에게 전해 주었다. 신들은 어떤 적도 침범할 수 없도록 거대한 성벽이 둘러쳐진 황금 궁전에서 이제 마음 편히 지낼 수 있었다. 하지만 신들의 아버지 오딘은 비통한 마음으로 왕좌에 앉아 있었다. 신들이 속임수로 맹세를 깨뜨리고 성벽을 얻었기 때문이다. 신들의 도시인 아스가르드에 정의(正義)가 무너져 내린 것이다.

여신 이둔과 젊음의 사과

아스가르드에는 아름다운 정원이 있었다. 그 정원에 있는 나무에서는 탐스러운 황금 사과가 열렸다. 여러분도 알다시피 세월이 흐르면 사람은 누구나 나이가 든다. 나이를 먹으면 등이 굽고 기력이 딸리고 머리가 하얗게 새고 눈도 침침해진다. 그런데 아스가르드 정원에서 열리는 황금 사과를 먹으면 전혀 늙지 않고 오래도록 젊음을 유지할 수 있었다.

이둔은 이 사과나무를 관리하는 여신이었다. 이둔 말고는 누구도 사과나무에서 황금 사과를 열리게 하지 못했다. 또 여신만이 사과를 딸 수 있었다. 매일 아침 그녀는 사과를 따서 바구니에 담아 두었다. 사과를 먹고 젊음을 유지하고 싶었던 아스가르드의 신과 여신들은 매일 이둔의 정원을 찾아왔다.

이둔은 정원에서 결코 한 발짝도 떠나지 않았다. 온종일 정원을 관리하거나 정원 옆에 지어 놓은 황금 저택에 머물렀다. 남편인 브라기(Bragi)는 정원과 집에만 머물러 있는 아내가 지치고 심심할까 봐 흥

황금 사과를 따는 여신 이둔(윌리 포가니 作)

미진진하면서도 끝없이 이어지는 이야기를 들려주었다. 아아, 그런데 아스가르드에서 이둔과 황금 사과를 잃어버리는 대형 사고가 발생했다. 결국 신들과 여신들도 점차 나이를 먹게 되었다. 도대체 무슨 일이 벌어진 걸까?

이둔에게 끝없는 이야기를 들려주는 브라기(닐스 블로메르 作)

신들의 아버지 오딘은 인간들이 어떻게 사는지 살펴보기 위해 인간 세계에 자주 내려왔다. 한번은 인간 세계에 로키를 데려간 적이 있다. 로키는 착한 일도 많이 하지만 말썽도 자주 일으키는 사고뭉치였다. 두 신은 인간 세계에서 한참을 돌아다니다가 거인의 나라인 요툰해임(Jötunheim) 근처에 이르렀다.

그들이 도착한 지역은 황량하고 척박해 아무것도 자라지 않았다. 산딸기 같은 작은 열매조차 없었다. 새도 날아다니지 않았고 들짐승의 흔적도 보이지 않았다. 오딘과 로키는 점점 배가 고팠지만 주변에는 먹을 만한 것이 전혀 없었다.

먹을 것을 찾아 이리저리 돌아다니던 로키는 우연찮게도 한 무리의 들소 떼를 만나게 되었다. 로키는 슬금슬금 들소 떼가 있는 곳으로 다가가 송아지 한 마리를 꽉 움켜잡고는 목을 졸라 죽였다. 그런 다음 송아지를 먹기 좋게 부위별로 잘라 냈다. 나무를 모아 불을 피

우고 고기를 꼬챙이에 끼웠다. 로키가 고기를 익히는 동안, 오딘은 조금 떨어진 곳에 앉아 인간 세계에서 지켜본 광경들을 다시금 머리에 떠올렸다.

로키는 장작불의 화력을 올리려고 부지런히 땔감을 날랐다. 고기가 어느 정도 익었다고 생각한 로키는 오딘을 불렀다. 오딘은 고기를 먹기 위해 불가에 자리를 잡고 앉았다.

오딘이 꼬챙이에서 고기를 빼서 잘라 보았는데 아직 익지 않은 날 것이었다. 오딘은 로키에게 날고기를 보여 주며 쓴웃음을 지었다. 당황한 로키는 얼른 고기를 받아 다시 불에 구웠다. 이번에는 더 많은 땔감을 넣어 장작불의 화력을 높였다. 로키는 다시 꼬챙이에서 고기를 빼내며 오딘을 불렀다. 오딘이 고기를 다시 확인해 보니 이번에도 전혀 구워지지 않았다.

"로키, 지금 또 장난을 치고 있는 게냐?"

오딘이 버럭 화를 냈다. 하지만 로키 역시 고기가 구워지지 않아 짜증나 있던 터라 오딘은 장난치는 게 아니라는 걸 금세 알아챘다. 배가 고파 예민해진 로키는 장작불에 대고 마구 화를 냈다. 다시 한 번 고기를 꼬챙이에 꽂고 땔감을 장작불에 있는 대로 부었다. 로키는 오랜 시간 충분히 고기를 불속에 넣어 두었다가 이제는 익었겠다 싶을 때 꺼냈다. 그러나 고기는 전혀 익지 않고 처음과 똑같았다.

오딘은 그제야 거인들이 마법을 걸어 놓았다는 걸 알았다. 배는 고프지만 하는 수 없이 제 갈 길을 떠났다. 하지만 로키는 불에 올려놓은 고기를 남겨 두고 떠날 생각이 전혀 없었다. 꼭 고기를 굽고야 말겠다고, 배고픈 상태로는 한발 짝도 떠나지 않겠다고 다짐했다.

동이 터 오자 로키는 다시 고기를 집어 들었다. 고기를 불에 올리려고 하는데 갑자기 머리 위에서 '윙' 하는 날갯소리가 들렸다. 올려다

보니 어마어마하게 큰 독수리가 하늘을 날고 있었다. 독수리는 로키의 머리 위에서 둥글게 원을 그렸다.

"고기를 구울 수 없느냐?"

독수리가 날카롭게 소리쳤다.

"고기가 잘 익지 않아."

로키가 시무룩하게 말했다.

"나에게도 고기를 주면 고기를 익게 해 주지."

"그럼 내려와서 고기를 한 번 구워 봐!"

원을 그리며 불 위로 내려온 독수리가 큰 날개로 날갯짓을 하자 불이 활활 타오르기 시작했다. 불 옆에 있던 로키에게도 지금까지 느껴 보지 못한 강한 열기가 전해졌다. 로키가 곧바로 고기를 꺼내 확인해 보니 먹음직스럽게 잘 구워져 있었다.

"그건 내 거야. 내가 먹을게."

독수리는 말이 끝나기 무섭게 잘 익은 고기를 홱 낚아채고는 그 자리에서 꿀떡 삼켜 버렸다. 그 다음에도 독수리가 고기를 차지했다. 그렇게 고기가 하나둘 독수리의 입으로 들어가자, 로키는 이러다가는 고기를 입에 대 보지도 못할 것 같았다.

정말 독수리가 마지막 고기까지 다 먹어 버리자 로키는 뚜껑이 열리고 말았다. 고기를 구우려고 들고 있던 꼬챙이로 독수리를 내리쳤다. 그런데 '탕' 하고 쇠가 부딪히는 소리가 났고 꼬챙이는 독수리 몸에 붙어 버렸다. 로키는 끝까지 손에서 꼬챙이를 놓지 않았다. 독수리는 날개를 푸드덕거리며 하늘 위로 날아올랐다. 꼬챙이를 붙들고 있던 로키도 독수리와 함께 순식간에 하늘로 올라갔다.

어느덧 정신을 차려 보니 로키는 독수리를 따라 높은 하늘 위를 날고 있었다. 독수리는 거인의 나라인 요툰헤임을 향해 힘차게 날개를

24

퍼덕였다. 독수리가
로키에게 소리쳤다.

"로키, 드디어 널
붙잡았구나. 아스가
르드의 성벽을 쌓아
준 내 형을 속인 놈
이 바로 너지! 이제
너는 꼼짝없이 내 손
안에 있다. 아스가르
드에서 가장 교활한
신 로키를 붙잡은 내
가 바로 거인 티아시
(Thiassi)라는 사실을
똑똑히 알아 둬라!"

하늘로 올라가는 독수리와 로키(『스노리 에다』 삽화)

독수리는 계속해
서 요툰헤임을 향해
날아갔다. 어느새 독
수리와 로키는 인간
세계인 미드가르드와 거인의 나라인 요툰헤임을 가로지르는 강을 넘
어갔다. 로키가 아래를 보자 온통 얼음과 바위로 뒤덮인 요툰헤임이
눈에 들어왔다. 이 땅에 있는 산은 무시무시할 정도로 컸다. 햇빛과
달빛은 없었지만 갈라진 땅과 산봉우리에서 솟아오르는 불기둥이 사
방을 밝혀 주었다.

독수리는 거대한 빙산 위를 맴돌더니 갑자기 몸을 흔들어 로키를

빙산 위로 떨어뜨렸다. 독수리가 로키를 향해 외쳤다.

"아스가르드에서 가장 교활한 자여, 넌 이제 내 손 안에 든 쥐다!"

독수리는 로키를 남겨 두고는 산속 갈라진 틈으로 자취를 감추었다. 빙산 위에 던져진 로키는 처량한 신세가 되고 말았다. 살인적인 추위에 오들오들 몸이 떨렸다. 그래도 명색이 아스가르드의 신인데 이렇게 죽을 수는 없었다. 이대로 죽으면 로키가 아니다. 그래도 살을 에는 듯한 추위가 온몸을 휘감고 있었다.

다음 날 독수리는 본래 모습인 거인 티아시로 나타났다.

"로키, 빙산에서 나오고 싶은가? 다시 행복했던 아스가르드로 돌아가고 싶겠지? 아버지가 바람의 거인이라 반(半)만 신인데도 불구하고 신들하고 재미가 좋았잖아."

"제발 이 빙산에서 벗어나게 해 줘!"

로키는 덜덜 떨며 눈물로 애원했다. 눈물조차 얼굴 위에서 얼어붙을 지경이었다.

"몸값을 지불할 생각이 있으면 꺼내 주지. 이둔의 바구니에 담겨 있는 사과를 가져와 봐."

"이둔의 사과는 아무나 손 댈 수 없어, 티아시."

"그러면 별 수 없지. 빙산 위에서 영원히 사는 수밖에."

거인 티아시는 매서운 칼바람이 부는 곳에 로키를 남겨 둔 채 사라졌다.

한참 뒤에 또 티아시가 나타나 몸값을 운운하자 로키도 한 가지 꾀를 내었다.

"내가 직접 이둔의 사과를 가져올 방법은 없어."

"오, 교활한 로키여, 그래도 무슨 방법이 있나 보지?"

로키의 미묘한 표정 변화를 눈치챈 거인이 물었다.

"이둔은 사과를 잘 지키고는 있지만 성격이 좀 단순한 편이야. 이둔을 아스가르드의 성벽 밖으로 유인해 볼게. 아마 사과 바구니도 가지고 나올 거야. 신들과 여신들에게 나눠 줄 때 빼고는 사과를 절대 내려놓지 않거든."

"여신 이둔을 아스가르드 성벽 밖으로 데려오겠다는 말이지? 그러면 내가 사과를 빼앗도록 하지. 로키, 이둔을 아스가르드 밖으로 유인하겠다고 이그드라실(Yggdrasil, 세계수)의 이름으로 맹세해라. 그럼 놓아주겠다."

"이 빙산에서 벗어나게 해 주면 이둔을 아스가르드 성벽 밖으로 유인할게. 이그드라실의 이름으로 맹세해!"

로키가 맹세하자 커다란 독수리로 변한 티아시는 발톱으로 로키를 꽉 잡고 하늘로 날아올랐다. 그러고는 요툰헤임과 미드가르드 사이를 흐르는 강을 다시 건넜다. 독수리는 로키를 미드가르드에 떨어뜨렸다. 땅에 떨어진 로키는 간신히 몸을 일으켜 아스가르드로 발길을 옮겼다.

한편 오딘은 아스가르드에 이미 돌아와 있었다. 오딘은 신들에게 로키가 마법에 걸린 고기를 구우려고 안간힘을 썼다는 이야기를 전해 주었다. 신들은 로키가 그렇게도 장난을 많이 치더니 꼴좋다며 비웃었다. 아스가르드에 도착한 로키는 몰골이 말이 아니었다. 신들은 고기를 먹지 못해 배가 고파 저런다고 생각하고는 한껏 웃어댔다. 그래도 마음씨 착한 신들은 로키를 연회장으로 데려가 가장 좋은 음식을 차려 주고 오딘의 술잔에 술도 따라 주었다. 연회가 끝나자 신들은 여느 때처럼 이둔의 정원으로 몰려갔다.

이둔은 정원 바로 옆 황금 저택 안에 앉아 있었다. 이둔이 인간 세

신들에게 황금 사과를 나눠 주는 이둔(J. D. 펜로즈 作)

계에 살았다면 그녀를 보는 사람들은 인간이 가진 순결한 본성이 무엇인지 다시금 깨달았을지도 모른다. 이둔의 눈동자는 하늘처럼 푸른빛이 감돌았고 기쁨이 넘치는 듯 얼굴에는 천상의 미소가 가득했다. 황금 사과가 들어 있는 바구니는 이둔 바로 옆에 놓여 있었다.

이둔은 신들과 여신들에게 황금 사과를 하나씩 나누어 주었다. 신들은 손에 받아든 사과가 자신을 늙지 않게 해 줄 거라 생각하니 절로 신이 났다. 기분이 좋아진 오딘은 이둔을 칭송하는 시를 멋들어지게 읊어 주었다. 이둔의 정원에서 즐거운 한때를 보낸 신들은 각자 집으로 돌아갔다.

모두가 집으로 돌아가고 이제 정원에는 로키만 남아 있었다. 로키는 정원에 앉아 순진무구한 이둔을 우두커니 바라보았다. 시간이 어

느 정도 지나자 이둔이 로키에게 말을 건넸다.

"현명한 로키여, 왜 아직 여기에 있죠?"

"당신이 갖고 있는 황금 사과를 자세히 좀 보려고 그러오. 어제 내가 본 사과가 그 바구니에 있는 사과보다 탐스럽고 빛깔이 좋았던 것 같구려."

로키가 능청스럽게 말했다.

"세상에서 이 사과보다 탐스럽고 빛깔 좋은 사과는 없어요!"

이둔이 대꾸했다.

"아니, 어제 내가 본 사과가 좀 더 빛깔이 좋았던 것 같소. 사과 향도 괜찮았고."

로키는 계속해서 이둔을 도발했다.

이둔은 평소에 로키가 똑똑하다고 생각했기 때문에 그 말이 계속 신경 쓰였다. 자기가 키우는 사과보다 더 좋은 사과가 있다고 생각하니 금방이라도 눈물이 왈칵 쏟아질 것만 같았다.

"오, 로키여. 그럴 리가 없어요. 내 정원에서 키우는 사과보다 더 탐스럽고 향기가 좋은 사과는 이 세상에 없다고요!"

"그럼 직접 가서 보겠소? 그 사과나무는 아스가르드 성벽 밖으로 나오면 바로 볼 수 있소. 이둔 당신은 이 정원에서 나갈 수 없으니까 세상에서 지금 무슨 일이 일어나고 있는지 모르는 것이오. 그러니 이번 기회에 아스가르드 밖으로 한번 나가 보는 것도 좋지 않겠소?"

로키가 넌지시 떠보았다.

"그러죠. 한번 보고 올게요."

아름답고도 순진하기 그지없는 이둔은 로키가 던진 미끼를 덥석 물고 말았다.

이둔은 곧바로 아스가르드 성벽 밖으로 나갔다. 이둔이 말해 준 사

이둔을 꾀는 로키(존 바우어 作)

과나무가 있는 장소로 한걸음에 달려갔다. 이둔이 이리저리 둘러보
고 있는데 갑자기 머리 위에서 큰 날개를 퍼덕이는 소리가 들려왔다.
고개를 들어 보니 여태껏 한 번도 보지 못한 거대한 독수리가 날고
있었다.

이둔은 아스가르드 성벽 쪽으로 슬금슬금 뒷걸음치기 시작했다.

그러자 거대한 독수리는 이둔을 그대로 덮쳤다. 독수리는 큰 발로 이둔을 움켜쥔 채 하늘 높이 올라갔다. 그렇게 이둔은 아스가르드에서 점점 먼 곳으로 끌려갔다. 거대한 독수리는 인간들이 사는 미스가르드를 지나 바위와 눈으로 덮인 요툰헤임으로 향했다. 어느새 인간 세계와 거인의 나라를 가르는 강을 건넜다. 독수리는 이둔을 꽉 움켜쥔 채 산속 갈라진 틈새로 들어갔다. 그곳에는 동굴이 있었는데, 땅속에서 솟구쳐 오르는 불기둥 때문에 안이 환했다.

독수리는 쥐고 있던 발을 풀어 이둔을 동굴 바닥에 떨어뜨려 놓았다. 독수리는 날개와 깃털이 없어지더니 이내 정체가 드러났다. 이둔은 자기를 이곳에 데려온 독수리가 끔찍한 거인이라는 것을 알게 되었다.

"왜 아스가르드에 있던 나를 이곳으로 데려온 거지?"

이둔이 울먹이며 말했다.

"당신이 가진 황금 사과를 먹고 싶어서지."

티아시가 능글맞게 웃었다.

"절대 안 돼. 이 사과를 줄 수 없어!"

"사과를 주면 아스가르드로 다시 돌려보내 주겠다."

"싫어, 그럴 수 없어. 이 사과는 신들에게만 준다고 약속했단 말이야."

"정 그러시다면, 내가 직접 꺼내 먹는 수밖에."

거인은 말이 끝나기 무섭게 사과 바구니를 홱 낚아채더니 뚜껑을 열어 보았다. 거인이 사과를 손에 들었는데 이내 쭈글쭈글 시들어 버렸다. 거인은 사과를 다시 바구니에 넣고 사과 바구니를 땅바닥에 내려놓았다. 눈치 빠른 거인은 이둔이 직접 사과를 건네주지 않으면 사과가 시들어 버린다는 사실을 알아챘다.

"이둔, 당신이 직접 사과를 건네주기 전까지는 여기서 한 발짝도 못 나갈 줄 알아!"

티아시가 으르렁거렸다.

거인의 협박에 이둔은 겁이 났다. 이 낯선 동굴과 땅속에서 끊임없이 뿜어져 나오는 불기둥과 저 무시무시한 거인 모두 공포스러웠다. 무엇보다 사과를 먹지 못하는 아스가르드의 신들에게 일어날 끔찍한 재앙을 생각하니 도저히 견딜 수가 없었다.

거인이 다시 찾아왔지만 이둔은 황금 사과를 건네주지 않았다. 이둔은 동굴에 갇힌 채 매일같이 거인에게 괴롭힘을 당해야만 했다. 잠잘 때 꿈에서 정원을 찾아오는 아스가르드의 신들의 모습이 보이자 더 미칠 것만 같았다. 꿈속에 나온 신들은 탐스런 사과를 먹지 못해 몸이 변해 가기 시작했다.

꿈속에서 벌어지는 일이 현실에서도 그대로 일어나고 있었다. 오딘, 토르, 회두르, 발두르, 티르, 헤임달, 비다르, 발리, 프리가, 프레야, 난나, 이둔, 시프 등 아스가르드의 신들은 매일같이 이둔의 정원을 찾아갔지만, 아무도 사과나무에 맺힌 열매를 따먹을 수 없었다. 사과를 먹지 못한 신들은 점점 몸이 변하는 걸 느꼈다.

신들의 걸음걸이는 활기를 잃었다. 어깨는 축 처지고 눈에는 생기가 사라졌다. 서로의 달라진 모습을 보면서 생각지도 못한 일이 벌어지고 있다는 것을 직감했다. 신들이 늙기 시작한 것이다!

그렇게 세월이 흘러가자, 다산(多産)과 결혼의 여신인 프리가는 백발의 노파로 변했다. 식물의 신 시프의 아름다운 금발은 빛이 바랬다. 지혜의 신 오딘은 더 이상 총명함을 발휘할 수 없게 되었으며, 천둥의 신 토르도 지축을 뒤흔들던 힘이 어디론가 사라져 버린 것 같았다. 아스가르드의 신들은 큰 슬픔에 잠겼다. 신들의 도성 아스가르드

는 이제 세상에서 가장 우울한 곳이 되고 말았다.

도대체 이둔은 어디에 있단 말인가? 신들에게 젊음을 돌려줄 사과를 따 주어야 하는데 말이다. 신들은 발 벗고 이둔을 찾기 시작했다. 인간 세계까지 찾아갔지만 이둔의 모습은 코빼기도 보이지 않았다. 이둔이 숨어 있는 곳을 찾아내려면 오딘이 모든 지혜를 발휘해야만 했다.

지혜의 신 오딘은 두 까마귀 후긴(Hugin, 생각)과 무닌(Munin, 기억)을 불렀다. 후긴과 무닌은 인간 세계와 거인의 나라를 돌아다니며 과거에 일어난 일과 앞으로 일어날 일을 모두 알아낼 수 있었다. 오딘이 후긴과 무닌을 부르자 한 마리는 오딘의 오른쪽 어깨 위에, 다른 한 마리는 왼쪽 어깨 위에 내려앉았다. 두 까마귀는 오딘의 귀에 대고 엄청난 비밀을 폭로했다. 거인 티아시가 아스가르드의 신들만 먹는 사과를 탐내고 있다는 사실과 로키가 순진한 이둔을 꼬드겼다는 사실 말이다!

오딘은 회의장에 모인 신들에게 까마귀로부터 들은 이야기를 그대로 전했다. 이야기가 끝나기 무섭게 천둥의 신 토르는 로키를 맨손으로 사로잡아 왔다. 토르의 손에 끌려온 로키는 덜덜 떨고 있었다.

"토르 님, 나를 어쩌려고 그러십니까?"

"땅이 갈라진 틈에 너를 처박고 천둥을 내리칠 테다! 이둔을 꼬드겨 아스가르드를 벗어나게 한 놈이 바로 너냐?"

"오, 토르 님. 제발 천둥만은 내리치지 말아 주시오. 아스가르드에 머물게 해 주시오. 제가 이둔을 다시 데려오겠나이다."

로키는 두 손이 발이 되도록 싹싹 빌었다.

"지금 당장 요툰헤임으로 가서 네 손으로 직접 이둔을 구해 와라.

후긴과 무닌이 전하는 소식을 듣고 있는 오딘(『스노리 에다』 삽화)

그러지 않으면 땅속 갈라진 틈에 너를 처박고 천둥을 내리칠 테다!"

토르는 로키의 얼굴에 대고 윽박질렀다.

"당장 가겠습니다."

로키는 망설임 없이 대답했다.

로키는 오딘의 아내 프리가에게 매의 깃털로 만든 옷을 빌려 입었다. 그 옷을 입은 로키는 매로 변신해 요툰헤임으로 날아갔다. 요툰헤임을 샅샅이 뒤지던 로키는 거인 티아시의 딸 스카디(Skadi)를 발견했다. 로키는 일부러 스카디 앞으로 날아가 그녀의 애완동물이 되었다. 하루는 스카디가 매로 변한 로키를 데리고 이둔이 갇혀 있는 동굴을 찾아갔다.

로키는 동굴에 갇혀 있는 이둔을 보자 이미 작전은 절반 이상 성공한 것이나 다름없다고 생각했다. 이제 이둔을 데리고 아스가르드로 가는 일만 남았다. 로키는 스카디의 손에서 벗어나 동굴의 높은 바위 위로 날아올랐다. 스카디는 애완동물이 날아가 버리자 눈물을 쏟으며 매를 찾아 동굴 밖으로 나갔다.

그 순간 영리한 로키는 이둔이 앉아 있는 곳으로 가서 그녀에게 말을 걸었다. 이둔은 아스가르드의 신이 찾아온 것을 알고는 기쁨과 안도의 눈물을 흘렸다.

로키는 이둔에게 앞으로 어떻게 해야 하는지 알려 주었다. 로키는 마법을 부려 이둔을 호두로 바꾸었다. 호두로 변신하기 전에 이둔은 자기가 가지고 있던 탐스런 사과를 꺼내 거인이 절대 찾을 수 없는 곳에 던져 버렸다.

동굴로 돌아온 스카디는 매가 호두를 물고 날아가는 광경을 보게 되었다. 그녀는 곧바로 아버지 티아시를 불렀다. 티아시는 매가 로키이고 호두가 이둔이라는 사실을 알아차리고는 큰 독수리로 변신했다. 매는 이미 보이지 않는 곳까지 날아가 버렸지만 티아시는 금방 따라잡을 수 있을 거라 생각하고 아스가르드를 향해 힘차게 날갯짓을 했다.

얼마 지나지 않아 티아시는 호두를 물고 있는 매를 발견했다. 매는 있는 힘껏 날개를 움직였지만 티아시도 큰 날개를 퍼덕이며 가까이 따라붙고 있었다. 아스가르드의 신들은 성벽 위에서 커다란 독수리가 매를 뒤쫓는 광경을 지켜보고 있었다. 신들도 로키와 이둔이 거인 티아시에게 쫓기고 있다는 사실을 알게 되었다.

독수리가 매 뒤에 바짝 따라붙었다. 아스가르드의 신들은 또 다시 이둔이 티아시에게 잡힐까 봐 노심초사했다. 신들은 성벽 위로 큰 불을 피워 올렸다. 로키와 이둔은 불을 뚫고 들어올 수 있지만 티아시는 그렇게 할 수 없다는 걸 알고 있었기 때문이다.

호두를 입에 물고 있는 매는 예상대로 불길을 뚫고 아스가르드 성안으로 진입했다. 하지만 뒤쫓던 티아시는 불길 앞에서 멈칫했고 이내 큰 날개에 불이 붙고 말았다. 더 이상 날 수 없게 된 티아시는 그대로 성벽 아래로 굴러 떨어져 죽고 말았다.

천신만고 끝에 이둔은 아스가르드로 돌아왔다. 그리고 예전처럼 황금 저택 안에 머무르며 정원에 있는 사과나무의 열매를 따서 신들에게 나누어 주었다. 신들의 걸음걸이는 활기를 되찾았고 눈빛과 표정에도 다시 생기가 돌았다. 신들은 더 이상 나이를 먹지 않았다. 젊음을 되찾은 것이다! 아스가르드는 다시 기쁨과 즐거움이 가득했다.

시프의 금발 머리

아스가르드의 신들은 불로불사(不老不死)의 원천인 황금 사과를 거인 티아시에게 아무 생각 없이 넘겨준 로키에게 크게 화가 났다. 하지만 고약한 로키는 신들이 화를 내자 반성하기는커녕 도리어 어떻게든 신들에게 앙갚음해야겠다고 생각했다.

어느 날 로키는 신들에게 복수할 기회를 발견하고는 뛸 듯이 기뻐했다. 토르의 아내인 시프가 집 밖에서 낮잠을 자고 있는 게 아닌가! 시프의 황금빛 머릿결이 그녀의 온몸 위를 아름답게 흘러내리고 있었다. 토르는 아내의 황금빛 머리를 좋아했고 시프 역시 남편이 좋아하는 금발을 소중히 여겼다. 로키도 이 사실을 잘 알고 있었다. 그야말로 신들을 골탕 먹일 절호의 기회가 아닐 수 없었다. 로키는 히죽히죽거리며 시프의 황금빛 머리카락을 한 가닥도 남기지 않고 몽땅 잘라버렸다.

당시 토르는 아스가르드에 없었다. 며칠이 지나 아스가르드로 돌아온 토르는 자기 집으로 들어갔다. 그런데 평소처럼 아내 시프가 마

잠들어 있는 시프와 그녀의 머리카락을 자르러 오는 로키
(존 찰스 돌먼 作)

중 나오지 않았다. 토르는 아내를 계속 불렀지만 반가워하는 목소리가 들리지 않았다.

토르가 막 집 안으로 들어서는데, 어디선가 조용히 자신의 이름을 부르는 소리가 들려왔다. 토르가 멈칫하자 누군가 돌기둥 뒤에서 모습을 드러냈다. 천으로 머리를 감싸고 있어 토르는 자기 아내 시프라는 걸 단번에 알아보지 못했다. 토르가 다가가자 시프는 서러운 듯 흐느껴 울기 시작했다.

"여보, 쳐다보지 마세요. 너무 창피해요. 이제 아스가르드에서 살 수 없을 것 같아요. 스바르탈프헤임(Svartalfheim)으로 가서 난쟁이들과 살래요. 아스가르드의 신들에게 추한 모습을 보이기 싫어요."

"시프, 대체 무슨 일이 있었던 거요?"

토르가 놀라 소리쳤다.

"머리카락을 잃어버렸어요. 당신이 그토록 좋아하던 황금빛 머리카락을 잃어버렸다고요. 당신은 이제 저를 사랑하지 않겠죠? 그러니 저는 난쟁이들이 사는 스바르탈프헤임으로 떠나야 해요. 그나마 난쟁이들만큼은 저를 봐 줄 테니까요."

시프는 말이 끝나자마자 머리를 두르고 있던 천을 벗었다. 시프의 민머리가 토르의 눈에 들어왔다. 아름답던 황금빛 머리카락은 온데 간데없었다. 시프는 슬픔에 잠겨 있었고, 이를 본 토르는 화가 머리 끝까지 났다.

"아… 아니, 도대체 어떤 놈이 이렇게 만들어 놓은 거야? 난 아스가르드에서 가장 힘이 센 토르야. 내가 모든 신들의 힘을 모아서 당신의 아름다움을 되찾아 놓겠어. 시프, 나와 함께 가자."

토르는 아내의 손을 잡아끌고 신들이 모여 있는 회의장으로 갔다. 시프는 신들이 자신의 민머리를 볼까 무서워 천으로 머리를 가렸다. 하지만 토르의 표정에 분노가 가득했기 때문에 신들은 시프에게 안 좋은 일이 생겼다는 것을 짐작할 수 있었다. 토르는 신들에게 아내의 금발을 누군가 잘라 갔다고 실토했다. 그러자 회의장 여기저기서 수군거리기 시작했다.

"이런 짓을 할 놈은 로키밖에 없어. 아스가르드에서 이렇게 추잡하게 장난칠 놈이 로키 말고 누가 있겠어?"

누군가 목소리를 높였다.

"맞아, 로키 이놈이 장난친 게 분명해. 어딘가 숨어 있겠지만 당장 찾아내서 목숨을 끊어 놓을 테다."

토르가 분에 겨워 말했다.

"토르, 그건 안 된다."

신들의 아버지 오딘이 토르를 말렸다.

"아스가르드에서는 서로를 죽일 수 없다. 내가 로키를 불러들일 테니 로키에게 시프의 황금 머리카락을 되돌려 놓게 만들어 놓아라. 다

풀밭 위에서 춤추는 알프들(닐스 블로메르 作)

만, 로키는 교활해서 무슨 짓이든 할 수 있다는 사실을 명심해라."

오딘은 아스가르드에 사는 모든 신들을 불러 모았다. 오딘의 소환
명령에 불응할 수 있는 신은 아무도 없었다. 로키도 오딘의 명령을
듣고는 숨어 있던 곳에서 나와 신들의 회의장으로 왔다. 로키는 토르
와 오딘의 눈치를 살폈다. 토르의 눈은 불같이 이글거렸고, 오딘의
얼굴은 차갑게 굳어 있었다. 눈치 빠른 로키는 시프에게 저지른 장
난에 대해 사죄해야 할 시간이 왔다고 생각했다. 신들이 모두 모이자
오딘이 입을 열었다.

"로키, 네가 해야 할 일이 있다. 시프의 아름다운 머리카락을 원래
대로 돌려놓아라."

오딘의 준엄한 명령이었다.

로키는 오딘의 얼굴과 토르의 얼굴을 번갈아 보더니 이 명령을 피할 수 없겠다고 생각했다. 그 순간 로키의 머릿속에 시프에게 황금 머리카락을 돌려줄 묘책이 떠올랐다.

"만물의 아버지 오딘이시여, 당신의 명령을 따르겠나이다."

로키가 머리를 굽혔다.

로키가 시프의 황금 머리카락을 되찾는 이야기를 하려면, 먼저 아스가르드의 신들이 아닌 다른 신들의 이야기부터 해야 한다. 아스가르드의 신들, 즉 에시르(Æsir) 신족이 아스가르드를 건설하기 위해 산으로 올라왔을 때 그곳에는 이미 다른 신들, 즉 바니르(Vanir) 신족이 살고 있었다. 그들은 거인족처럼 흉악하지 않았고 오히려 외모가 준수했으며 성격도 따뜻했다.

그런데 바니르 신족은 원래 세상을 더 아름답고 행복한 곳으로 만들 생각은 없었다. 반면 에시르 신족은 그렇게 하고 싶었다. 에시르 신족은 바니르 신족과 사이좋게 지내며 우정을 쌓았고, 그러다 보니 자연스럽게 바니르 신족도 세상을 더 아름답고 행복한 곳으로 만드는 데 이바지하게 되었다. 앞서 아스가르드의 성벽을 쌓던 거인이 탐낸 프레야가 바로 바니르 신족에 속했다. 프레야뿐 아니라 그녀의 오라버니 프레이(Frey), 그리고 그들의 아버지인 뇨르드(Niörd) 역시 바니르 신족이었다.

산 아래 풀밭에는 알프(Alf)라고 불리는 앙증맞은 요정들이 살고 있었다. 알프는 나풀나풀 춤추듯 돌아다니며 꽃과 나무와 풀을 돌보았고 바니르 신족의 다스림을 받았다. 땅 아래 동굴에는 작은 난쟁이들이 살고 있었다. 성격이 모질고 외모도 못났지만 세상에서 제일가는 대장장이들이었다.

로키는 에시르 신족이나 바니르 신족과 불화가 생기는 날에는 이 난쟁이들이 사는 스바르탈프헤임으로 내려왔다. 시프의 금발을 돌려놓으라는 명령을 받은 지금도 로키는 난쟁이들에게 도움을 구하기 위해 스바르탈프헤임을 찾아왔다.

로키는 구불구불한 길을 따라 지하 세계로 내려갔고, 마침내 그와 절친한 난쟁이들이 일하고 있는 대장간에 도착했다. 난쟁이들은 모두 대장일의 달인이었다. 로키가 찾아갔을 때도 망치와 집게를 가지고 무언가 열심히 만들고 있었다. 로키는 잠시 난쟁이들이 만들고 있는 물건을 지켜보았다. 그중에 하나는 창이었는데, 균형이 잘 잡혀 있어 잘못 던지더라도 표적에 명중했다. 다른 하나는 어떤 바다도 헤쳐 나갈 수 있는 배였다. 신기하게도 주머니에 들어갈 정도로 작게 접을 수 있었다. 창의 이름은 궁니르(Gungnir)였고, 배의 이름은 스키드블라드니르(Skidbladnir)였다.

로키는 난쟁이들이 만든 작품이 대단히 훌륭하다며 입이 마르게 칭찬했다. 또 아스가르드의 신들만이 줄 수 있는 선물을 주겠다며 난쟁이들의 환심을 샀다. 로키의 감언이설에 넘어간 난쟁이들은 머지않아 아스가르드가 자기네 땅이 될 것만 같았다. 난쟁이들이 황홀감에 빠지자 로키는 이때다 싶었다.

"혹시 너희들 황금 막대기를 가지고 있지 않아? 실처럼 가늘게 만들 수 있는 것 말이야. 토르의 부인 시프의 황금 머리카락처럼 가느다랗게 만들 수 있을까? 너희들이라면 충분히 해낼 수 있지. 아, 마침 저기 황금 막대기가 있구나. 저 막대기를 망치로 두들겨 실처럼 가늘게 만들어 봐. 신들도 너희 실력을 부러워할 거야!"

로키의 달콤한 아첨에 넘어간 대장장이들은 황금 막대기를 불 속

에 집어넣었다. 그리고 불에 달궈진 황금 막대기를 모루 위에 올려놓고 작은 쇠망치로 두들기기 시작했다. 황금 막대기는 어느새 머리카락처럼 가늘어졌다. 하지만 아직 만족스럽지 못했다. 시프의 황금 머리카락은 보통 머리카락과는 다르게 아름답고 빛이 났기 때문이다. 난쟁이들은 심혈을 기울여 망치를 두드리고 또 두드렸다. 마침내 시프의 황금 머리카락처럼 아름다운 금실이 만들어졌다. 금실은 태양처럼 찬란하게 빛을 발했다. 로키가 금실을 들어 올리자 바닥까지 찰랑찰랑 흘러내렸다. 금실은 손에 닿는 감촉도 좋았고 작은 새처럼 가벼웠다.

로키는 계속해서 난쟁이들을 치켜세우며 더 많은 것을 주겠노라고 약속했다. 무뚝뚝하고 의심 많은 난쟁이들이었지만 로키의 사탕발림 아부에 자꾸만 기분이 좋아졌다. 대장간을 떠나기 전 로키는 궁니르와 스키드블라드니르도 주면 안 되겠냐고 부탁했다. 난쟁이들은 선뜻 두 보물을 건네주었다. 물론 나중에 난쟁이들은 자기들이 왜 그걸 로키에게 주었는지 스스로 의아해했다.

아스가르드로 돌아온 로키는 신들이 모여 있는 회의장으로 들어갔다. 엄중한 오딘과 성난 토르와 눈이 마주치자 로키는 미소를 지어 보였다.

"시프 여신이여, 천을 벗어 보시오."

시프가 천을 벗자 로키는 여신의 민머리 위에 금실을 얹어 놓았다. 금실은 진짜 황금 머리카락처럼 아름답게 빛을 내며 어깨 위로 흘러내렸다. 아스가르드의 신들은 시프의 머리에 예전처럼 황금 머리카락이 덮고 있는 모습을 보자 기쁜 마음에 박수를 쳤다. 금실은 마치 모근이 살아있는 듯 시프의 머리에 착 달라붙었고 심지어 진짜 머리카락처럼 길게 자라나기 시작했다.

난쟁이 브로크가
로키를 혼쭐내다

아스가르드의 신들과 화해하고 싶었던 로키는 난쟁이들에게 받아 온 궁니르와 스키드블라드니르를 꺼내 놓았다. 신기한 물건을 본 신들은 놀라서 입을 다물지 못했다. 로키는 마법의 창 궁니르를 신들의 아버지 오딘에게 바쳤고, 마법의 배 스키드블라드니르는 바니르 신족의 수장인 프레이에게 바쳤다. 아스가르드의 신들은 로키가 진귀하고 유용한 보물을 가져왔다며 좋아했다. 신들의 호의에 한껏 우쭐해진 로키는 자랑스럽게 말했다.

"저를 도와주는 난쟁이들 아니면 이런 훌륭한 작품을 만들 수 없습니다. 다른 난쟁이들은 흉측하게 생겼을 뿐 아니라 생긴 것만큼이나 솜씨도 형편없죠. 내 친구 난쟁이들만이 이 놀라운 작품을 만들 수 있다 이 말입니다!"

로키는 들뜬 마음에 자기도 모르게 쓸데없는 자랑 질을 하고 말았

다. 사실 그동안 로키를 도와준 난쟁이들이 꽤 많았다. 더군다나 그들 중 한 난쟁이가 지금 아스가르드에 와 있었다. 그 난쟁이는 오딘의 왕좌 뒤에 숨어 로키가 하는 말을 전부 엿듣고 있었다. 작고 못생긴 이 난쟁이는 로키의 허풍에 치를 떨었고 더 이상 듣고 있을 수 없어 왕좌 앞으로 걸어 나왔다. 이 난쟁이는 바로 심술궂기로 유명한 브로크(Brock)였다.

"야, 로키! 어디서 허풍을 떨고 있는 거야? 그 주둥이 닥쳐! 우리 형 신드리(Sindri)야말로 스바르탈프헤임에서 제일가는 대장장이로 인정받고 있다고! 우리 형은 그동안 너 같은 놈을 위해 대장일을 하지 않았겠지."

신들은 한참 잘난 척하던 로키가 브로크에게 혼쭐나는 꼴을 보자 고소해하며 웃었다. 신들의 비웃음소리가 들리자 로키도 화가 났다.

"조용히 하지 못해, 이 쪼그마한 난쟁이야? 네 형도 내 친구 난쟁이들에게 대장일을 좀 더 배워야 할 걸?"

"우리 형이 네 친구한테 배워야 한다고? 형 신드리가 네 친구 난쟁이들에게 대장일을 배워야 한단 말이지? 네 놈이 스바르탈프헤임에서 가져온 저 따위 물건은 우리 형 신드리가 만든 작품하고는 비교도 되지 않아! 나란히 놓아 두면 아스가르드의 신들께서 신드리가 만든 작품을 감상하시느라 저 형편없는 물건 나부랭이에는 눈길 한 번 주지 않을 걸!"

화가 난 브로크는 길길이 날뛰며 소리를 질렀다.

"그럼 어디 한번 신드리가 만든 보물을 가져와 봐!"

로키가 비아냥댔다.

"지금 당장 가져오지. 아스가르드의 신들께서는 형의 작품을 보고 나면 네 허풍을 비웃으실 거야. 내 머리를 걸고 내기하마!"

"좋아, 그 내기를 받아 주지. 나도 내 머리를 걸겠어. 성질 더러운 네 놈의 머리가 날아가는 꼴을 보면 참 신이 나겠는 걸?"

"우리 형의 작품이 최고인지 아닌지는 아스가르드의 신들께서 가려 주실 거다. 이번에 로키 네 놈의 머리를 꼭 얻고야 말겠다. 아스가르드의 신들이시여, 심판관이 되어 주시겠습니까?"

"그래, 우리가 심판관이 되어 주겠다."

신들이 대답했다. 여전히 분이 풀리지 않은 난쟁이 브로크는 씩씩거리며 곧장 형 신드리가 일하고 있는 동굴 속 대장간으로 갔다.

화덕에 피운 시뻘건 불이 대장간 안을 환하게 비추고 있었다. 신드리는 풀무와 모루, 망치를 옆에 두고 일하고 있었고, 금, 은, 구리, 쇳덩어리 등 재료들이 대장간 여기저기 널브러져 있었다. 브로크는 형에게 자초지종을 고해 바쳤다. 그러면서 로키와 내기로 머리를 걸었고, 형 신드리는 아스가르드에 있는 창이나 배보다 훨씬 훌륭한 작품을 만들 수 있을 거라고 말했다. 동생의 이야기를 다 들은 신드리가 입을 열었다.

"동생아, 네가 한 말은 다 사실이다. 로키에게 네 머리를 내줄 일은 없을 거야. 대신, 네가 나를 도와야 해. 내가 물건을 만드는 동안 한 순간도 화덕 안에 불이 너무 세지거나 약해지지 않도록 지켜야 해. 네가 도와주면 내가 진기한 물건을 만들어 낼 거야. 자, 이 풀무를 가지고 불을 잘 조절하도록 해라."

그런 다음 형은 불 속에 금속이 아닌 돼지가죽을 던져 넣었다. 브로크는 불이 너무 세지거나 약해지지 않도록 적절히 풀무질을 했다. 돼지가죽은 불 속에서 신기한 형상으로 부풀어 올랐다.

브로크는 손에서 풀무를 절대 놓지 않았다. 그때 대장간 안으로 웬

난쟁이 브로크를 방해하는 쇠파리(돈 크레인 作)

쇠파리 한 마리가 날아 들어왔다. 쇠파리는 이리저리 날아다니다가 브로크의 손등을 물었다. 브로크는 외마디 비명을 내질렀지만 불길이 변할세라 두 손은 계속해서 풀무질을 하고 있었다. 난쟁이는 로키가 쇠파리로 변신해 방해한다는 걸 눈치챘다. 쇠파리는 또 브로크의 손등을 물었다. 브로크는 뜨거운 인두에 대인 것처럼 아팠지만 불길이 너무 세지거나 약해지지 않도록 풀무질을 쉬지 않았다.

　신드리가 돌아와 불 속을 확인해 보았다. 그러더니 활활 타오르는 불에 대고 마법의 주문을 외웠다. 쇠파리는 이미 어디론가 날아가고 없었다. 신드리는 풀무질을 멈추게 하고는 불 속에서 만들어진 형상을 꺼내 망치로 마무리 작업을 했다. 그야말로 훌륭한 작품이 탄생했다. 이 황금 돼지는 하늘을 날아다닐 뿐 아니라 돼지를 덮고 있는 빳빳한 털들이 환한 금빛을 발하고 있었다. 브로크는 기쁜 나머지 손등의 고통도 잊은 채 탄성을 질렀다.

"지금까지 본 것 중에서 가장 멋진 작품이야! 아스가르드의 신들도 나에게 손을 들어 줄 거야. 로키의 머리는 이제 내 거라고!"

하지만 신드리는 아직 만족하지 못한 표정이었다.

"황금 돼지로는 궁니르나 스키드블라드니르만큼 인정받지 못할 거야. 좀 더 진기한 작품을 만들어야 해. 동생아, 불길이 너무 세지거나 약해지지 않도록 계속 풀무질을 해 줘."

이번에는 신드리의 손에 황금 덩어리 하나가 들려 있었다. 황금 덩어리는 대장간 안을 환하게 밝혔다. 신드리는 금덩이를 불 속에 던져 놓고는 다른 일을 하러 밖으로 나갔다.

이때 쇠파리가 다시 들어왔다. 브로크는 쇠파리가 자기 목덜미에 내려앉는 것을 까맣게 모르고 있었다. 쇠파리는 브로크의 목을 콕 물었고, 브로크는 따가워서 미칠 지경이었다. 그렇지만 형의 당부를 잊지 않고 화덕 속에 불길이 너무 세지거나 약해지지 않도록 풀무를 손에서 놓지 않았다. 신드리가 다시 불 상태를 확인하러 왔을 때, 브로크는 너무 아파 말도 제대로 할 수 없었다.

이번에도 신드리는 불 속에서 제련 중인 금덩이에 대고 마법의 주문을 외웠다. 그런 다음 금덩이를 꺼내 모루 위에 두고 섬세하게 작업을 했다. 얼마만큼 시간이 지나자 태양의 테두리를 닮은 팔찌가 만들어졌다.

"동생아, 이 팔찌 멋지지? 신들의 오른팔에 찰 팔찌야. 이 팔찌는 아주 신비한 힘을 지니고 있지. 아홉 날이 지날 때마다 밤이 되면 똑같이 생긴 팔찌가 여덟 개씩 생겨나. 이게 바로 개수가 저절로 늘어

나는 팔찌, 드라웁니르(Draupnir)야."

"이 팔찌를 신들의 아버지 오딘에게 바쳐야겠어. 분명히 오딘도 지금까지 아스가르드에 이처럼 훌륭한 보물은 없었다고 말할 거야. 아, 교활한 놈 로키야. 네가 아무리 수작을 부려도 나는 반드시 네 머리를 가지고 말테다!"

"동생아, 너무 성급해하지 말아라! 이 물건도 나름대로 훌륭하지만 아스가르드의 신들이 로키의 머리를 너에게 허락하려면 더 멋지고 감동적이어야 한단 말이지! 자, 불길이 더 세지거나 약해지지 않도록 풀무질를 계속해 줘!"

이번에는 신드리가 쇠막대기를 불 속에 던져 넣었다. 그러고는 쇠망치를 가지러 밖으로 나갔다. 브로크는 전처럼 풀무질을 열심히 했지만 쇠파리가 또 자기를 물까 봐 온몸이 사시나무 떨듯 했다.

아니나 다를까 쇠파리가 대장간 안으로 들어왔다. 쇠파리는 어디를 물면 가장 아플지 이리저리 탐색하며 날아다녔다. 그런 모습을 보고 있자니 브로크는 무서워 죽을 것만 같았다. 쇠파리는 브로크의 눈과 눈 사이에 착지했다. 쇠파리가 착지 지점을 콱 깨물자 브로크는 눈앞이 아련했다. 또 한 번 물자 이번에는 피까지 흐르는 것 같았다. 브로크는 도저히 눈을 뜰 수가 없었다. 브로크는 두 손에서 풀무를 놓지 않았지만 눈을 뜨지 못해 불길이 세지는지 약해지는지 알 도리가 없었다. 브로크가 비명을 지르자 신드리가 허겁지겁 달려왔다. 신드리는 서둘러 불 속에 대고 마법의 주문을 외우고는 쇳덩어리를 불 속에서 꺼냈다.

"조금만 더 있었으면 완벽했을 텐데… 네가 잠깐 불을 꺼트리는 바람에 망쳐 버렸잖아!"

그래도 신드리는 불에 달궈진 쇳덩이를 모루 위에 올려놓고 정성

몰니르를 만드는 난쟁이 신드리와 브로크
(엘머 보이드 스미스 作)

껏 망치질을 했다. 브로크가 다시 앞을 볼 수 있게 되자 눈앞에 훌륭한 쇠망치가 만들어져 있었다. 망치의 거대한 몸통에 비해 손잡이가 조금 짧은 게 흠이긴 했지만 말이다. 불속에서 망치가 거의 완성되어 갈 즈음에 불이 꺼졌기 때문에 그렇게 된 것이었다.

"이 망치는 묠니르(miölnir)라고 해. 내가 만든 것 중에 그나마 가장 근사하지. 아스가르드의 신들도 틀림없이 좋아할 거야. 천둥의 신 토르만이 이 쇠망치를 휘두를 수 있어. 이제 아스가르드의 신들이 어떤 판단을 내릴지 걱정하지 않아도 돼."

신드리가 자신 있게 말했다.

"아스가르드의 신들은 보나마나 우리에게 손을 들어 줄 거야! 우리가 승리할 거고, 날 괴롭힌 로키 그놈의 머리도 내 차지가 될 거라고!"

브로크도 들뜬 마음에 목청을 높였다.

"이제껏 아스가르드에 이보다 더 좋은 선물들을 들고 간 적이 없었어. 브로크 네 머리도 무사할 거야. 널 무시한 로크의 머리를 가져올

수 있다고. 그놈의 머리를 이 뜨거운 불에 처넣어 버리고 말 테다!"
　신드리도 덩달아 신이 났다.

　아스가르드의 신들이 회의장에 모여 앉아 있는데, 갑자기 난쟁이
무리가 나타났다. 브로크가 무리 가운데 맨 앞에 서 있었다. 뒤따르
는 난쟁이들은 무거운 물건들을 실어 왔다. 브로크와 난쟁이 무리는
오딘의 왕좌 앞에 서서 오딘이 하는 말에 귀를 기울였다.
　"너희가 스바르탈프헤임에서 이곳 아스가르드까지 온 이유를 잘
알고 있다. 아스가르드의 신들을 위해 진기하면서도 꼭 필요한 물건
을 가져왔겠지? 브로크, 물건을 우리에게 보여 다오. 로키가 가져온
궁니르와 스키드블라드니르보다 훌륭하다면 너의 승리를 인정하마."
　브로크는 난쟁이들에게 신드리가 만든 첫 번째 보물을 보이도록
했다. 난쟁이들은 황금 털로 뒤덮인 돼지를 가져왔다. 황금 돼지는
밝은 빛을 내며 회의장 안을 날아다녔다. 신들은 참 신기한 보물이라
며 수군거렸다. 하지만 아무도 이 황금 돼지가 궁니르나 스키드블라
드니르보다 더 쓸모 있다고 생각하지는 않았다. 황금 돼지는 바니르
신족 최고의 신인 프레이에게 바쳤다.
　이어서 난쟁이들은 태양의 테두리처럼 반짝반짝 빛나는 팔찌를 보
여 주었다. 신들도 모두 진귀한 팔찌를 보고 감탄했다. 아홉 날이 지
날 때마다 밤이 되면 똑같이 생긴 팔찌가 여덟 개씩 생겨난다는 말
에, 신들은 개수가 저절로 늘어나는 팔찌 드라웁니르야말로 정말 대
단한 보물이라고 칭찬했다. 신들의 감탄과 칭찬이 쏟아지자 브로크
는 구석에서 입을 다물고 서 있는 로키를 기세등등하게 쳐다보았다.
드라웁니르는 신들의 아버지 오딘에게 바쳤다.
　이 여세를 몰아 난쟁이들은 토르 앞에 묠니르를 꺼내 보였다. 토르

신들 앞에 진기한 물건들을 하나씩 꺼내 보이는 난쟁이 브로크(돈 크레인 作)

는 그 쇠망치를 잡고는 머리 위로 붕붕 휘두르며 함성을 질렀다. 토르가 묠니르를 휘두르는 모습에 아스가르드의 신들은 눈이 번쩍 뜨였고 입에서는 탄성이 터져 나왔다.

"이거 정말 대단한데! 너무 훌륭해! 토르에게 묠니르만 있으면 누구도 그를 상대할 수 없을 거야. 지금껏 아스가르드에 묠니르보다 귀한 보물은 없었어!"

왕좌에 앉아 있던 오딘은 곧 판결을 내렸다.

"난쟁이 브로크가 가져온 묠니르는 훌륭하고 신들에게도 꼭 필요한 보물이다. 토르는 그 망치로 산도 때려 부수고 거인족을 아스가르드 성벽 밖으로 내던질 수도 있을 것이다. 난쟁이 신드리는 마법의 창 궁니르와 마법의 배 스키드블라드니르보다 더 위대한 작품을 만들었다. 그러므로 이제 더 이상 다른 의견이 나올 수 없다."

브로크는 로키를 바라보며 울퉁불퉁 못생긴 덧니를 드러내며 씩 웃었다.

"자, 로키! 이제 머리를 내놔. 얼른 네 머리를 나에게 달란 말이야!"

브로크가 소리쳤다.

"그렇다고 목숨을 내놓으라고 하면 안 되지!"

갑자기 오딘이 막아섰다.

"로키가 널 무시하고 괴롭혔다면 다른 대가를 받도록 해라. 로키가 가진 것 중에 가장 좋은 것을 너에게 주마."

"안 됩니다. 절대로 안 됩니다! 아스가르드의 신들이시여, 지금 로키의 편을 드시는 겁니까? 만약 제가 졌다면요? 그럼 로키에게 제 머리를 주셨을 것 아닙니까? 지금은 로키가 졌고 그러니 로키의 머리는 제 것입니다. 제가 로키의 머리를 자를 수 있도록 로키를 제 앞에 무릎 꿇게 해 주십시오!"

브로크가 애타게 부르짖었다. 로키는 입을 꾹 다문 채 음흉한 미소를 지으며 앞으로 나왔다.

"난쟁아, 내가 무릎을 꿇어 주지. 이제 내 머리를 쳐. 대신 내 목은 털끝 하나 건드리지 말라고. 내기를 걸 때 목에 손을 댄다는 조건은 없었잖아? 목을 건드리면 아스가르드의 신들에게 천벌을 내려 달라고 빌어 주마!"

브로크는 당황한 나머지 뒷걸음치며 말했다.

"이게 신들의 심판입니까?"

"애초에 그런 내기를 한 것 자체가 옳지 못한 행동이었다. 그러니 어떤 결과가 나오더라도 네가 감내해야 하는 것 아니냐?"

오딘은 도리어 브로크를 나무랐다.

발끈한 브로크가 로키를 보니 입가에 간사한 미소를 띠고 있었다. 브로크는 발을 쾅쾅 구르며 미친 듯이 화를 냈다. 그러고는 로키 앞으로 다가갔다.

"내가 네 머리는 가지지 못하지만 날 비웃는 그 주둥아리는 어떻게든 해야겠다!"

"이봐! 뭘 어쩌려는 거야?"

토르가 다급히 물었다.

"로키의 입을 꿰맬 겁니다. 그러면 저 입을 함부로 놀리지 못하겠죠! 아스가르드의 신들께서도 이번만큼은 절 막으시면 안 됩니다. 로키, 어서 내 앞에 무릎 꿇지 못해!"

브로크가 단호하게 말했다.

로키가 애원하는 표정으로 신들의 얼굴을 쳐다보았지만 이미 결론이 난 듯 보였다. 로키는 얼굴이 울상이 되어 무릎을 꿇었다.

"로키, 입 다물어!"

로키는 입을 다물고는 있었지만 눈에서는 불이 나고 있었다. 브로크는 허리띠에서 송곳을 꺼내 로키의 입술에 구멍을 뚫었다. 그런 다음 가죽끈으로 입을 꿰매었다. 의기양양해진 브로크는 로키를 똑바로 바라보았다.

"로키, 너는 네 친구 난쟁이들이 우리 형 신드리보다 솜씨 좋은 대장장이라고 함부로 입을 놀렸어. 하지만 거짓이라는 게 판명 났지. 이제 한동안은 그놈의 허풍을 못 떨 것이다!"

브로크는 회의장을 나섰고 같이 온 난쟁이 무리도 그 뒤를 따랐다. 난쟁이들은 승리의 개가를 부르며 지하 소굴로 내려갔다. 스바르탈프헤임에서는 신드리와 브로크 형제의 영웅담이 전설처럼 전해졌다. 한편, 로키의 입을 꿰맨 덕에 아스가르드에서는 고약한 장난질이 사라지고 평화가 찾아왔다. 로키가 고개를 푹 숙인 채 아무 말도 못하고 돌아다녀도 누구 하나 로키를 불쌍히 여기지 않았다.

프레야가 남편을 잃고 목걸이를 얻다

신들은 하나같이 이번 일을 계기로 로키도 함부로 장난치지 않을 거라고 말했다. 하지만 로키가 벌인 일이 불행의 씨앗이 될 거라고는 아무도 예상하지 못했다. 결국 그 싹이 터서 바니르 신족의 여신 프레야를 슬픔에 빠뜨리고 말았다. 프레야는 거인이 아스가르드의 성벽을 짓고 태양과 달과 함께 얻고자 했던 바로 그 여신이었다.

프레야는 로키가 아스가르드로 들여온 신비한 보물들을 쭉 지켜보았다. 시프가 머리 위에 쓰고 있는 금실과 날아다니는 황금 돼지의 금빛 때문에 결국 프레야는 황금으로 만든 보물에 마음이 사로잡히고 말았다. 프레야도 그런 보물을 손에 넣고 싶어 안달이 났다. 그럴 때면 이런 생각에 빠졌다. '세 명의 여자 거인이 있는 산에 가면 그들이 나에게 어떤 진기한 보물을 줄까?'

오랜 옛날, 아직 아스가르드의 성벽이 세워지기 전의 일이다. 아스

바니르 신족의 여신 프레야(존 바우어 作)

가르드에 열두 명의 신이 앉아서 재판을 하는 건물과 오딘이 머무는 궁전, 여신들이 머무는 궁전 말고는 아무것도 없던 시절이었다. 그때 세 명의 여자 거인이 아스가르드를 찾아왔다.

그들이 오기 전에 이미 신들은 대장간을 설치하고 건물에 필요한 물건들을 만들기 시작했다. 만드는 물건의 재료는 순금이었다. 오딘 은 순금으로 글라드스헤임(Gladsheim)이라 불리는 궁전을 지었고 그 안에 들여놓을 모든 잡기도 순금으로 만들었다. 그때는 황금이 넘쳐 나는 '황금의 시대'였기 때문에 신들은 남에게 황금을 주는 걸 아까 워하지 않았다. 신들은 마냥 행복했고 아스가르드에서는 불행의 그림자를 전혀 찾아볼 수 없었다.

하지만 세 명의 여자 거인이 온 뒤부터는 이야기가 달라졌다. 웬일인지 신들은 황금을 소중하게 여기며 몰래 비축하기 시작했다. 이제 황금을 가벼이 보지 않았다. 태초의 순수함과 행복은 이미 신들과는 먼 이야기였다. 끝내 세 명의 여자 거인은 아스가르드에서 추방당했다. 신들은 황금을 몰래 비축할 생각을 버리고 아스가르드라는 도시를 좀 더 발전시키는 데 힘을 모으기로 했다.

바니르 신족의 여신 프레야는 세 명의 여자 거인이 쫓겨날 때 그들이 가지고 있던 황금으로 만든 물건들을 떠올렸다. 하지만 남편 오두르(odur)에게 자신의 생각을 말할 엄두를 내지 못했다. 오두르는 황금보다 순수하게 행복했던 옛 시절을 그리워했기 때문이다. 남편은 아내 프레야가 세 명의 여자 거인이 있는 곳에 가지 못하게 할 것이 불 보듯 뻔했다.

하지만 프레야는 세 명의 여자 거인이 들고 있던 보물들이 머릿속에서 떠나지 않았다. 그녀는 혼자서 이렇게 중얼거렸다.

"남편 모르게 다녀오면 되잖아? 아무도 남편에게 말하지 않을 거야. 그리고 내가 귀중한 물건을 받아 오는 게 뭐가 어때서? 딱 한 번 가는 건데 오두르가 뭐라고 하겠어?"

남편 오두르는 어린 딸 흐노사(Hnossa)와 놀아 주고 있었다. 프레야는 남편과 딸아이를 뒤로 한 채 집을 떠났다. 인간 세계로 내려가는 길에 잠깐 멈춰 자신이 돌보던 꽃밭을 살펴보았다. 그러고는 꽃밭에 사는 알프들에게 세 명의 여자 거인들이 살고 있는 산이 어디인지 물었다.

깜짝 놀란 알프들은 프레야가 자신들의 여왕이었지만 모른다고 둘

58

러댔다. 이번에는 난쟁이들
이 사는 동굴을 찾아갔다. 난
쟁이들은 거리낌 없이 세 명
의 여자 거인들이 살고 있는
산이 어디인지 가르쳐 주었
다. 대신 난쟁이들은 수치스
러운 조건 하나를 내걸었다.

"여기서 우리와 함께 있어
준다면 길을 가르쳐 드리지
요."

"얼마나 머물러 있으면 되
지?"

"스바르탈프헤임의 수탉이
울 때까지 있으면 됩니다."

말이 끝나기 무섭게 난쟁이
들이 여신 주위에 둘러섰다.

"바니르 신족의 여신과 하
룻밤을 보내면 어떤 기분인
지 느끼고 싶었거든요."

"알았어. 하룻밤이면 되
지?"

난쟁이 소굴에 찾아간 프레야(루이스 후아드 作)

프레야가 조심스럽게 대답했다. 바로 그 순간 난쟁이 하나가 프레야
의 목을 껴안더니 못생긴 입으로 입맞춤을 하는 게 아닌가! 프레야는
난쟁이들을 뿌리치고 도망가려 했지만 난쟁이들은 놓아주지 않았다.

"스바르탈프헤임의 수탉이 울기 전까지는 나갈 수 없다고 했잖아!"

난쟁이들은 때로 몰려와 프레야에게 입을 맞추었다. 그러고는 바닥에 여러 겹 모피를 깔고 프레야를 앉혔다. 프레야가 울음을 터뜨리자 난쟁이들은 소리를 지르며 그녀를 때렸다. 그렇게 프레야는 스바르탈프헤임의 수탉이 울기 전까지 음흉한 난쟁이들과 함께 시간을 보내야 했다.

동이 트고 수탉이 울자 난쟁이들은 약속대로 세 명의 여자 거인이 살고 있는 곳을 알려 주었다. 세 명의 여자 거인은 산꼭대기에 앉아 인간 세계를 내려다보고 있었다.

"오두르의 아내여, 우리에게 무엇을 원하십니까?"

굴베이그(Gulveig)라고 하는 여자 거인이 프레야에게 물었다.

"아니, 당신들을 보고 나니까 갑자기 아무것도 얻고 싶지 않아."

프레야가 고개를 가로저었다.

"바니르 신족의 여신이시여, 그러지 말고 말해 보세요."

다른 여자 거인이 말했다.

또 다른 여자 거인은 아무 말도 안 했지만 손에 화려한 황금 목걸이를 들고 있었다.

"어머, 예쁘다! 여러분이 앉아 있는 곳에는 큰 그림자가 져 있는데도 황금 목걸이는 밝게 빛나고 있잖아? 그 목걸이 목에 한번 걸어 봤으면 좋겠다!"

프레야는 목걸이에서 눈을 떼지 못했다.

"이게 바로 브리싱가멘(Brisingamen)이라는 황금 목걸이랍니다."

굴베이그가 말했다.

"오두르의 아내여, 당신에게 이 목걸이를 드리겠습니다. 목에 걸어 보세요."

황금 목걸이를 손에 쥐고 있던 여자 거인이 목걸이를 건네주었다.

프레야는 반짝이는 황금 목걸이를 받아들고는 목에 걸고 걸쇠를 잠갔다. 고맙다는 인사를 건네려고 했지만 여자 거인들의 눈에 뭔지 모를 사악한 기운이 느껴졌다. 그래도 감사의 뜻을 전하고는 그 산에서 도망치듯 내려왔다.

어느덧 프레야는 자신이 돌보는 꽃밭에 이르렀다. 고개를 숙여 반짝반짝 빛나는 브리싱가멘을 보자 그동안의 모든 고통이 사라지는 것만 같았다. 인간의 손으로 만든 것 중에 이보다 아름다운 것은 본 적이 없었다. 아스가르드에서 어떤 여신도 이렇게 아름다운 목걸이를 손에 넣지 못했다. 예쁜 목걸이를 걸고 있으니 프레야는 한결 더 아름다워 보였다. 남편 오두르도 목걸이를 하고 행복해하는 자신의 모습을 좋아할 거라고 생각했다.

목걸이 브리싱가멘을 메고 있는 프레야
(제임스 도일 펜로즈 作)

프레야는 꽃밭에 사는 알프들과 작별 인사를 나누고 아스가르드로 발걸음을 옮겼다. 프레야와 마주치는 이들마다 브리싱가멘이 예쁘다고 칭찬해 주었다. 여신들의 표정에는 목걸이를 갖고 싶어 하는 기색이 역력했다.

하지만 프레야는 누구와도 대화를 나누지 않고 서둘러 집으로 향했다. 얼른 남편에게 가서 용서를 빌 생각이었다. 집에 들어선 프레야는 남편을 부르기 시작했다. 그러나 대답이 없었다. 어린 딸 흐노사만 바닥에 앉아 놀고 있었다. 프레야가 흐노사를 품에 안자 아이는 브리싱가멘을 보고 고개를 돌려 울음을 터뜨렸다.

프레야는 하는 수 없이 흐노사를 다시 내려놓고 오두르를 찾았다. 집 안 어디에도 오두르의 모습은 보이지 않았다. 프레야는 아스가르드에 있는 모든 궁전과 집들을 돌아다니며 남편 오두르의 소식을 물었지만 그가 어디로 갔는지 아무도 몰랐다. 집으로 돌아온 프레야는 남편을 계속 기다렸지만 끝내 돌아오지 않았다.

그러던 어느 날 누군가 프레야를 찾아왔다. 오딘의 아내이자 신들의 여왕인 여신 프리가였다.

"프레야, 남편을 기다리고 있군요? 남편 오두르의 소식을 알려 줄게요. 그는 돌아오지 않을 거예요. 프레야 당신이 반짝이는 보물을 탐내는 동안 남편은 실망하고 아스가르드를 떠났어요. 이제 그가 어디 있는지 아무도 모르죠."

"그럼 아스가르드 밖으로 나가서 남편을 찾아야겠네요!"

프레야는 울음을 멈추고 딸 흐노사를 프리가의 품에 맡겼다. 그리고는 고양이 두 마리가 끄는 수레를 타고 남편을 찾아 나섰다. 프레야는 아스가르드를 떠나 미드가르드로 향했다.

몇 년이 지나도록 프레야는 사라진 남편을 애타게 찾아다녔다. 온 세상을 샅샅이 돌아보았고 심지어 요툰헤임이 보이는 세상 끝까지 가 보았다. 요툰헤임은 아스가르드 성벽을 짓고 프레야를 탐냈던 그

남편 오두르를 찾아 나서는 프레야(닐스 블로메르 作)

거인이 사는 곳이었다. 신들의 세계인 아스가르드와 인간의 세계인 미드가르드를 연결하는 무지개다리 비프뢰스트(Bifröst)부터 요툰헤임의 경계까지 사방을 돌아다녔지만 끝내 남편을 찾지 못했다.

결국 프레야는 비프뢰스트로 다시 수레를 돌렸다. 신들의 파수꾼인 헤임달이 비프뢰스트를 지키고 있었다. 프레야는 실낱같은 희망을 품고 헤임달을 찾아갔다.

"신들의 파수꾼인 헤임달이여, 오두르가 어디에 있는지 알려 줄 수 있나요?"

"오두르는 찾는 이가 있는 곳에는 없고 찾는 이가 없는 곳에는 어디에나 있지요. 그러니 그를 찾으려는 이는 절대 그를 찾을 수 없답니다."

신들의 파수꾼인 헤임달이 대답했다.

청천벽력 같은 헤임달의 말에 충격을 받은 프레야는 비프뢰스트 위에 서서 펑펑 울기 시작했다. 신들의 여왕 프리가는 프레야의 통곡 소리가 들리자 아스가르드에서 몸소 마중 나와 위로해 주었다.

"프리가여, 저를 어떻게 위로하실 수 있나요? 오두르를 아무리 찾아도 찾을 수 없다는데, 저에게 무엇이 위로가 되겠어요?"

프레야는 울음이 멈추질 않았다.

"프레야, 당신의 딸 흐노사가 벌써 저렇게 많이 자랐답니다!"

프리가의 말에 프레야가 고개를 들어서 보니 무지개다리 위에 어여쁜 처녀가 서 있는 것이 아닌가! 흐노사는 아스가르드의 웬만한 여신보다 젊고 예뻤으며 보는 이의 가슴을 두근거리게 할 만큼 사랑스럽고 매력적이었다.

딸의 모습에 프레야는 남편을 잃은 상실감을 달랠 수 있었다. 이제 프레야는 프리가를 따라 비프뢰스트를 건너 아스가르드로 돌아왔다. 그리고 딸 흐노사와 함께 새로운 삶을 시작했다.

프레야는 남편과 헤어지게 만든 황금 목걸이를 계속 걸고 있었다. 목걸이가 예뻐서가 아니라 자신의 과오를 잊지 않기 위해서였다. 프레야의 눈에서는 황금 눈물방울이 뚝뚝 떨어졌다. 그래서 후대의 시인들은 프레야의 이야기에 '눈물을 흘리는 아름다운 부인'이라는 제목을 붙였다.

프레이가 마법의 검을 잃고
아내를 얻다

여신 프레야가 한동안 남편 오두르를 찾아 세상을 돌아다닐 때의
일이다. 바니르 신족의 수장 프레이는 오랫동안 아스가르드를 떠나
있던 동생 프레야가 보고 싶어졌다. 아스가르드에는 온 세상을 둘러
볼 수 있는 장소가 한 군데 있었다. 바로 오딘의 성스러운 옥좌인 흐
리드스칼프(Hlidskjalf)였다.

오딘의 옥좌는 하늘 높이 솟아 있었다. 프레이는 오딘이 옥좌에 없
다는 것을 알고 몰래 그곳으로 갔다. 옥좌로 올라가는 입구 계단에
오딘의 늑대인 게리와 프레키가 떡하니 지키고 서 있었다. 프레이가
신들의 언어로 인사를 건네자 오딘의 늑대들이 프레이를 통과시켜
주었다.

하지만 프레이는 옥좌로 걸어 올라가면서 자신이 치명적인 실수를
저지르고 있다는 사실을 깨달았다. 지금까지 아스가르드의 영웅 토

오딘의 옥좌에 앉아 온 세상을 바라보는 프레이
(프레드릭 로렌스 作)

르나 신들의 사랑을 가장 많이 받는 발두르조차 오딘의 옥좌에 올라가 본 적이 없었기 때문이다.

"그래도 동생만 볼 수 있다면 나는 그걸로 만족해. 세계를 한 번 둘러보기만 하는 건데 무슨 문제가 있겠어?"

프레이는 이렇게 스스로를 정당화했다.

드디어 흐리드스캴프의 꼭대기에 이르렀다. 프레이는 오딘의 성스러운 옥좌에 앉아 세상을 죽 둘러보았다. 미드가르드에 있는 마을들과 논밭, 사람들이 다 보였다. 미드가르드 너머에는 거인의 나라인 요툰헤임이 보였다. 요툰헤임은 어둡고 험준한 산이 여기저기 솟아 있었고 사방이 눈과 빙하로 덮여 있었다. 그리고 프레야가 이리저리 헤매고 돌아다니는 모습도 보였다. 다행히도 프레야는 아스가르드 방향으로 걸음을 옮기고 있었다.

"여기서 동생을 봤으니 됐어. 이 정도 확인한 걸 가지고 벌을 받진 않을 거야."

프레이는 혼잣말로 중얼거렸다.

하지만 말은 그렇게 하고 있어도 프레이의 시선은 요툰헤임에 있는 어느 집에서 떠날 줄 몰랐다. 프레이 자신조차 왜 그러는지 모른 채 그 집을 한동안 바라보았다. 얼마 뒤 그 집의 문이 열리더니 한 거인 처녀의 모습이 보였다. 프레이는 거인 처녀를 뚫어져라 쳐다보았다. 밤하늘에 반짝이는 별처럼 아름다웠다. 그녀는 잠깐 문간에서 밖을 내다보더니 다시 문을 닫고 안으로 들어갔다.

프레이는 한동안 오딘의 옥좌에 멍하니 앉아 있었다. 정신을 차리고 꼭대기에서 내려와 두 늑대를 지나치려고 하는데 그 짐승들이 마치 덤벼들 것처럼 보였다. 그곳을 서둘러 빠져나온 프레이는 신들의 도시인 아스가르드에 있었지만 전혀 즐겁지 않았다. 프레이는 낮에 본 거인 처녀에게 사랑에 빠져 밤잠을 설쳤다. 다음날 아침 프레이는 거인 처녀와 멀리 떨어져 있다는 생각에 그리움이 몰려왔다. 한 번 더 거인 처녀를 보고 싶은 마음에 흐리드스캴프로 향했다. 그런데 이번에는 늑대들이 가만히 있지 않았다. 프레이가 다가가자 으르렁거리며 금방이라도 물어뜯을 것만 같았다. 프레이가 급히 신들의 언어로 말을 걸어 보았지만 이번에는 통하지 않았다.

프레이는 지혜로운 아버지 뇨르드에게 가서 모든 사실을 알렸다. 아버지는 아들을 걱정스럽게 바라보며 이렇게 말했다.

"아들아, 그 처녀는 거인 기미르(Gymer)의 딸 게르다(Gerda)란다. 더 이상 그 거인 처녀에 대해 생각하지 말아라. 그렇지 않으면 너에게 재앙이 찾아올 거다!"

"왜 재앙이 찾아오죠?"

"그 처녀에게 가려면 네가 가장 아끼는 물건을 내놓아야 하거든."

"가장 아끼는 물건이라면… 마법의 검이잖아요."

"그래, 그 검을 내놓아야 한다."

프레이는 허리춤에 차고 있던 마법의 검을 꺼내 물끄러미 바라보

마법의 검을 들고 서 있는 프레이(요하네스 게르츠 作)

았다.

"이 검도 내놓을 수 있어요."

"아들아, 신중하렴. 마법의 검을 내놓으면 최후의 전쟁 라그나뢰크가 일어날 때 무엇을 가지고 거인족과 싸우려고 그러느냐?"

프레이는 대답을 못 했지만 라그나뢰크가 오려면 아직 한참 멀었다고 생각했다.

"저는 게르다 없이 살 수 없어요, 아버지!"

프레이는 고개를 돌려 아버지의 시선을 피했다.

아스가르드에는 스키르니르(Skirnir)라는 프레이의 하인이 있었다. 스키르니르는 말과 행동이 거침없는 대담한 성격의 소유자였다. 프레이는 스키르니르 말고는 고민을 털어놓을 상대가 없었다. 사실 오딘의 옥좌에 앉은 벌로 그런 고민을 갖게 된 것이었다. 스키르니르는 주인의 말을 듣고 한바탕 웃어 재꼈다.

"주인님, 요툰헤임의 거인 처녀와 사랑에라도 빠지신 겁니까! 이거 정말 재밌네요! 설마 결혼이라도 하실 생각이신가요?"

"인사라도 건네거나 내 마음을 전하고 싶지만 알프들을 내팽개치고 갈 수는 없는 노릇이잖아?"

프레이의 목소리가 우울했다.

"주인님, 만약 제가 주인님의 마음을 게르다에게 전하면 저에게 무엇을 주실 건가요?"

대담한 스키르니르가 물었다.

"마법의 배 스키드블라드니르 아니면 황금 돼지를 주마."

"아니요. 저는 필요한 게 따로 있습니다. 제가 직접 사용할 수 있는 걸 원합니다. 마법의 검을 주십시오."

프레이는 순간 아버지의 말씀이 떠올랐다. 거인들이 신들을 공격해 아스가르드가 위험에 빠지는 라크나뢰크 때 마법의 검 없이 싸워야 하기 때문이다. 프레이는 돌아서서 깊이 고민에 빠졌다. 스키르니르는 푸른 눈과 큰 입가에 미소를 가득 띠우며 주인의 대답을 기다리고 있었다. 프레이는 혼잣말로 중얼거렸다.

"라그나뢰크는 아직 먼 미래의 일이야. 난 이제 게르다 없이는 단 하루도 살 수 없어."

프레이는 허리에서 마법의 검을 꺼내더니 스키르니르의 손에 쥐어 주었다.

"스키르니르, 이 검을 주마. 그러니 내 마음을 거인 기미르의 딸 게르다에게 전해라. 이 금과 보석을 보여 주면서 내가 그녀를 사랑하고 그녀도 날 사랑하길 바란다고 전해야 한다."

"네, 그렇게 하죠."

스키르니르가 거만하게 말했다.

"그런데 요툰헤임에는 어떻게 갈 생각이냐?"

상사병에 빠진 프레이(W.G. 콜링우드 作)

프레이는 갑자기 암흑으로 둘러싸인 거인의 나라에 들어가는 게 얼마나 무시무시한 일인지 떠올랐다.

"훌륭한 말과 훌륭한 검이 있는데 어딘들 못 가겠습니까? 제 말은 아주 잘 달리는 명마이고, 주인님이 주신 검은 마법의 검 아닙니까? 내일 당장 출발하도록 하겠습니다."

스키르니르는 파수꾼 헤임달에게 푸른 눈과 큰 입으로 찡긋 미소를 지어 보이고는 무지개다리 비프뢰스트를 건넜다. 스키르니르를 태운 말은 미드가르드를 힘차게 내달렸다. 미드가르드와 요툰헤임의 경계를 흐르는 강도 수월하게 헤엄쳐 갔다. 스키르니르는 늘 그렇듯 말을 대담하게 몰았다. 말을 몰고 가는데 요튼헤임의 숲에서 난데없이 거대한 늑대들이 나타났다. 늑대들은 금방이라도 스키르니르와 그의 애마를 물어뜯어 죽일 기세였다. 다행히도 프레이의 허리띠에 마법의 검이 있었다. 마법의 검을 꺼내들자 칼날에서 섬뜩할 정도로 날카로운 빛이 뿜어져 나왔다. 이를 보고 움츠러든 늑대들은 어느새 마법의 검에 희생양이 되고 말았다. 스키르니르는 지체하지 않고 말을 몰았다. 어느 정도 가자 이번에는 활활 타오르는 불의 방벽이 가로막고 있었다. 보통 말들은 그 방벽을 뚫고 지나갈 수 없었지만 스키르니르의 명마는 전혀 문제가 되지 않았다. 스키르니르는 불의 방벽을 통과해 거인 기미르가 사는 계곡으로 갔다.

마침내 스키르니르는 거인 처녀 게르다가 사는 집 앞에 이르렀다. 프레이가 오딘의 옥좌에서 봤던 그 집이었다. 기미르의 집을 지키는 사냥개들이 스키르니르를 둘러싸며 컹컹 짖어댔다. 하지만 이번에도 마법의 검이 뿜어내는 광채가 스키르니르를 지켜 주었다. 스키르니르는 말에 탄 채 대문 앞에 서서 말발굽으로 문을 쿵쿵 두드렸다.

거인 기미르는 연회장에서 동료들과 정신없이 술을 마시고 있었다. 그래서 사냥개가 컹컹 짖는 소리도, 스키르니르가 문을 쿵쿵 두드리는 소리도 듣지 못했다. 하지만 게르다는 다른 방에서 하녀들과 실을 잣고 있다가 이 소리를 들었다.

"우리 집에 누가 온 것 같은데?"

"어떤 전령이 멋진 말을 타고 나타났어요!"

대문 밖을 살피고 온 하녀가 말했다.

"그가 우리의 적인지, 오라버니를 죽인 자인지 모르겠지만, 그래도 이 집을 찾아온 손님이니 문을 열고 벌꿀 술을 대접하도록 해라."

스키르니르에게 벌꿀 술을 대접하는 게르다
(찰스 에드먼드 브록 作)

게르다가 하녀들에게 말했다.

이 말이 떨어지자 하녀 하나가 문을 열고 스키르니르를 맞이했다. 스키르니르는 하녀들 사이에 있는 게르다를 금방 알아보았다. 그는 게르다에게 자기가 가져온 귀한 황금과 보석을 보여 주며 대뜸 이렇게 말했다.

"아름다우신 게르다여, 바니르 신족의 수장 프레이 님을 사랑한다면 이 모든 게 당신의 것입니다."

"그렇다면 다른 처녀들에게 그 보물들을 보여 주시지요. 이 따위 금과 보석으로 제 사랑을 살 수는 없어요."

게르다가 차갑게 말했다.

그러자 무모한 스키르니르는 아랑곳하지 않고 마법의 검을 꺼내 게르다를 겨누었다.

"나에게 이 검을 주신 프레이 님을 사랑한다고 말하라. 그렇지 않으면 이 검으로 죽음을 맛보게 해 주마."

기미르의 딸 게르다는 스키르니르의 말도 안 되는 요구에 코웃음을 쳤다.

"프레이의 검은 인간의 딸들이나 두려워하지 거인의 딸이 무서워할 것 같은가?"

그러자 대담한 스키르니르는 게르다의 눈앞에서 검의 광채를 번뜩이며 음산한 저주의 주문을 외우기 시작했다.

오, 게르다여!
이 마법의 칼날로
너의 온몸을 저주해 주마.
이 마법의 힘으로
너는 엉겅퀴처럼
말라비틀어질 것이다.
지붕 위에 매달려 있다가
폭풍우에 떨어져 나가는
엉겅퀴처럼 될 것이다.

스키르니르의 끔찍한 저주 소리와 마법의 검을 휘두를 때 나는 '쉬익' 소리에 게르다는 그만 땅바닥에 털썩 주저앉아 울음을 터뜨리고 말았다. 무자비한 스키르니르는 게르다의 머리 위에서 칼을 계속 휘두르며 저주를 멈추지 않았다.

세상에서 가장 못난
추녀로 만들어 주마.
세상의 모든 남자들에게
손가락질 받게 만들어 주마.
난쟁이가 너의 신랑이 될 것이다.

지금 이 순간부터 영원히

이 마법의 칼날로

너의 온몸을 저주해 주마.

게르다는 바닥에서 일어나 무릎을 꿇고 스키르니르에게 저주를 풀어 달라고 애원했다.

"프레이 님을 사랑한다고 고백하면 저주를 풀어 주지."

"사랑한다고 고백할게요. 그러니 마법의 검을 치우고 이 벌꿀 술을 마시고 얼른 이 집에서 나가 주세요."

"당신이 직접 주인님을 만나서 고백할 때까지 나는 벌꿀 술도 마시지 않고 이 집에서 나가지도 않을 것이다."

"그럼 만나서 고백할게요."

"언제 만나서 고백할 것이냐?"

"오늘부터 아홉째 되는 날 밤에 바리(Barri) 숲에서 만날게요. 프레이 님도 그곳으로 나오라고 전해 주세요."

스키르니르는 그제야 마법의 검을 거두고 게르다가 준 벌꿀 술을 마셨다. 다시 말을 타고 돌아오는 길에, 스키르니르는 주인님을 위해 게르다를 얻고 마법의 검까지 자기 것이 되니 절로 웃음이 나왔다.

스키르니르가 말을 타고 비프뢰스트를 건너고 있는데 저 멀리 프레이가 서 있는 것이 보였다. 비프뢰스트를 지키는 헤임달도 그 옆에 있었다.

"어떻게 되었느냐? 스키르니르, 말에서 내리기 전에 대답부터 먼저 하거라."

프레이는 안절부절못했다.

"오늘부터 아홉째 되는 날 밤에 바리 숲에서 게르다를 만나시면 됩

74

니다."

스키르니르는 푸른 눈과 큰 입으로 미소를 지어 보이며 의기양양하게 대답했다. 하지만 프레이는 뒤돌아 선 채 이렇게 중얼거렸다.

"하루는 너무 길어. 이틀은 더 길고. 그런데 아홉 날을 어떻게 기다리란 말이야!"

프레이에게 아홉 날은 900년처럼 길고도 길었다. 그래도 시간은 흘러 아홉째 날이 되었다. 그날 밤 프레이는 바리 숲을 찾아가 거인 처녀 게르다를 만났다. 프레이가 첫눈에 반했을 때처럼 게르다는 그날도 아름답고 고왔다. 게르다도 훤칠하고 귀티 나는 프레이가 내심 마음에 들었다. 스키르니르가 다짜고짜 사랑 고백을 하라고 해서 어쩔 수 없이 나왔지만 잘한 결정이라고 생각했다. 둘은 서로 금반지를 교환했다. 거인 처녀는 이제 프레이의 부인이 되어 아스가르드로 가기로 마음먹었다.

마침내 게르다는 새 신부가 되어 아스가르드로 들어왔다. 그런데 또 다른 거인 처녀 하나가 게르다를 따라왔다. 무슨 사연일까?

아스가르드의 신들은 모두 성문 앞에 나와 프레이의 새 신부를 환영했다. 그런데 그 옆에는 게르다와는 다르게 생긴 거인 처녀 하나가 따라왔다. 그녀는 특이하게도 완전 무장을 하고 있었다.

"저는 거인 티아시의 딸 스카디라고 합니다. 제 아버지가 아스가르드의 신들에게 죽임을 당했습니다. 그래서 복수를 하고 싶습니다."

"처녀여, 어떻게 복수를 하고 싶은가?"

오딘은 아스가르드까지 찾아온 거인 처녀의 배짱에 흐뭇해하며 물었다.

"게르다처럼 여러분 중에 제 남편을 고르고 싶습니다. 물론 제가

발만 보고 남편을 고르는 거인 처녀 스카디(루이스 후아드 作)

선택하는 겁니다."

스카디의 말에 모두 웃음이 터졌다. 오딘도 웃으며 말했다.

"네가 원하는 대로 우리 중에 남편을 골라도 좋다. 단, 발만 보고 골라야 한다."

"알겠습니다. 말씀하신 대로 하죠."

스카디는 아까부터 아스가르드의 최고 미남인 발두르를 눈여겨보았다. 신랑 후보들은 커튼 뒤에 숨고 발만 내보였다. 스카디는 발만 보고 남편을 골라야 했다. 스카디는 가장 잘생긴 발을 골랐다. 분명 발두르의 발이라고 믿었다.

"저는 이 발의 주인공을 신랑으로 선택하겠어요."

그러자 아스가르드의 신들은 한바탕 웃음바다가 되었다. 스카디가 고른 신은 잘생긴 발두르가 아니라 프레이의 아버지 뇨르드였기 때문이다. 스카디는 처음엔 실망했지만 시간이 지날수록 상대를 잘 골랐다고 생각했다. 뇨르드는 생각보다 힘도 좋고 기품도 있었다.

뇨르드와 스카디 부부는 처음에는 바닷가 근처에 있는 뇨르드의 궁전에서 살았다. 하지만 바닷가의 갈매기들이 이른 아침부터 우는 바람에 스카디의 아침잠을 방해했다. 스카디는 남편을 설득해 산속 조용한 곳으로 이사했다. 그런데 이번에는 뇨르드가 파도 소리를 듣지 않고는 살아갈 수 없을 것 같았다. 어쩔 수 없이 두 부부는 산과 바다를 오가며 살았다. 한편 게르다도 남편 프레이와 함께 아스가르드에 신혼집을 차렸다. 아스가르드의 신들은 모두 이 거인 처녀가 마음에 들었다.

헤임달이 흐노사에게
들려준 태초 이야기

프레야와 오두르의 딸 흐노사는 아스가르드의 신들 중에 가장 나이가 어렸다. 언젠가 아버지와 어머니를 다시 만날 것이라는 예언이 있었기 때문에, 어린 흐노사는 아스가르드 밖에 있는 무지개다리 비프뢰스트에 자주 나갔다. 아스가르드로 돌아올 아버지를 마중 나온 것이다.

아스가르드에 있는 궁전 가운데 가장 큰 건물은 글라드스헤임이다. 황금 잎이 자라는 나무 글라시르(Glasir)로 만든 궁전이었다. 여기서는 주로 신들이 연회를 열었다. 어린 흐노사는 신들이 즐기는 연회를 자주 들여다보았다. 신들의 아버지 오딘은 파란 망토를 걸치고 번쩍거리는 독수리 형상의 투구를 쓴 채 연회장에 앉아 있었다. 오딘은 아무것도 먹지 않고 오로지 신의 술만 마셨다. 가끔씩 식탁 위에 있는 음식을 집어 옆에 웅크리고 앉아 있는 늑대 게리와 프레키에게 던

져 주기도 했다.

흐노사는 성문을 열고 바깥으로 나가 무지개다리를 지키는 헤임달 옆에 있는 걸 좋아했다. 무지개다리를 아무도 건너지 않는 날에는 헤임달이 들려주는 신기한 이야기들을 듣곤 했다.

헤임달은 손에 걀라르호른(Gialarhorn)이라는 뿔 나팔을 들고 있었다. 무지개다리를 누군가 건너면 뿔 나팔을 불어 아스가르드의 신들에게 알렸다. 헤임달은 열심히 훈련한 덕분에 풀이 자라는 소리를 들을 수 있게 되었다고 흐노사에게 이야기해 주었다. 또 뿔 나팔 소리는 천리 밖까지 퍼져 나간다는 이야기도 해 주었다. 헤임달은 밤에도 낮처럼

뿔 나팔 걀라르호른을 부는 헤임달
(요한 토마스 룬드비 作)

모든 사물을 환하게 볼 수 있었다. 그는 잠을 한숨도 자지 않았다. 어머니가 아홉 명이고 대지와 차가운 바다의 기운을 받으며 자라났다.

흐노사는 날마다 헤임달을 찾아갔다. 하루는 헤임달이 어린 꼬마에게 태초에 만물이 어떻게 생겨났는지 이야기를 들려주었다. 그는 태초에 태어나 지금까지 살아 왔기 때문에 모르는 게 하나도 없었다.

"아스가르드가 만들어지기 전에는, 그러니까 오딘 님이 탄생하시기 전에는 땅과 바다와 하늘이 모두 하나로 뒤엉켜 있었어. 그때는

아주 깊고 큰 구멍 밖에 없었지. 구멍 북쪽에는 얼음과 안개의 세계인 니플헤임(Niflheim)이 있었고, 남쪽에는 불의 세계인 무스펠헤임(Muspelheim)이 있었단다. 니플헤임에는 흐베르겔미르(Hvergelmir)라고 불리는 뜨겁고도 큰 솥이 하나 있어. 거기서 열 두 개의 물줄기가 흘러나와 그 깊고 큰 구멍으로 흘러 들어가지.

그 깊고 큰 구멍을 긴눙가가프(Ginnungagap)라고 하는데 얼음으로 뒤덮여 있어. 열 두 개의 물줄기가 흘러들면서 얼어붙었기 때문이야. 무스펠헤임에서 나오는 불 구름은 이 얼음을 안개로 만들어 버리지. 그 안개는 다시 이슬이 되어서 내렸고, 그 이슬에서 태초의 거인 이미르(Ymir)가 태어났어.

이미르는 열 두 개의 물줄기를 따라 돌아다니다가 안개 속에 서 있는 또 다른 생명체에게 다가갔어. 그 생명체는 거대한 암소였지. 암소의 이름은 아우둠라(Audhumla)야. 태초의 거인 이미르는 이 아우둠라의 젖을 먹고 살았단다. 그 사이에 땅 위에 내린 이슬에서도 다른 존재들이 생겨났는데 바로 서리의 딸들(the Daughters of the Frost)이었어. 이미르는 이 딸들 중 하나와 결혼해 자식들을 낳았단다. 자식들도 물론 거인이었지.

어느 날 이미르는 아우둠라가 얼음 절벽에 입김을 불어넣는 걸 보았어. 아움두라는 입김을 불어넣은 자리를 혀로 핥았지. 혀로 계속 핥으니까 어떤 형상이 보이기 시작하는 거야. 거인의 형상하고는 사뭇 달랐어. 좀 더 맵시 있고 아름다웠지. 머리 부분이 나타났고 황금빛 금발이 얼음 위로 흘러나왔어. 이 모습을 지켜보던 이미르는 그 형상이 너무 아름다웠기 때문에 샘을 내기 시작했단다.

거대한 암소 아우둠라는 입김을 불었던 자리를 계속해서 혀로 핥았어. 마침내 얼음 절벽에서 형상이 완전한 모습을 갖춘 남자로 나타

암소 아우둠라의 젖을 먹는 태초의 거인 이미르(니콜라이 아빌고르 作)

낳지. 태초의 거인 이미르는 그 남자가 너무 싫어서 바로 그 자리에
서 죽이려고 했어. 하지만 그랬다가는 아우둠라가 더 이상 젖을 주지
않을 게 뻔했지.

얼음 절벽에서 태어난 이 남자의 이름은 부르(Bur)였어. 그는 최초
의 영웅이었지. 부르도 아우둠라의 젖을 먹고 살았단다. 부르는 이미
르의 딸과 결혼해서 아들을 낳았어. 그런데 이미르와 이미르의 아들
들은 부르를 여전히 미워했고 결국에는 그를 살해했지.

이 일을 계기로 이미르의 자손들과 부르의 자손들 사이에 전쟁이

흐림팍시를 타고 달리는 '밤'이라는 여자 거인
(페터 니콜라이 아르보 作)

벌어졌단다. 부르의 손자가 바로 오딘이었어. 오딘은 형제들을 모아 이미르의 혈족을 멸절시켜 버렸어. 단 한 명 베르겔미르(Bergelmir)만 제외하고. 이미르는 덩치가 어마어마했기 때문에 그가 죽을 때 흘린 피가 대홍수를 이루었고, 그 홍수에 휩쓸려 이미르의 아들들이 빠져 죽었던 거야. 유일하게 살아남은 베르겔미르는 아내와 배를 타고 홍수를 따라 지금 거인의 나라인 요툰헤임까지 내려갔어.

오딘과 그의 아들들은 거대한 이미르의 몸을 깊고 큰 구멍인 긴눙가가프에 밀어 넣었는데, 그 구멍에 몸이 꽉 찼단다. 오딘과 아들들은 이미르의 몸에서 뼈를 추려내 산처럼 높이 쌓았어. 이미르의 치아를 뽑아서는 바위를 만들었고, 머리카락으로는 숲을 만들었지. 그리고 눈썹을 가지고는 인간들이 사는 미드가르드를 이루었단다. 이미르의 넓고 둥근 두개골로는 하늘을 만들었지.

오딘과 아들들은 이외에도 많은 일들을 했어. 남쪽 불의 세계인 무스펠헤임에서 불어오는 불꽃과 불구름을 가지고서 하늘에 해와 달과

별을 만들었단다. 오딘은 밤(Night)이라 불리는 어스름한 여자 거인을 찾아냈는데, 그 거인에게는 낮(Day)이라 불리는 아들이 있었어. 오딘은 두 모자에게 말을 주고는 하늘을 가로질러 힘차게 달리게 했지. 밤이라는 거인은 차가운 갈기를 가진 말 흐림팍시(Hrimfaxe)를 타고 달렸고, 낮이라는 거인은 빛나는 갈기를 가진 말 스킨팍시(Skinfaxe)를 타고 달렸어. 흐림팍시의 입에서 물방울이 떨어지면 그것이 땅 위에서는 이슬로 맺혔지.

오딘과 아들들은 인간 남자와 여자도 만들어 미드가르드에서 살게 했단다. 그런데 어쩌다 추하게 생긴 난쟁이들이 생겨나서 땅 위에 퍼져 살기 시작한 거야. 오딘과 아들들은 난쟁이들을 지하 동굴로 보내고 거기서 살게 했지. 알프들에게는 땅 위에 살면서 시내와 풀과 꽃을 돌보게 했어. 오딘과 아들들은 바니르 신족과 전투를 벌였는데 나중에는 화친을 맺고 뇨르드를 볼모로 데려왔단다.

스킨팍시를 타고 달리는 '낮'이라는 거인
(페터 니콜라이 아르보 作)

몰니르로 거인들을 물리치는 천둥의 신 토르(마르텐 에스킬 뷘게 作)

이미르가 피를 흘려 대홍수가 일어났을 때 유일하게 거인 베르겔미르가 살아남았다고 했지? 베르겔미르의 자손들은 요툰헤임에 자리를 잡고 살았어. 이 거인족은 오딘과 그의 아들들을 몹시 싫어했고 그래서 자주 싸움을 걸어왔지. 오딘이 해와 달을 만들어 세상을 밝혔을 때도 화를 내면서 요툰헤임에서 가장 사나운 늑대들을 보내 해와 달을 쫓게 했어. 그래서 지금도 해와 달, 즉 솔과 마니가 늑대들에게 쫓기고 있는 거란다."

황금 이빨을 가진 헤임달은 아스가르드에서 가장 어린 신 흐노사에게 이처럼 신비로운 이야기를 들려주었다. 흐노사는 헤임달과 함께 무지개다리 옆에서 미드가르드를 오가는 신들을 구경하기도 했다. 토르는 별빛이 반짝이는 관을 쓰고 커다란 쇠망치 묠니르를 들고 있었다. 묠니르를 손에 들 때는 항상 쇠로 만든 장갑을 꼈다. 토르는 염소 두 마리가 끄는 수레를 타고 다녔고, 허리에는 힘을 배로 늘려주는 허리띠를 차고 있었다. 오딘의 아내 프리가는 매의 깃털로 만든 옷을 입고 새처럼 빠르게 날아다녔다. 신들의 아버지 오딘은 다리가 여덟 개 달린 말 슬레이프니르(Sleipnir)를 타고 달렸다. 그는 온몸에 황금 갑옷을 두르고 독수리 형상의 황금 투구를 썼다. 손에는 마법의 창 궁니르를 들고 있었다.

헤임달은 뿔 나팔을 항상 거대한 나무의 가지에 걸어 두었다. 이 나무의 이름은 이그드라실(Ygdrassil)이다. 헤임달은 흐노사에게 이 나무는 신과 인간에게 매우 신비한 존재라고 말해 주었다.

"이그드라실은 뿌리가 세 갈래로 뻗어 있단다. 하나는 미드가르드로 깊이 뻗어 있고, 또 하나는 요툰헤임으로 깊숙이 뻗어 있지. 그리고 나머지 하나는 위쪽 아스가르드로 자라나 있어. 오딘의 궁전 위로

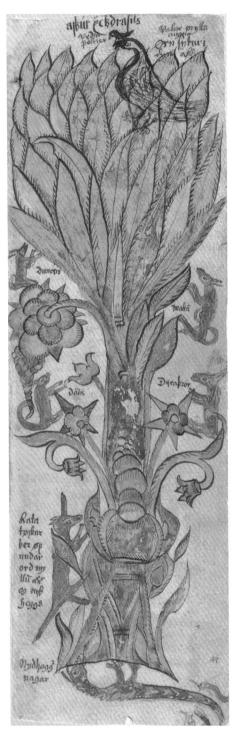

이그드라실의 가지가 드리워져 있는데, 그 가지를 '평화의 가지'라고 부른단다.

저기 거대한 이그드라실이 보이지? 저 나무에 얽힌 신기한 이야기는 아직 모를 거야. 저 높이 나뭇가지에는 수사슴 네 마리가 매달려서 나뭇잎을 먹고 살아. 이 사슴들이 뿔로 나뭇가지를 흔들어 물방울을 떨어뜨리면, 그것이 비가 되어 내린단다. 가장 꼭대기에 있는 나뭇가지 보이니? 사실 너무 높아서 신들도 볼 수 없을 정도야. 거기엔 독수리가 한 마리 앉아 있지. 그 독수리는 세상의 모든 것을 알고 있어. 또 독수리의 부리 위에는 매가 한 마리 앉아 있는데, 이 매는 독수리의 눈으로 보지 못하는 걸 대신 본다고 하더구나.

미드가르드에 뻗어 있는 이드그라실의 뿌리는 죽은 자들의 장소까지 파고 들어가 있단다. 그곳에는 니드호그(Nidhogg)라고 하는 사악한 용이 살고 있지. 니드호그는 나무 중의 나무인 이그드라실을

세계수 이그드라실(『스노리 에다』 삽화)

말려 죽이려고 뿌리를 갉아먹고 있어. 또 얄미운 다람쥐 라타토스크(Ratatosk)는 나무 위아래를 바쁘게 오르락내리락하면서 독수리와 용을 이간질시키고 있어. 용에게는 독수리가 용을 갈기갈기 찢어 놓으려고 한다고 말하고, 독수리에게는 용이 독수리를 잡아먹으려 한다고 말하지. 다람쥐의 이야기를 전해 들은 용은 화가 나서 이그드라실을 쓰러뜨리고 독수리를 잡아먹으려고 그토록 뿌리를 갉아먹고 있는 거야.

이그드라실의 뿌리 근처에는 두 개의 샘이 있단다. 하나는 위쪽에, 다른 하나는 아래쪽에 있지. 요툰헤임으로 뻗은 뿌리 옆에 보이는 샘은 '지혜의 샘'이란다. 그 샘은 현명한 노인 미미르(Mimir)가 지키고 있지. 그 샘물을 마시는 사람은 누구나 앞으로 일어날 일을 모두 알 수 있어. 또 다른 샘은 위쪽 아스가르드로 뻗은 뿌리 옆에 있단다. 그 샘물은 아무도 마시면 안 돼. 운명의 여신 노른(Norn) 세 자매가 샘을 지키면서 생명의 나무인 이그드라실이 영원히 푸르고 건강하도록 샘물을 부어 주고 있어. 이 샘물이 바로 '우르드의 샘'이란다."

헤임달은 흐노사에게 우르드의 샘에는 백조 두 마리가 놀고 있다는 이야기도 해 주었다. 아스가르드의 신들은 이 백조들이 만들어 내는 노랫소리도 들었다고 한다. 하지만 흐노사는 아직 어려서인지 아직 백조의 노랫소리는 들어 보지 못했다.

오딘이 아스가르드를 떠나다

오딘의 까마귀 후긴과 무닌은 날마다 온 세상을 날아다니다가 다시 돌아와 오딘의 어깨 위에 앉았다. 그러고는 직접 보고 들은 내용을 오딘에게 소상히 알려 바쳤다. 그런데 하루는 날이 저물도록 까마귀 두 마리가 돌아오지 않았다. 오딘은 옥좌 흐리드스챨프에 앉아 걱정스러운 표정을 지었다.

"올 때가 됐는데 돌아오지 않으니 걱정이 되는구나. 그래도 좀 더 기다려 봐야겠다."

까마귀들은 하루가 지나 그 다음날 돌아왔다. 오딘은 황금 나무 글라시르 옆에 있는 신들의 회의장으로 들어가 까마귀 후긴과 무닌이 전하는 소식을 들었다.

까마귀들은 불길한 이야기만 전했다. 오딘은 까마귀에게 전해 들은 이야기를 아스가르드의 신들에게는 말하지 않았다. 그렇지만 오딘의 아내 프리가는 오딘의 눈빛만 보고도 불길한 징조를 짐작할 수 있었다. 오딘도 프리가에게만큼은 까마귀에게 전해들은 이야기를 털어놓았다. 이야기를 들은 프리가는 이렇게 말했다.

"어차피 일어날 일은 막을 수 없겠죠. 우리 다 함께 우르드의 샘으로 가서 운명의 여신들의 눈빛에도 불길한 징조가 서려 있는지 살펴보기로 해요."

그렇게 해서 오딘과 신들은 아스가르드를 떠나 운명의 여신 세 자매가 지키고 있는 우르드의 샘으로 가기로 했다. 오딘은 검객 티르와 잘생긴 발두르, 쇠망치를 든 토르와 함께 우르드의 샘을 향해 길을 떠났다.

앞에서 이야기한 것처럼 신의 세계 아스가르드에서 인간의 세계 미드가르드로 가는 길에는 무지개다리가 놓여 있었다. 이 다리 말고도 아스가르드에서 우르드의 샘이 있는 이그드라실의 뿌리 쪽으로 또 다른 무지개다리가 놓여 있었다. 이 무지개다리는 더 아름답고 크기가 작았는데, 인간의 눈에는 좀처럼 보이지 않았다. 이 두 개의 무지개다리가 만나는 끝 지점에서 황금 이빨을 가진 헤임달이 다리를 지키고 있었다. 신들의 아버지 오딘이 헤임달에게 말했다.

"헤임달, 문을 열어라. 오늘은 운명의 여신들에게 갈 것이다."

오딘의 명령에 헤임달은 두말 않고 문을 활짝 열었다. 바로 이그드라실의 뿌리 쪽을 향해 가는 아름다운 무지개다리의 문이었다. 오딘과 신들은 다리에 올라 건너기 시작했다. 그런데 헤임달이 토르는 지나가지 못하게 붙잡았다.

"다른 신들은 괜찮지만 토르 님은 건너시면 안 됩니다."

"뭐? 헤임달, 지금 자네가 날 붙잡은 건가?"

"그렇습니다. 저는 운명의 여신들에게 가는 길목을 지키는 파수꾼입니다. 토르 님이 들고 계신 쇠망치는 너무 무거워서 이 무지개다리가 무게를 견디지 못합니다. 쇠망치를 들고 건너면 분명히 무지개다

무지개다리를 건너는 신들과 구름의 강을 건너는 토르(로렌츠 프룅리히 作)

리는 무너지고 말 것입니다."

"자네가 뭐라고 하든 난 신들과 함께 다리를 건너가야겠네."

토르는 막무가내로 다리를 건너려고 했다.

"이렇게 건너시면 안 됩니다. 쇠망치를 들고 가다가 무지개다리가
무너지는 꼴을 볼 수는 없습니다. 정 다리를 건너셔야 한다면 쇠망치
를 두고 가십시오."

"아니, 그건 안 되네. 아스가르드를 지키는 이 망치를 아무 데나 둘 순 없지. 그렇다고 혼자서 돌아갈 수도 없고 말이야."

"아, 그렇다면 우르드의 샘으로 가는 길이 또 하나 있긴 합니다. 저기 쾨름트(Körmt)와 에름트(Ermt)라고 불리는 구름의 강 두 줄기가 흘러가는 것 보이시죠? 저 강을 건너서 가시겠습니까? 숨이 막힐 정도로 강물이 차갑긴 하지만 그래도 저 강을 건너면 우르드의 샘에 도착할 수 있을 겁니다."

토르는 두 줄기로 흐르는 구름의 강을 지그시 바라보았다. 말 그대로 너무 차가워 숨이 막힐 정도로 험난한 여정이었다. 하지만 쇠망치를 들고 가려면 이 길밖에는 없었다. 토르는 쇠망치를 들고 무지개다리 옆으로 흐르는 구름의 강을 한 발짝씩 건너기 시작했다.

토르는 소름이 돋을 만큼 차디찬 구름의 강을 건너 무사히 강둑 위로 올라왔다. 오딘과 티르, 발두르는 이미 우르드 샘 근처에 도착해 있었다. 티르는 마법의 문자가 새겨진 검에 기댄 채 꼿꼿이 서 있었다. 발두르는 운명의 여신들 옆에 있는 백조 한 쌍의 울음소리에 귀 기울이며 미소를 지었다. 오딘은 금성으로 가장자리를 장식한 망토는 입었지만, 독수리 형상의 투구도 쓰지 않고 마법의 창 궁니르도 쥐고 있지 않았다.

운명의 여신인 우르드(Urd), 베르단디(Verdandi), 스쿨드(Skuld) 세 자매는 이그드라실의 뿌리가 갈라진 틈새에 자리한 샘가에 앉아 있었다. 우르드는 백발의 노인이었고, 베르단디는 아름다운 처녀였다. 스쿨드는 뒤편 먼 곳에 앉은 데다 머리로 얼굴을 가려 잘 보이지 않았다. 우르드, 베르단디, 스쿨드는 과거에 일어난 모든 일, 현재 일어나고 있는 모든 일, 미래에 일어날 모든 일을 훤히 알고 있었다. 오딘

운명의 여신 세 자매(칼 에렌버그 作)

은 세 여신을 바라보았다. 특히 미래를 내다보는 스쿨드의 눈을 뚫어
지게 쳐다보았다. 반면 다른 신들은 백조의 울음소리와 이그드라실
의 잎사귀가 샘 위에 떨어지는 소리에 귀를 기울였다.

　여신들의 눈을 보니 오딘은 후긴과 무닌이 전해 준 불길한 징조가

뚜렷하게 보였다. 바로 그때 무지개다리에서 오딘의 아내 프리가와 토르의 아내 시프, 발두르의 아내 난나가 건너오고 있었다. 프리가도 운명의 여신들을 자세히 살펴보았다. 그러고는 고개를 돌려 아들 발두르를 애정과 연민이 담긴 눈빛으로 지그시 바라보았다. 또 뒤돌아서 난나의 머리 위에 손을 올렸다.

오딘은 운명의 여신들에게서 눈을 뗄 때 아내 프리가 쪽으로 시선을 옮겼다.

"여보, 잠시 아스가르드를 떠나야 할 것 같소."

"네, 미드가르드에서 해야 할 일이 많으실 거예요."

"내가 가진 지식을 지혜로 바꾸고 싶소. 그래서 앞으로 일어날 일을 최대한 좋은 방향으로 돌리고 싶구려."

"미미르가 있는 지혜의 샘으로 가실 거군요."

"맞소. 미미르의 샘으로 갈 생각이오."

"알겠어요. 나의 남편 오딘이시여, 잘 다녀오세요."

신들과 여신들은 다시 무지개다리를 건너 아스가르드로 돌아왔다. 오딘과 프리가, 발두르와 난나, 티르와 시프 여섯 명의 신이 무지개다리를 건넜다. 이번에도 토르는 묠니르를 메고 구름의 강 쾨름트와 에름트를 힘겹게 건너왔다.

아스가르드에서 가장 어린 신 흐노사와 문지기 헤임달은 오딘과 프리가가 고개를 떨군 채 무지개다리의 문을 지나는 모습을 지켜보고 있었다. 흐노사는 오딘이 외치는 말을 들을 수 있었다.

"내일 나는 방랑자 벡탐(Vegtam)이 되어 미드가르드와 요툰헤임으로 떠날 것이다!"

제2부

방랑객 오딘

오딘이 지혜의 샘으로 가다

오딘은 다리가 여덟 개 달린 말 슬레이프니르도 타지 않았고, 황금 갑옷과 독수리 형상의 투구로 무장하지도 않았다. 그냥 맨몸으로 미드가르드를 지나 요툰헤임으로 발걸음을 옮겼다.

그는 더 이상 신들의 아버지 오딘이 아니었다. 방랑객 벡탐(Vegtam)이었다. 검푸른 망토를 두르고 여행자의 지팡이를 손에 들었다. 미미르의 샘을 향해 가는 도중, 요툰헤임 근처에서 큰 수사슴을 타고 오는 거인을 만났다.

오딘은 사람들에게는 사람으로 보였고, 거인들에게는 거인으로 보였다. 오딘은 수사슴을 타고 있는 거인에게 다가가 물었다.

"당신은 누구시오?"

"난 거인들 중에 가장 지혜로운 바프트루드니르(Vafthrudnir)라고 하오."

수사슴을 탄 거인이 대답했다. 오딘도 그가 누군지 알고 있었다. 실제로 바프트루드니르는 현자 중의 현자라서 수많은 사람들이 지혜를

지혜를 찾아 나서는 방랑객 오딘(아서 래컴 作)

오딘과 바프트루드니르의 수수께끼 대결(로렌츠 프룀리히 作)

구하고자 그를 찾아왔다. 하지만 사람들은 그가 내는 수수께끼를 맞히지 못하면 목을 내놓아야 했다. 오딘도 자신을 소개했다.

"나는 방랑자 벡탐이라 하오. 바프트루드니르, 당신 얘기는 많이 들어서 잘 알고 있소. 나도 당신에게 지혜를 얻고 싶소만."

거인은 하얀 이를 드러내며 씩 웃었다.

"허허, 나야 언제라도 준비되어 있지. 허나 내기를 걸어야 한다는 건 알고 있소? 당신이 내는 문제를 내가 맞히지 못하면 내 목은 당신 것이오. 반대로 내가 내는 문제를 당신이 틀리면 당신 목은 내가 가져가는 거지. 허허허. 그럼 한번 시작해 볼까요?"

"좋습니다."

오딘도 제안을 받아들였다.

"첫 번째 문제요. 아스가르드와 요툰헤임을 가르는 강의 이름은 무엇인지 맞춰 보시오."

"그 강의 이름은 이빙(Iving) 강이오. 이빙 강은 죽을 만큼 차갑지만 절대로 얼지 않지요."

오딘이 대답했다.

"방랑객 양반, 정확히 맞혔소. 하지만 문제가 더 있소. 이 문제도 맞혀 보시오. '낮'이라는 거인과 '밤'이라는 거인이 타고 하늘을 달리는 말의 이름은 무엇이오?"

"스킨팍시와 흐림팍시입니다."

이번에도 오딘이 답을 말했다. 바프트루드니르는 자기만 알고 있던 이름을 듣자 깜짝 놀랐다. 이제 방랑객에게 낼 수 있는 문제가 하나밖에 남지 않았다. "마지막 문제를 내지요. 최후의 전쟁이 벌어질 평원의 이름은 무엇이오?"

"비가르드 평원입니다. 사방으로 수백 킬로미터나 펼쳐져 있는 광활한 평원이지요."

이제는 오딘이 바프트루드니르에게 문제를 낼 차례였다.

"오딘에게는 발두르라는 아들이 있습니다. 오딘이 발두르에게 마지막으로 속삭일 말은 무엇일까요?"

바프트루드니르는 문제를 듣고는 소스라치게 놀랐다. 수사슴 위에서 내려와 방랑객을 유심히 쳐다보았다.

"발두르에게 마지막으로 할 말을 아는 이는 오딘 자신밖에 없을 것이오. 그러니 이런 문제를 낼 수 있는 사람은 오딘밖에 없겠지. 그렇다면, 바로 방랑객 당신이 오딘이구려. 나는 그 문제에 답을 할 수가 없소."

거인은 맥이 빠졌다.

"그럼 거인 양반, 당신 목을 지키고 싶다면 이 질문에 답을 해 보시오. 미미르에게 지혜의 샘물 한 모금을 요구하면 무엇을 대가로 바라겠소?"

"아마도 오른쪽 눈을 요구할 것이오."

"그보다 덜한 것을 요구하지는 않을까요?"

"그러지는 않을게요. 이전에도 수많은 이들이 지혜의 샘물을 마시게 해 달라고 찾아왔지만 미미르가 요구한 대가를 치른 이는 한 명도 없었소. 내가 당신의 질문에 답을 했으니, 이제 내 머리는 포기하시오. 그럼 나는 갈 길 가겠소."

"뭐, 그러시죠. 목숨 값 받은 셈 치지요."

오딘의 말이 끝나기 무섭게 거인 바프트루드니르는 수사슴을 타고 사라졌다.

지혜의 샘물을 마시는 대가는 엄청난 것이었다. 오딘은 고민에 빠졌다. 오른쪽 눈을 내놓아야 하다니! 평생 애꾸눈으로 살아야 한단 말인가! 지혜를 포기하고 아스가르드로 되돌아가고 싶은 마음이 굴뚝같았다.

오딘은 무작정 걷기 시작했다. 그러나 아스가르드를 향하지도, 미미르의 샘을 향하지도 않았다. 남쪽으로 끝없이 걸어갔고 마침내 불의 세계인 무스펠헤임이 눈에 들어왔다. 그곳에는 불의 검을 들고 있는 수르트(Surtur)라는 무시무시한 괴물이 살고 있었다. 이 괴물은 나중에 신들과 거인들의 전쟁 때 거인 편에 서게 된다. 오딘은 다시 북쪽으로 발걸음을 옮겼다. 북쪽에는 어둠과 절망의 세계인 니플헤임

이 자리하고 있었다. 흐베르겔미르라는 거대한 솥에서는 부글부글 끓어오르는 소리가 들려왔다. 온 세상을 불로 태워 버릴 수르트와 세계를 어둠과 공허로 몰아넣을 니플헤임이 세상을 위협하고 있었다. 신들의 아버지 오딘은 세상을 고통과 절망으로부터 구원하지 않으면 안 된다고 생각했다. 세상을 구하기 위해 반드시 지혜를 구해야만 했다.

눈을 잃는 상실감에 고통스러웠지만 오딘은 미미르의 샘으로 향했다. 샘은 요툰헤임으로 뻗어 있는 세계수 이그드라실의 거대한 뿌리 아래 자리하고 있었다. 지혜의 샘을 지

무스펠헤임에서 불의 검을 들고 있는 괴물 수르트
(존 찰스 돌먼 作)

키는 미미르는 깊은 샘물 속을 지그시 바라보았다. 지혜의 샘물을 매일 마시는 이 노인은 자기 앞에 서 있는 이가 누구인지 금방 알아볼 수 있었다.

"신들의 아버지, 오딘 아니십니까?"

미미르가 말했다.

오딘은 세상에서 가장 지혜롭다고 하는 미미르에게 최대한 예의를 갖추며 물었다.

미미르의 샘에서 샘물을 마시는 오딘(월리 포가니 作)

"미미르여, 당신이 지키는 지혜의 샘물을 한 모금 마시고 싶소."

"샘물을 마시려면 대가를 치러야 합니다. 이곳에 샘물을 마시로 온 사람들에게 대가를 요구하니 하나같이 손사래를 치며 도망가더군요. 신들의 아버지 오딘께서는 그 대가를 치르실 생각이 있으신지요?"

"나는 대가를 당당히 치르겠소."

오딘이 결심한 듯 대답했다.

"자, 그럼 지혜의 샘물을 드시지요."

미미르는 큰 뿔잔에 지혜의 샘물을 담아 오딘에게 건넸다. 오딘은 뿔잔을 두 손으로 받아들고는 샘물을 벌컥벌컥 마셨다. 물을 모두 들이키자 신기하게도 미래가 훤히 보이기 시작했다. 신들과 인간들에게 닥칠 슬픔과 고통이 모두 보였다. 그리고 왜 슬픔과 고통을 겪게 되는지, 어떻게 하면 신들과 인간들이 절망과 괴로움 속에서도 능력을 키울 수 있는지도 알게 되었다. 그 능력은 세상을 고통 속에 몰아넣을 '악'을 무너뜨리는 힘이었다.

오딘은 뿔잔의 샘물을 마시고 나서 한 손으로는 얼굴을 잡고 다른 손으로 오른쪽 눈을 뽑았다. 무섭도록 고통스러웠지만 그래도 견뎌 냈다. 신음소리 하나 내지 않았다. 오딘은 고개를 숙인 채 망토로 얼굴을 가렸다. 미미르는 눈을 받아서 지혜의 샘 깊고 깊은 곳에 가라앉혔다. 오딘의 눈은 샘물 깊은 곳에서 빛을 발했다. 이제 '오딘의 눈'은 신들의 아버지가 지혜를 얻기 위해 치른 대가를 보여 주는 상징과도 같았다.

오딘의 어리석은 선택

오딘이 미미르의 샘물을 마시기 전, 그러니까 덜 지혜로웠을 때 이 야기이다. 오딘은 아내 프리가와 함께 인간 세계에서 살았던 적이 있 다. 오딘은 그림니르(Grimnir)라는 이름의 어부가 되어 아내와 외딴 섬에서 지냈다.

오딘과 프리가는 인간 세계의 어린아이들을 늘 지켜보았다. 마땅 한 아이들을 골라 거인들로부터 세상을 구할 용사로 키우고 싶었 기 때문이다. 외딴 섬에서 지내는 동안 오딘과 프리가는 흐라우둥 (Hraudung) 왕의 두 아들이 눈에 들어왔다. 두 왕자 정도면 충분히 영 웅으로 키울 수 있을 것 같았다. 오딘과 프리가는 머리를 맞대고 두 왕자를 섬으로 데려올 작전을 세웠다. 하루는 두 왕자가 낚시를 하러 배를 타고 바다로 나왔다. 기회는 이때다 싶었다. 갑자기 거센 풍랑 이 일더니 두 왕자가 탄 배가 어느 섬의 암초에 걸리고 말았다. 그 섬 은 다름 아닌 오딘과 프리가가 살고 있는 곳이었다.

오딘과 프리가는 어린 두 왕자를 오두막으로 데려왔다. 그러고는

겨울 동안 이곳에서 지내며 훈련을 받으면, 봄에 아버지의 나라로 돌아갈 수 있도록 배를 만들어 주겠노라고 약속했다. 그날 밤 오딘은 프리가에게 슬며시 물어보았다.

"둘 중에 누가 훌륭한 영웅이 될 것 같소?"

사실 오딘과 프리가는 서로 다른 아이를 마음에 두고 있었다. 프리가는 형인 아그나르(Agnar)에게 마음이 갔다. 상냥하고 얌전한데다 목소리도 나긋나긋했다. 반대로 오딘은 동생 게이로드(Geirrod)를 더 마음에 들어 했다. 게이로드는 강인하고 열정적이며 목소리도 우렁찼다.

오딘은 게이로드를 데리고 다니면서 사냥과 낚시를 가르쳤다. 바위에서 바위로 뛰어넘기, 절벽 기어오르기, 땅속 갈라진 틈 뛰어넘기 등 담력 훈련도 시켰다. 게다가 곰이 사는 동굴로 데려가 창을 쥐어 주며 곰과 겨루게 했다. 형 아그나르도 사냥 기술이 뛰어나고 용감했다. 그러나 게이로드만큼은 아니었다.

"게이로드는 훌륭한 용사가 될 거야."

오딘은 침이 마르도록 게이로드를 칭찬했다.

아그나르는 프리가와 자주 시간을 보냈다. 프리가가 실을 잣고 있으면 아그나르는 옆에 와서 프리가의 이야기를 주의 깊게 들었다. 궁금한 게 있으면 묻고 또 물었다. 그러면서 삶의 지혜를 쌓아 갔다. 아그나르는 프리가에게 아스가르드의 신들이 요툰헤임의 거인들로부터 인간 세계인 미드가르드를 지켜낸 이야기도 들었다. 말은 하지 않았지만 아그나르는 신들을 돕는 일이라면 자기의 모든 것을 바치겠다고 다짐했다.

긴긴 겨울이 지나고 어느덧 봄이 왔다. 오딘은 약속대로 게이로드와 아그나르가 타고 갈 배를 만들어 주었다. 이제 두 왕자는 고향으로 돌아갈 수 있었다. 왕자들이 떠나기 전에 오딘은 게이로드에게 자기가 언젠가 찾아가겠다고 말했다.

"게이로드, 왕이 되었다고 해서 이 어부 나부랭이를 몰라보면 안 된다! 왕은 모름지기 가난하고 불쌍한 사람도 품을 줄 알아야 하는 거란다."

"저는 용사가 될 거예요. 정말이에요. 그리고 형이 저보다 먼저 태어나지만 않았더라면 제가 분명히 왕이 되었을 거예요."

아그나르도 프리가와 오딘에게 그동안 보살펴 주어 감사하다고 인사했다. 특히 프리가를 보면서 신들을 돕기 위해 열심히 준비하겠다고 약속했다.

두 왕자는 배를 타고 노를 저었다. 마침내 아버지 흐라우둥이 다스리는 왕국에 거의 다다랐다. 바다가 내려다보이는 곳에 우뚝 서 있는 성이 보였다. 그때 게이로드가 끔찍한 일을 저지르고 말았다. 뱃머리를 육지가 아닌 바다 쪽으로 돌리더니 노를 바닷물 속에 던져 버렸다. 게이로드는 헤엄을 잘 치고 절벽도 잘 기어올랐기 때문에 자신 있게 물속으로 몸을 던졌다. 하지만 노를 잃은 아그나르는 배에 홀로 남겨진 채 육지에서 멀어져만 갔다.

게이로드는 가파른 절벽을 기어올라 아버지의 성에 도착했다. 두 아들을 잃고 체념하고 있던 흐라우둥 왕은 게이로드가 나타나자 뛸 듯이 기뻤다. 게이로드는 돌아오는 길에 형은 배 밖으로 넘어져 바다 속에 빠져 죽었다고 거짓말했다. 흐라우둥 왕은 지금까지 두 아들 모두 잃었다고 생각했던 터라 하나라도 살아서 돌아왔으니 그나마 다행이라고 생각했다. 왕은 게이로드를 왕좌 옆자리에 앉혔다. 흐라우둥 왕이 세상을 떠난 뒤에는 게이로드가 왕좌를 얻게 되었다.

미미르의 샘물을 마신 지금, 오딘은 샘물에서 얻은 지혜로 인간 세계를 둘러보았다. 그리고 어느덧 게이로드가 통치하는 왕국에 이르렀다. 오딘은 게이로드가 누구보다 훌륭한 왕이 되어 있을 거라 믿어 의심치 않았다.

애꾸눈 방랑객 오딘은 검푸른 망토를 두르고 지팡이를 짚은 채 왕궁으로 향했다. 왕궁에 거의 도착할 때 즈음 검은 말을 탄 무리들이 오딘의 뒤에서 달려오고 있었다. 이들 중 맨 앞에 선 사내는 오딘을 보고도 피해 가지 않았다. 하마터면 오딘을 그대로 짓밟고 갈 뻔 했다.

지혜를 얻고 애꾸눈이 된 방랑객 오딘(게오르그 폰 로젠 作)

검은 말을 탄 무리는 왕궁 앞에 멈추더니 하인을 불러냈다. 마구간에 있던 하인은 쪼르르 달려 나와 맨 앞에 선 사내의 말을 끌고 들어갔다. 다른 사내들은 난데없이 방랑객 오딘을 불러 말을 데리고 들어가라고 시켰다. 오딘은 사내들이 말에서 내릴 수 있도록 등자를 붙잡고 있어야 했다.

그제야 오딘은 맨 앞에 선 사내가 누구인지 알게 되었다. 바로 게이로드 왕이었다! 또 마구간에 있던 하인도 누구인지 알아보았다. 게이로드의 형 아그나르였다! 오딘은 지혜의 힘을 발휘해 아그나르가 하인으로 변장해 아버지의 왕국으로 돌아왔다는 사실과 게이로드가 이 하인이 누구인지 아직 모른다는 사실을 알게 되었다.

오딘은 아그나르와 함께 마구간으로 들어갔다. 아그나르는 빵을 가져다가 쪼개서 방랑객에게 건넸다. 방랑객이 앉을 수 있도록 바닥에 지푸라기도 깔아 주었다. 얼마 있지 않아 오딘이 이렇게 말했다.

"난 왕궁에 들어가 따뜻한 난롯가에서 고기 요리를 먹고 싶소."

"안 됩니다. 그냥 여기에 계세요."

아그나르가 고개를 가로저었다.

"제가 먹을 빵과 몸을 덮을 천을 드릴 테니 왕궁 문 앞에는 얼씬도 하지 마세요. 왕이 오늘 심기가 불편해 당신을 쫓아낼지도 몰라요."

"아니, 왕이 어째서 여행객을 쫓아낸단 말이오? 왕은 그러실 분이 아니잖소!"

"오늘은 왕이 기분이 좋지 않다니까요."

아그나르는 다시 한 번 왕궁 앞에는 얼씬도 하지 말라고 주의를 주었다. 하지만 오딘은 자리를 박차고 일어나 왕궁 문 앞으로 갔다. 팔이 길고 꼽추인 문지기가 문 앞에 서 있었다.

"나는 여행객이오. 왕궁에 들어가 쉴 자리와 먹을 것을 얻고 싶소."

오딘이 당당하게 말했다.

"왕궁에 들어온다고? 어림없는 소리 마시오."

꼽추 문지기가 핀잔을 주며 들어가지 못하도록 막아섰다. 그때 안에서 왕이 문지기를 부르는 소리가 들렸다. 문지기가 들어가자 오딘도 그 틈을 타 왕궁 안으로 성큼성큼 들어갔다. 왕은 검은 수염이 덥수룩하고 험상궂게 생긴 사내들과 큰 탁자에 둘러앉아 식사를 하고 있었다. 이 모습을 지켜본 오딘은 깨달았다. 자기가 예전에 가르치고

108

훈련시킨 소년이 지금은 도적의 우두머리로 변했다는 사실을.

"이 봐, 떠돌이 양반. 들어온 김에 노래나 한 곡조 뽑아 보시지."

검은 수염의 사내들 중 하나가 소리쳤다.

"아 예, 노래를 불러드리죠."

오딘은 두 돌기둥 사이에 서서 노래를 부르기 시작했다. 그런데 노래 가사가 타락의 늪에 빠지고 도적의 우두머리로 변한 왕을 조롱하는 내용이었다.

"저 놈을 당장 붙잡아!"

노래가 끝나기 무섭게 왕이 소리를 질렀다. 검은 수염의 사내들은 우르르 몰려가 오딘을 붙잡은 뒤 돌기둥에 쇠사슬로 묶어 버렸다.

"저 떠돌이 놈이 이곳에 불을 쬐러 들어왔으니, 충분히 따뜻하게 해 주어라."

왕의 말이 끝나자 하인들은 오딘 주위에 나무 장작을 쌓아올렸다. 왕이 집적 장작더미에 불을 붙이자 곧바로 불꽃이 활활 타올랐다. 불길은 점점 오딘을 덮치기 시작했다. 하지만 신들의 아버지인 오딘의 몸에는 불이 붙지 않았다. 왕의 일당들은 살아있는 인간이 불에 타들어가는 광경을 재미있게 지켜보았다. 장작은 다 타고 없어졌지만 여행객은 멀쩡했다. 오딘은 잔인한 인간들을 매서운 눈초리로 쳐다보았다.

왕과 일당은 오딘을 기둥에 묶어 둔 채로 잠이 들었다. 오딘은 쇠사슬을 끊고 돌기둥을 뽑아 버릴 수도 있었지만, 왕궁에서 벌어지는 일을 좀 더 지켜보기 위해 잠자코 있었다. 하인들은 왕의 명령에 따라 오딘에게 먹을 것과 마실 것을 가져다주지 않았다. 그런데 새벽 무렵 주변이 조용해지자 아그나르가 뿔잔에 물을 담아 와 오딘에게 마시게 했다.

쇠사슬에 묶인 오딘에게 마실 것을 가져다주는 아그나르
(조지 라이트 作)

그 다음 날 저녁, 왕은 무리들과 약탈을 마치고 돌아와 또 큰 상에 둘러앉았다. 악당들은 게걸스럽게 음식을 먹어 치우고는 다시 오딘 주위에 장작을 쌓도록 명령했다. 사내들은 또 불을 붙인 후 살아있는 사람이 불속에 타들어가는 광경을 재미나게 구경했다. 그러나 이번에도 오딘은 불에 타지 않고 멀쩡했다. 더구나 오딘이 매서운 눈초리로 노려보자 왕은 더더욱 화가 치밀어 올랐다. 오딘은 하루 종일 쇠사슬에 묶여 있었다. 하인들에게는 마실 것과 먹을 것을 가져다주지 말라고 단단히 일렀다. 아무도 새벽에 아그나르가 뿔잔에 마실 것을 담아 와 오딘에게 주는지 몰랐다.

매일 밤 이런 일이 반복되었고 어느새 9일째가 되었다. 그날 밤도 방랑객 주위에 장작불을 붙이자, 오딘이 갑자기 목소리를 높여 노래를 부르기 시작했다. 노랫소리는 점점 커져 갔다. 소리가 하도 커서 왕과 그 일당들, 하인들까지 모두 귀를 기울일 수밖에 없었다. 오딘은 게이로드 왕에 관한 노래를 불렀다. 신들이 왕에게 권세와 능력을 주었지만 좋은 일에 쓰지 않고 짐승처럼 변했다는 내용이었다. 게다가 신들이 이 비열한 왕에게 머지않아 심판을 내릴 것이라는 내용도 담겨 있었다.

불길은 이내 사그라들었고, 왕과 무리 앞에는 초라한 방랑객이 아닌 지상의 어느 왕보다도 위엄 있는 자의 모습이 보였다. 오딘은 쇠사슬을 끊고 악당들 앞으로 성큼성큼 걸어왔다. 게이로드는 손에 쥐고 있던 칼로 오딘을 내리쳤다. 오딘은 칼에 맞았지만 상처 하나 입지 않았다.

"너의 목숨은 여기까지다. 신들은 너를 용서하지 않을 것이다. 다가올 수 있으면 다가와라. 신들의 아버지 오딘의 모습을 보여 주마."

오딘이 분노의 눈길로 노려보았다. 공포에 질린 게이로드 일당은 몸이 점점 오그라들더니 늑대로 변하고 말았다. 오딘은 아그나르가 진정한 왕이라고 선포했다. 게이로드의 폭정에 시달리던 백성들은 아그나르 왕을 기쁨으로 맞이했다. 아그나르는 성품이 인자할 뿐 아니라 지혜와 능력도 뛰어나 왕국을 잘 다스려 나갔다.

오딘이 인간을 위해
마법의 술을 훔치다

난쟁이들이 '마법의 술'을 만들었지만 거인들이 그 술을 감추었다. 이 사실을 알게 된 오딘은 마법의 술을 찾아 인간에게 건네주었다. 마법의 술을 마시면 누구라도 지혜로워졌고 이 지혜를 아름다운 시로 표현해 낼 수 있었다. 그 시는 모든 사람에게 사랑받으며 오래도록 기억에 남았다.

사실 난쟁이들은 아주 추악한 방법으로 마법의 술을 담갔다. 다름 아니라 어떤 사람의 피로 술을 만들었던 것이다. 그 사람은 시인 크바시르(Kvasir)였다. 크바시르는 지혜로웠을 뿐 아니라 지혜를 아름다운 시로 표현할 줄 알았다. 사람들은 그의 시를 사랑했고 오래도록 즐겨 읊었다. 난쟁이들은 그런 크바시르를 동굴로 불러내 죽였다.

"이제 우리는 크바시르의 피와 지혜를 소유하게 되었어. 우리 말고는 누구도 그의 지혜를 얻을 수 없다고!"

난쟁이들은 크바시르의 피를 항아리 세 동이에 붓고는 꿀과 섞었다. 이렇게 해서 마법의 술이 만들어졌다.

인간을 죽인 난쟁이들은 점점 더 대담해졌다. 동굴에서 몰려나와 인간 세계인 미드가르드를 덮치기 시작했다. 거인의 나라인 요툰헤임에 가서도 순진한 거인들을 골라 괴롭혔다.

난쟁이들은 어리숙한 거인 하나를 골랐는데, 그

시인 크바시르의 피로 마법의 술을 만드는 난쟁이들

가 바로 길링(Gilling)이었다. 난쟁이들은 길링을 꼬드겨 배를 타고 바다로 나갔다. 난쟁이 중에 가장 악랄한 갈라르(Galar)와 퍄라르(Fajrar)는 일부러 배를 암초에 부딪쳤다. 배는 산산이 부서졌고, 수영을 할 줄 모르는 길링은 그대로 바다에 빠져 죽었다. 난쟁이들은 배 파편을 붙들고 무사히 해안가로 헤엄쳐 나왔다. 난쟁이들은 이런 장난이 너무 재미있어서 계속하고 싶어졌다.

갈라르와 퍄라르는 곧 새로운 먹잇감을 물색했다. 둘은 난쟁이들을 이끌고 길링의 집으로 갔다. 그러고는 길링의 아내에게 남편이 죽었다고 소리쳤다. 길링의 아내는 남편의 사망 소식을 듣고는 울며 집을 뛰쳐나왔는데, 그 순간 난쟁이들이 대문 위에서 거인의 아내 머리 위로 맷돌을 던졌다. 맷돌을 맞은 길링의 아내는 그 자리에서 목숨을 잃었다. 난쟁이들은 잔인하고 난폭해질수록 점점 더 쾌감을 느꼈다.

의기양양해진 난쟁이들은 시인 크바시르, 길링, 길링의 아내를 죽인 사실을 뽐내려고 노래까지 만들어 부르고 다녔다. 난쟁이 폭도들은 아예 요툰헤임 주변에 머물면서 거인들을 괴롭혔고 자신들이 누구보다 강하다며 으스댔다. 하지만 너무 오래 머문 것이 화근이었다. 길링의 아들 수퉁(Suttung)이 이들을 쫓아와 모두 붙잡았다.

수퉁은 길링처럼 온순하거나 어리숙하지 않았다. 그는 영민할 뿐 아니라 야망도 가지고 있었다. 한번 수퉁에게 잡힌 이상 난쟁이들은 더 이상 도망갈 구멍이 없었다. 수퉁은 난쟁이들을 바다로 끌고 가서 바다 한복판에 있는 바위 위에 올려놓았다. 만조가 되면서 바닷물이 바위 위로 차오르기 시작했다.

거인은 바위보다 키가 훨씬 커서 밀물이 들어와도 물에 잠기지 않았다. 기껏해야 무릎까지 올라올 정도였다. 물이 점점 차올라 난쟁이들이 하얗게 질려도 거인은 그저 가만히 지켜만 보고 있을 뿐이었다.

"오, 수퉁 님 제발 저희를 바위에서 꺼내 주십시오."

난쟁이들은 손이 발이 되도록 빌고 또 빌었다.

"저희를 꺼내 주시면 금은보화를 드리겠습니다. 저희를 살려 주시면 프레야의 목걸이 '브리싱가멘' 만큼이나 아름다운 목걸이를 드리겠습니다."

난쟁이들은 애걸복걸했지만 거인 수퉁은 썩은 미소만 지을 뿐이었다. 그에게는 금은보화가 전혀 필요하지 않았다. 퍄라르와 갈라르는 다시 외쳤다.

"저희를 살려 주시면 마법의 술을 드리겠습니다."

수퉁은 귀가 솔깃해졌다.

"마법의 술이라고? 그걸 가지고 있는 거인은 없을 텐데. 갖고 있으면 신들과 싸울 때 도움이 될지도 몰라. 좋아, 마법의 술은 받아 두지."

수퉁은 난쟁이들의 우두머리인 퍄라르와 갈라르만 남겨 놓고 나머지는 모두 바위에서 꺼내 주었다. 나머지 난쟁이들은 부랴부랴 동굴로 돌아가 마법의 술을 담은 단지를 가져왔다. 수퉁은 술 단지를 받아 집 근처 야산에 있는 동굴에 숨겨 두었다. 이렇게 해서 난쟁이들이 잔인하게 만든 마법의 술이 거인들의 손에 들어가게 되었다.

난쟁이들에게 벌을 주는 거인 수퉁(루이스 후아드 作)

그렇다면 이즈음 방랑객 벡탐이 된 오딘은 어떻게 수퉁에게서 마법의 술을 빼앗아 인간 세계에 전해 주었을까?

수퉁에게는 군뢰드(Gunnlöd)라는 딸이 있었다. 군뢰드는 아스가르드의 신들이 좋아했던 게르다와 스카디처럼 마음씨가 곱고 미모도 뛰어났다. 하지만 수퉁은 마법의 술을 지키게 하려고 딸에게 마법을 걸어 마귀할멈으로 만들어 놓았다. 아름다웠던 군뢰드는 날카로운 이와 긴 손톱을 가진 마녀가 되고 말았다. 수퉁은 마귀할멈이 된 딸 군뢰드를 마법의 술을 감춘 동굴 속에 가두어 버렸다.

오딘은 모든 사람에게 존경을 받던 시인 크바시르가 죽었다는 소식을 들었다. 그는 시인을 죽인 난쟁이들을 동굴 속에 처넣고 다시는 인간 세계에 발을 들이지 못하게 했다. 그런 다음 마법의 술을 찾아 나섰다. 그 술을 인간에게 주면 지혜로워져 세상을 현명하게 다스릴 것이라고 생각했다.

하루는 방랑객 오딘이 길을 가고 있는데 들판에서 건장한 일꾼 아홉 명이 가을걷이를 하고 있었다. 그때 일꾼 하나가 오딘을 향해 말했다.

"방랑객 나리, 부탁인데 저기 바우기(Baugi) 님 댁에 들르시거든 말씀 좀 전해 주십시오. 들판에서 일하는 일꾼들이 숫돌로 낫을 갈지 못해 이삭을 제대로 베지 못하고 있다고 말이에요."

말이 끝나기 무섭게 오딘은 허리띠에서 숫돌을 꺼내 하인에게 건네주었다.

"숫돌 여기 있소."

숫돌을 받아든 일꾼은 낫을 갈고는 다시 이삭을 베기 시작했다. 낫이 스쳐 지나가기만 해도 벼들이 우수수 넘어갔다.

"우리에게도 숫돌을 주십시오. 우리도 숫돌을 쓰겠습니다."

다른 일꾼들도 오딘에게 몰려와 아우성을 쳤다. 오딘은 숫돌을 일꾼들에게 던져 준 채 제 갈 길을 떠났다. 일꾼들이 서로 숫돌을 쓰려고 옥신각신하든 말든 신경 쓰지 않았다.

오딘은 수퉁의 동생인 바우기의 집에 도착했다. 여기서 하룻밤 신세를 지고 갈 생각이었다. 집에 들어서자 바우기가 저녁 식사를 한상 차려 주었다. 오딘과 바우기가 한창 식사를 하고 있는데 들판에서 하인 하나가 허겁지겁 달려왔다.

"주인님, 들에서 일하던 일꾼들이 모두 죽었습니다! 숫돌을 차지하려고 다투다가 그만 낫으로 서로가 서로를 죽이고 말았습니다. 이제 일할 일꾼들이 하나도 없습니다요."

"뭐라고? 일꾼들이 모두 죽었다고? 아이고, 이를 어쩐담. 올 가을 추수는 글렀네. 겨울에 가축들 건초도 못 먹이게 생겼어."

"혹시 내가 한번 일을 해 봐도 되겠소?"

방랑객이 끼어들었다.

"이 일은 혼자서는 못 하오. 적어도 장정 아홉 명은 있어야 끝낼 수 있단 말이오."

거인 바우기는 기가 막힌 듯 혀를 찼다.

"나는 아홉 명이 할 일을 혼자서도 거뜬히 해낼 수 있소. 한번 시켜나 보시구려."

오딘은 별일 아닌 듯 말했다.

다음 날 아침 방랑객은 바우기의 들판으로 나갔다. 그러고는 정말로 장정 아홉 명이 할 일을 혼자서 모두 해치웠다.

"올 가을에는 우리 집에 머물면서 일 좀 해 주시오. 내가 충분히 사례하겠소."

거인 바우기가 방랑객에게 부탁했다.

이렇게 해서 방랑객 오딘은 거인 바우기 집에 머물면서 농사일을 거들게 되었다. 가을걷이를 모두 마치자 바우기가 오딘을 불렀다.

"이보시오, 방랑객 양반. 내가 어떻게 답례해 주면 되겠소?"

"다른 건 됐고, 마법의 술이나 한잔 주시면 됩니다."

"마법의 술? 나는 그게 어디에 있는지 모르오. 어떻게 구해야 할지도 모르고."

거인은 난감했다. 오딘은 이때다 싶었다.

"당신의 형님 수퉁이 가지고 있소. 형님에게 가서 마법의 술을 달라고 하시오."

거인 바우기는 오딘의 말대로 형 수퉁을 찾아갔다. 수퉁은 동생이 찾아온 사연을 듣자마자 길길이 소리를 질렀다.

"마법의 술을 달라고?! 말도 안 되는 소리 하지 마! 그 술을 지키려고 난 내 딸에게까지 마법을 걸었다고. 그런데 너를 도와준 자에게 일한 대가로 마법의 술을 주겠다고? 너도 네 아버지처럼 아무 생각없이 사는구나. 야, 이놈아. 누가 너한테 그렇게 일을 해 줄 수 있겠어? 그리고 너한테 마법의 술을 요구할 자가 누구겠어? 우리의 적인 신들 밖에 없다고! 꼴도 보기 싫으니 당장 나가! 마법의 술 얘기는 두 번 다시 꺼내지도 마!"

바우기는 집으로 돌아와 방랑객에서 술을 줄 수 없을 것 같다고 고백했다. 하지만 방랑객은 포기하지 않았다.

"약속을 지키시오. 나는 일한 대가로 마법의 술을 얻어야겠소. 그럼 같이 가서 내가 마법의 술을 얻을 수 있도록 도와주시오."

오딘은 바우기를 데리고 마법의 술이 감춰져 있는 곳으로 갔다. 둘은 어느 산속 동굴 앞에 도착했다. 동굴 입구는 커다란 바위로 막혀 있었다.

"우리 둘이서는 이 바위를 옮길 수도 없고 뚫고 들어갈 수도 없소. 마법의 술은 대접하지 못할 것 같은데."

거인 바우기가 돌아서려 하자, 방랑객 오딘은 허리에 찬 허리띠에서 큰 송곳을 꺼내 들었다.

"이 송곳으로 바위에 구멍을 뚫어 보시오. 당신은 힘센 거인이니까

오딘이 준 송곳으로 바위를 뚫는 거인 바우기(『스노리 에다』 삽화)

충분히 뚫을 수 있을 거요. 자, 어서요."

　바우기는 큰 송곳을 손에 쥐고 온 힘을 다해 바위를 뚫기 시작했다.

검푸른 망토를 두른 오딘은 지팡이를 짚은 채 잠잠히 그 모습을 지켜보았다. 한참 동안 바위를 뚫던 바우기가 방랑객을 보며 말했다.

"아주 깊숙이 뚫었소. 아마 동굴 안쪽까지 뚫렸을 거요."

방랑객은 구멍 앞으로 가서 입으로 바람을 후 불어 보았다. 그러자 구멍이 제대로 뚫리지 않아 돌가루가 얼굴로 튀었다.

"고작 이게 거인의 힘이란 말이오? 아직 반도 못 뚫었잖소. 더 뚫어 보시오."

바우기는 송곳으로 바위를 더 깊숙하게 뚫었다. 다시 바람을 후 불자 이번에는 입김과 함께 돌가루가 구멍 반대편으로 뚫고 나갔다. 거인은 이제 무엇을 해야 할지 몰라 방랑객을 쳐다보았다. 그런데 힘을 너무 써서 그런지 거인의 눈빛은 험악해져 있었고 손에 들고 있는 송곳으로 누구라도 찌를 것만 같았다.

"바위 위를 보시오!"

방랑객은 거인의 시선을 따돌린 뒤 뱀으로 변신해 바위 구멍 속으로 미끄러져 들어갔다. 바우기는 뱀을 죽이려고 송곳을 내리찍었지만 뱀은 구멍 안으로 유유히 사라졌다.

커다란 바위 넘어 동굴 안은 벽과 천장에 온통 수정이 반짝반짝 빛나고 있어 생각보다 밝았다. 동굴 한쪽 구석에는 날카로운 이와 긴 손톱을 가진 마귀할멈이 앉아 있었다. 마귀할멈은 몸을 떨며 흐느껴 울었다.

"오, 나의 젊음과 아름다움은 어딜 가고 이 깜깜한 동굴에서 흉측한 모습을 하고 앉아 있는 건지! 참으로 슬프도다."

이때 뱀으로 변한 오딘이 바닥을 미끄러지듯 기어 왔다.

"오, 네가 나를 물어 이 생명을 앗아가 주었으면 좋겠구나."

마귀할멈이 울부짖었다. 뱀은 그대로 마귀할멈을 지나쳐 기어갔다. 그 순간 어디선가 자상한 목소리가 귓가에 들려왔다.

"군뢰드! 군뢰드!"

마귀할멈은 소리가 나는 쪽으로 고개를 돌아보았다. 그곳에 검푸른 망토를 두른 신들의 왕 오딘이 서 있었다.

"당신은 마법의 술을 얻으러 오셨군요. 당신에게 줄 수 없어요. 그러느니 바닥에 쏟아 버리겠어요!"

군뢰드가 소리쳤다.

"군뢰드."

오딘이 그녀의 이름을 부르며 다가왔다. 군뢰드가 오

삼일 밤낮을 동굴에서 함께 지낸 오딘과 군뢰드
(요하네스 게르츠 作)

딘과 눈을 마주치자 그녀의 뺨에 다시 혈색이 도는 느낌이 들었다. 긴 손톱이 난 두 손을 가슴에 모으자 손톱이 다시 살 속으로 들어갔다.

"이 저주로부터 저를 구해 주세요."

"내가 구해 주마."

오딘이 다가오더니 군뢰드의 두 손을 꼭 잡았다. 그녀에게 입을 맞추자 흉측한 마귀할멈의 몰골이 온 데 간 데 없이 사라져 버렸다. 굽었던 허리가 펴지고 늘씬하고 아름다운 몸매를 되찾았다. 눈매는 또렷해지고 눈동자는 깊고 푸르렀다. 입술은 앵두처럼 빨갛고 손은 옥처럼 가늘고 보드라웠다. 군뢰드는 정말이지 게르다 못지않은 미모를 자랑했다.

오딘과 군뢰드는 잠시 서로를 바라보며 그동안 무슨 일이 있었는지 이야기를 나누었다. 군뢰드는 마법의 술이 담긴 항아리 세 동이를 오딘에게 건네주며 오딘과 함께 동굴 밖으로 나가고 싶다고 말했다. 그렇게 둘은 삼일 밤낮을 동굴 안에서 함께 지냈다. 오딘은 지혜의 힘을 빌려 동굴 밖으로 나갈 길을 찾아냈다. 마침내 군뢰드와 함께 햇빛이 눈부시게 비치는 동굴 밖으로 나갈 수 있었다.

오딘은 마법의 술을 들고 동굴 밖으로 나왔다. 마시면 지혜로워지고 모든 이가 사랑할 만한 언어로 그 지혜를 표현하게 만든다는 마법의 술이었다. 마법의 술을 한 모금 마신 군뢰드는 온 세상을 다니며 오딘의 위대함과 아름다움을 찬양했고, 그를 향한 사랑의 마음을 담아 시를 읊었다.

오딘이 아들 비다르에게
비밀을 털어놓다

오딘이 방랑객 벡탐의 모습을 하고 요툰헤임과 미드가르드를 돌아다닐 때 거인과 인간들만 만났던 것은 아니다. 아스가르드에서 미드가르드와 요툰헤임으로 온 여러 신들과도 만났다. 그중에는 아스가르드에서 멀리 떠나서 살고 있는 신도 있었다. 그가 바로 오딘의 아들이자 침묵의 신인 비다르였다.

비다르는 풀과 덤불로 무성한 들판 한 가운데 앉아 있었다. 옆에는 안장을 얹고 있는 말이 풀을 뜯고 있었다. 말은 언제라도 주인을 태우고 떠날 준비가 되어 있었다. 방랑객 벡탐의 모습을 한 오딘은 적막한 들판에 있는 침묵의 신 비다르를 만나러 왔다.

"내 많은 아들 중 가장 유별난 비다르야. 우리 신들이 모두 죽은 뒤에도 살아남아 무지한 후대에 신들의 이야기를 전해 줄 비다르야. 나는 왜 저 말이 안장을 얹고 언제라도 떠날 준비를 하고 있는지 잘 알

적막한 들판에 있는 침묵의 신 비다르(로렌츠 프뢸리히 作)

고 있단다. 너는 이 아비의 원수를 갚기 위해 저 말을 타고 벼락같이
달려갈 것이다.

　침묵의 신 비다르야, 너에게만은 나의 비밀을 털어놓으마. 신들의
왕 나 오딘이 너 아닌 누구에게 이런 이야기를 하겠느냐? 내가 왜 창
으로 내 몸을 뚫은 채 아홉 날을 밤낮으로 이그드라실에 거꾸로 매달
려 있었는지 아니? 그 이유는 아홉 세계에서 힘을 얻게 해 줄 지혜를
깨닫기 위해서였단다. 아홉째 날 드디어 내 눈앞에 '지혜의 시문'이
나타났고, 나는 나무에서 내려와 그 시문을 받아들었지.

　그리고 내 까마귀들이 자꾸 부리에 가죽 조각을 물고 너를 찾아오

는 이유도 말해 줘야겠구나. 그건 네가 가죽신을 만들 수 있게 도와
주기 위해서란다. 그 가죽신을 신은 발로 거대한 늑대의 아래턱을 내
리 누르고 늑대를 찢어 죽일 수 있을 거야. 이 세상의 신발 장인들은
쓰다 남은 가죽 조각들을 내다 버리지만 너는 그 조각들을 모아서 신
발을 만들 수 있단다.

또 나는 지상에 사는 인간들에게 죽은 자들의 손톱과 발톱을 모
두 잘라 내라고 일러두었지. 거인들이 그 손톱과 발톱으로 나글파르
(Naglfar)라고 하는 배를 만들지 못하도록 말이야. 그 자들은 라그나뢰
크 때 북쪽에서 그 배를 타고 쳐들어올 계획이거든.

하나 더 말해 주마. 인간 세계에 사는 동안 나는 어느 전사의 딸을
아내로 맞아들였단다. 인간 아들이 태어나면 이름을 시기(Sigi)로 지
으라고 했어. 그 아이에게서 수많은 용사들이 태어날 거야. 먼 훗날
아스가르드에 있는 나의 궁전 발할라에 이 용사들이 모여들 거고, 그
들은 거인, 괴물과 맞서 용감히 싸울 거란다."

오딘은 이 적막한 곳에서 에시르 신족과 바니르 신족의 이야기를
후대에 전할 비다르에게 많은 이야기를 전했다. 기나긴 이야기를 마
친 오딘은 이 황량한 들판을 지나 길을 떠났다. 이번 행선지는 바닷
가였다. 바다의 거인 왕 아에기르(Ægir)가 베푸는 연회에 에시르 신
족과 바니르 신족이 모두 모여 있었기 때문이다.

거인의 도시로 간
토르와 로키

아스가르드의 신들 대부분이 바다의 거인 왕 아에기르가 베푸는 연회에 참석했다. 오딘의 아내 프리가, 두 오누이 프레이와 프레야, 젊음의 사과를 관리하는 이둔과 그의 남편 브라기, 바다의 신 뇨르드와 로키를 끔찍이도 싫어하는 뇨르드의 아내 스카디, 말썽쟁이 로키에게 황금 머리를 잘린 시프가 함께 자리했다. 토르와 로키도 자리에 있었다. 아스가르드의 신들은 아에기르의 궁전에 모여 오딘이 오기를 기다렸다.

오딘이 도착하기 전에 로키는 연회의 분위기를 띄우려고 재미난 이야기보따리를 풀어놓았다. 안타깝게도 토르가 희생양이 되었다. 예전에 난쟁이 브로크가 가죽끈으로 로키의 입을 꿰매 버렸지만, 가죽끈이 풀린 건 이미 오래 전 일이었다. 토르도 로키가 시프에게 못된 짓을 한 것을 까맣게 잊고 있었다.

로키는 토르와 함께 요툰헤임으로 여행을 떠난 적이 있었는데, 지금부터 로키가 풀어놓을 이야기는 그때 벌어진 일들이었다. 어느 날 토르는 염소 두 마리가 끄는 수레를 타고 무지개다리 비프뢰스트를 건너고 있었다. 이 모습을 보고 있던 로키는 무작정 토르를 따라나섰다. 사실 로키를 비롯해 아스가르드의 신들은 토르가 어떤 모험을 떠나는지 전혀 몰랐다.

수레를 타고 가면서 토르는 로크에게 자신이 어떤 모험을 하려고 하는지 설명해 주었다. 토르는 거인의 나라인 요툰헤임과 거인의 도시 우트가르드(Utgard)에 가서 거인들을 상대로 힘을 겨뤄 볼 생각이었다. 망치 묠니르가 있기 때문에 어떤 일이 일어나도 전혀 두렵지 않았다.

토르와 로키는 인간 세계인 미드가르드를 지나고 있었다. 어느새 날은 어두워졌고, 둘은 배가 몹시 고팠다. 머리를 누일 잠자리도 필요했다. 그때 어느 농부의 오두막집이 보였다. 토르와 로키는 근처 동굴에 수레를 세워 놓고 오두막집으로 갔다. 두 신은 이리저리 떠돌아다니고 있는 인간처럼 변장하고는 오두막집의 대문을 두드렸다.

농부 부부는 잠자리는 제공할 수 있지만 먹을 것은 줄 수 없다고 말했다. 집에 먹을 것이 거의 없을 뿐 아니라 그나마 남아 있던 것도 저녁에 모두 먹어 버린 상태였다. 가난한 농부는 두 여행객에게 집 안을 보여 주었는데, 정말 그들에게 줄 것이 하나도 없었다. 농부는 날이 밝으면 강에 내려가서 물고기를 잡아오겠다고 했다.

"아침까지 기다릴 수는 없어. 지금 당장 배가 고픈데…. 내가 먹을 것을 좀 구해 오지."

토르가 이렇게 말하고는 밖으로 나갔다. 토르는 수레가 있는 곳으로 가서 염소 두 마리를 망치로 내려쳤다. 두 마리 모두 기절해 쓰러

졌다. 토르는 염소의 가죽을 벗기더니 뼈를 조심히 발라냈다. 그러고
는 뼈를 모아 가죽 안에 잘 담아 두었다. 가죽과 뼈를 집으로 가져와
난로 위 선반에 얹어 놓으며 엄하게 경고했다.

"누구도 이 뼈를 건드려서는 안 되네!"

다시 밖으로 나간 토르는 이번에는 염소 고기를 가지고 들어왔다.
머지않아 김이 모락모락 나는 염소 고기가 식탁 위에 올라왔다. 농부
부부와 농부의 아들이 두 여행객과 함께 식탁에 둘러앉았다. 며칠 동
안 제대로 먹지 못한 농부 부부는 원 없이 고기를 먹었다.

농부의 아들 이름은 티알피(Thialfi)였다. 한창 먹을 나이였지만 고
기를 맘껏 먹지 못했다. 식사 중에 부부는 아들에게 이런저런 심부름
을 시켰다. 물을 가져오게 하고, 난로에 장작을 넣게 하고, 고기가 잘
보이게 식탁 위에 등불을 비추라고 했다. 티알피가 다시 자리로 돌아
와 앉았을 때는 이미 염소 고기가 바닥난 뒤였다. 토르와 로키가 제
일 배불리 먹었고 농부 부부도 며칠 굶주렸기 때문에 허겁지겁 배를
채웠다. 티알피만 고기 몇 점 먹어 보지 못했다.

식사를 마친 뒤 모두 긴 의자에 몸을 뉘었다. 토르는 고된 여행 탓
에 단잠에 빠졌다. 티알피도 눕긴 했지만 머릿속에는 온통 먹을 것
생각뿐이었다. 모두 잠이 들면 염소 가죽 속에 있는 뼈를 꺼내 먹어
야겠다고 다짐했다.

밤이 깊어지자 티알피는 조용히 자리에서 일어나 토르가 선반 위
에 올려놓은 염소 가죽 꾸러미를 조심히 꺼냈다. 다리뼈 하나를 손에
들고 쪼갠 뒤 그 안에 들어 있는 골수를 긁어먹었다. 로키는 잠이 깨
현장을 목격했지만 여느 때처럼 장난기가 발동해 모르는 척 했다. 티
알피는 쪼갠 뼈를 다시 염소 가죽 속에 넣고 난로 위 선반에 조심스
럽게 올려놓았다. 그런 다음 다시 잠자리에 들었다.

토르의 염소 다리뼈를 부러뜨린 티알피(로렌츠 프룀리히 作)

　다음날 아침 토르는 일어나자마자 염소 가죽을 들고 수레가 있는 곳으로 갔다. 그리고 가죽 속에 뼈를 담은 채 한 마리씩 땅에 내려놓았다. 망치로 가죽을 두드리자 놀랍게도 염소의 뿔과 발굽과 온몸이 다시 살아났다.

　그런데 염소 한 마리가 조금 이상했다. 다리를 절뚝거렸다. 자세히 보니 다리뼈가 부러져 있었다. 화가 머리끝까지 난 토르는 농부 가족에게 돌아와 이렇게 퍼부었다.

　"당신네들 집에서 내 염소의 다리뼈가 부러졌어! 이 오두막집을 무너뜨리고 당신들도 모두 저 세상으로 보내 주겠어!"

　그러자 티알피가 토르 앞에 무릎 꿇고 울면서 실토했다.

"제가 저지른 일이 그렇게 나쁜 짓인 줄 몰랐어요. 제가 그 뼈를 부러뜨렸어요. 용서해 주세요!"

토르는 망치를 들어 티알피를 바닥에 내동댕이쳤다. 하지만 용서를 빌며 울고 있는 사내아이를 차마 죽이지는 못했다. 토르는 망치를 다시 땅에 내려놓았다.

"내 염소를 절름발이로 만들어 놓았으니 그 대가로 내 시중을 들어야 한다. 날 따라나서라."

이렇게 해서 티알피도 토르와 함께 여정을 떠나게 되었다. 토르는 직접 힘센 두 팔로 수레를 끌고 인간도 거인도 오지 않는 깊은 산속으로 들어갔다. 그리고 어느 동굴 깊숙한 곳에 수레와 염소를 숨겨 두었다.

토르와 로키, 티알피는 미드가르드에서 요툰헤임으로 넘어갔다. 토르는 묠니르가 있었기 때문에 거인의 나라에서도 두려울 게 없었다. 로키 역시 자신의 잔머리를 믿었다. 티알피도 토르가 있어서 많이 무섭지 않았다. 긴 여행 동안 토르와 로키는 티알피를 날렵하고 강인한 남자로 훈련시킬 수 있었다.

하루는 드넓은 황무지를 걷고 있었다. 하루 종일 걸었지만 계속 황량한 들판이 이어졌다. 이내 회색빛 땅거미가 젖어들고 있었다. 바람은 세차게 불고 칠흑같이 어두운 밤이 되었건만 주변에는 잠잘 만한 곳이 없었다. 한참을 더 걸어가자 어스름하게 산이 보였다. 여행객들은 저 산에 몸을 누일 만한 작은 동굴이 있지 않을까 기대했다.

로키는 집처럼 보이는 곳을 발견했다. 어둠 속에서 세 사람은 그 주변을 기웃거렸다. 집인 것 같긴 한데 모양이 특이했다. 출입문은 달려 있지 않고 들어가는 길은 꽤 넓고 길었다. 거실에 이르자 방 다

거인 스크리미르와 마주한 토르와 로키(엘머 보이드 스미스 作)

섯 개가 나란히 배치되어 있었다. 각 방은 길고 좁았다.

"참 특이하게 생긴 집도 다 있네. 그래도 잠자기에는 이만한 곳도 없지. 토르 님과 저는 각자 큰 방에서 자고 티알피는 작은 방에서 자면 되겠네요."

셋은 각자 방으로 들어가 잠자리에 들었다. 하지만 바깥 숲에서 웅웅거리는 소리와 폭포수 떨어지는 소리가 들려왔다. 이 굉음 때문에 집이 흔들릴 정도였고, 토르와 로키와 티알피는 그날 밤 한숨도 자지 못했다.

날이 밝자 세 사람은 집에서 나와 산을 바라보았다. 그런데 그것은 산이 아니라 엄청나게 큰 거인이었다. 거인은 막 잠에서 깨어나 몸을 일으켰다.

"어이, 작은 인간들. 내 장갑 못 봤어?"

그러더니 일어나서 주위를 두리번거렸다.

"아, 저기 있구나!"

토르와 로키와 티알피는 거인이 다가오는데도 자리에 꼼짝 않고 서 있었다. 거인은 세 사람이 지난밤 묵었던 그 집을 들어 올리더니 손에 끼는 것이 아닌가. 그 집은 다름 아닌 거인의 장갑이었다!

토르는 망치를 손에 꽉 쥐었다. 로키와 티알피는 토르 뒤로 숨었다. 그런데 거인은 기분이 좋아 보였다.

"너희는 어디로 가던 길이야?"

"요툰헤임에 있는 우트가르드로 가는 중이다!"

토르가 당당하게 말했다.

"오우, 거길 간다고? 좋아, 그럼 내가 데려다 주지. 난 스크리미르 (Skrymir)라고 해."

"아침 식사로 먹을 게 있으면 좀 줘 봐."

토르가 퉁명스럽게 말했다. 거인 앞에서도 두려워하지 않는다는 걸 보여 주고 싶었다.

"아침은 줄 수 있어. 그런데 지금은 별로 먹고 싶은 생각이 없네. 내가 배고파지면 그때 먹는 걸로 하지. 내 자루를 들고 따라와. 자루에 먹을 게 있어."

스크리미르가 말했다.

거인은 토르에게 자루를 건네주었다. 토르는 거인의 거대한 자루를 등에 짊어졌다. 거인이 성큼성큼 걸어가는 바람에 세 사람은 뒤쫓아 가기가 쉽지 않았다. 일행은 커다란 나무가 있는 곳에 이르렀다. 스크리미르는 나무 아래 앉더니 이렇게 말했다.

"나는 한숨 자야겠어. 너희는 그 자루에서 먹을 것을 찾아 먹어."

그러더니 바닥에 벌러덩 드러누웠다. 그리고 이내 코를 골기 시작했는데, 알고 보니 어젯밤 들었던 그 굉음이 바로 스크리미르의 코 고는 소리였다! 토르와 로키와 티알퓌는 배가 너무 고픈 나머지 스크리미르의 코 고는 소리에도 아랑곳하지 않았다. 토르는 자루를 열려고 했지만 매듭이 풀리지 않았다. 영리한 로키도 시도해 보았으나 소용없었다. 다시 토르가 젖 먹던 힘을 다해 보아도 매듭은 꿈쩍하지 않았다. 화가 난 토르는 자루를 바닥에 내팽개쳤다.

스크리미르의 코 고는 소리는 갈수록 커져만 갔다. 약이 오른 토르는 묠니르를 손에 쥐고 잠자고 있는 거인의 머리를 내리쳤다. 그래도 거인은 잠결에 움찔하는 정도였다.

"아함, 나뭇잎이 떨어지나?"

스크리미르는 몸을 반대로 돌려 다시 잠에 빠졌다. 거인이 또 코를 골자 토르는 다시 한 번 세게 이마에 망치를 내려쳤다. 거인은 눈을

잠자는 스크리미르의 이마를 묠니르로 내리치는 토르(루드비히 폰 메이델 作)

떴다.

"아이, 도토리가 떨어지나?"

그러고는 다시 잠이 들었다. 거인의 반응에 열이 받은 토르는 망치로 있는 힘껏 거인의 이마를 내리쳤다. 토르도 지금까지 이렇게 세게 망치를 휘둘러 본 적이 없었다.

"이런, 새가 와서 자꾸 내 머리를 쪼네. 여기서는 잠을 못 자겠어."

짜증이 난 거인은 일어나 자리에 앉았다.

"그나저나 꼬마들, 아직 밥 안 먹었어? 자루 가져와 봐. 먹을 걸 좀 꺼내 줄게."

티알피가 커다란 자루를 끌고 왔다. 스크리미르는 자루를 열더니 먹을 것을 꺼내 세 사람에게 나누어 주었다. 토르는 먹을 것을 입에도 안 댔고, 로키와 티알피는 덥석 받아먹었다. 식사를 어느 정도 마치자 스크리미르는 자리에서 일어났다.

"이제 우트가르드로 가 볼까?"

우트가르드로 가는 길에 스크리미르는 로키에게 말했다.

"난 우트가르드에 가면 내가 아주 작다고 느껴져. 가 보면 알겠지만 그곳에 사는 거인들은 나보다 훨씬 크고 힘도 세거든. 그래도 너희들을 좋아할 거야. 쥐방울처럼 작고 귀여우니까."

토르 일행은 스크리미르와 헤어지고 거인의 도시 우트가르드로 들어갔다. 거리에는 거인들이 돌아다니고 있었는데, 로키가 보기에는 스크리미르가 말한 것만큼 거인들이 큰 것 같지는 않았다.

거인들에게 우트가르드는 신들의 도시인 아스가르드와 같은 곳이었다. 하지만 그곳에 있는 건물들은 신들의 궁전처럼 아름답지는 않았다. 크기는 웅장했지만 뾰족한 바위산이나 빙하처럼 괴상한 모양으로 이곳저곳에 솟아 있었다. 우트가르드의 잿빛 하늘과는 달리 아스가르드에는 푸르른 궁창이 펼쳐져 있다! 아스가르드는 다이아몬드 산처럼 눈부시게 빛나는 구름으로 둘러싸여 있다! 아스가르드에는 화려한 무지개다리와 근사한 대문들이 있다! 그런데 이 아름다운 아스가르드가 이 거인들에게 멸망당하는 게 가당키나 할까!

토르와 로키는 티알피와 함께 왕궁으로 들어갔다. 세 사람은 토르의 망치가 자신들을 안전하게 지켜 줄 것이라고 믿었다. 그들은 도열하고 서 있는 왕의 근위대를 지나 왕좌 앞까지 나아갔다.

"토르와 로키, 우리는 너희를 잘 알고 있다. 토르가 우리와 힘을 겨루어 보려고 이곳 우트가르드까지 온 것도 잘 알고 있지. 시합은 내일 하기로 하자. 오늘은 어린애들이 경기를 하는 날이거든. 너희가 데려온 저 꼬맹이가 경기에 참여하고 싶다면 오늘 껴 줄 수도 있고."

거인 왕이 거드름을 피웠다.

티알피는 인간 세계에서 누구보다도 날쌘 소년이었다. 게다가 토르와 로키를 따라다니면서 빠르게 달리는 훈련도 받았다. 그래서 티알피는 거인 소년들과 달리기 시합을 하는 게 두렵지 않았다. 아니, 오히려 한번 겨루어 보고 싶었다.

왕은 후기(Hugi)라는 거인 소년을 불러 티알피와 맞붙게 했다. 두 선수는 동시에 출발했다. 티알피는 전속력으로 내달렸다. 로키와 토르도 초조하게 지켜보았다. 첫 번째 경기에서 승리한다면 앞으로 남은 경기에서도 유리할 거라고 생각했다. 하지만 후기가 곧 티알피를 앞질렀다. 후기는 어느새 반환점을 돌아 출발점으로 돌아왔다. 티알피는 더 늦게 결승점을 통과했다.

달리기 시합에서 졌다는 게 믿기지 않았던 티알피는 다시 시합을 요청했다. 그래서 다시 시합을 펼쳤는데, 놀랍게도 후기는 언제 출발했는지 모르게 반환점을 찍고 어느새 돌아와 있었다.

거인 왕과 토르 일행은 경기장에서 왕궁으로 돌아왔다. 거인 왕과 신하들, 그리고 토르와 로키가 저녁 식사 자리에 둘러앉았다.

"내일이면 토르 신께서 우리에게 엄청난 힘을 보여 주시겠군. 내가 듣기로는 먹기 시합에 둘째가라면 서러운 친구가 있다고 들었네. 그래서 말인데, 이 자리에서 그 친구가 로기(Logi)와 한번 겨루어 보는 건 어떨까 하는데. 요툰헤임에서 로기도 먹성으로 유명하거든."

"내가 거인 두 명이 먹는 분량은 거뜬히 해치우고도 남지. 내가 저 친구와 붙어 볼게."

로키가 나섰다.

"좋아!"

거인 왕이 외쳤다.

"오, 볼 만한 경기가 되겠는데?"

그 자리에 있던 거인들도 흥미진진해했다. 식탁 위에는 수십 개의 접시가 놓여 있었고 접시에는 고기가 가득 쌓여 있었다. 로키는 식탁 이쪽 끝에서, 로기는 저쪽 끝에서부터 고기를 먹기로 했다. 드디어 시합이 시작되었고 로키와 로기는 접시에 담긴 고기를 깨끗이 비우기 시작했다. 시간이 지나면서 둘 사이의 거리가 점점 좁아졌다. 토르는 로키가 저렇게 많이 먹어 치우는 걸 보고 놀라움을 금치 못했다. 로기도 접시를 하나하나 비우고 있었다. 마침내 두 선수는 빈 접시를 쌓아 놓고 나란히 섰다.

갑자기 로키가 소리쳤다.

"왕이시여, 저 친구는 날 이기지 못했소. 보시오, 저 친구가 비운 접시의 개수와 내 접시의 개수가 똑같지 않소?"

"그렇긴 하지만 로키 당신의 접시는 깨끗하지 않소이다."

거인 왕이 고개를 저었다.

"로키는 고기를 다 먹었소."

토르가 따져 물었다.

"로기는 고기에 붙어 있던 뼈까지 다 먹었잖소. 직접 한번 확인해

술잔을 들이키는 토르(로렌츠 프뢸리히 作)

보시오."

거인 왕의 말에 토르는 접시를 확인했다. 로키가 비운 접시에는 뼈가 남아 있었지만, 거인 로기의 접시에는 정말 아무것도 남아 있지 않았다. 뼈까지 싹 먹어 치운 것이다.

"우리가 졌어."

토르가 로키를 보며 말했다.

"토르 님, 내일 젖 먹던 힘까지 다 보여 줘야 돼요. 그렇지 않으면 저 거인 놈들이 아스가르드의 신들을 만만하게 볼지도 몰라요."

로키가 말했다.

"걱정하지 마. 요툰헤임에서나 토르를 이길 자는 아무도 없으니까."

다음 날 토르와 로키는 우트가르드의 큰 홀로 들어갔다. 홀 안에는 거인 왕이 수많은 시종들을 거느리고 있었다. 토르는 손에 묠니르를 들고 홀 안으로 입장했다. 거인 왕은 토르를 맞이했다.

"이봐, 토르. 자네를 기다리면서 우리 젊은이들이 이 뿔잔에 술을 마시고 있었네. 아침이지만 함께 한잔하는 게 어떻겠나? 헌데 이 젊

은이들이 이 뿔잔에 담긴 술을 다 마실 수 있는 신은 없을 거라고 하더군."

"뿔잔을 이리 주시오. 술을 다 비워 주겠소."

토르가 자신만만하게 말했다.

시종들이 토르 앞에 가져온 커다란 뿔잔에는 술이 넘쳐흐르고 있었다. 토르는 로키에게 묠니르를 맡기고는 술잔을 벌컥벌컥 들이켰다. 술을 거의 다 마셨다고 생각한 토르는 뿔잔을 내려놓았다.

"보시오. 내가 거인의 술잔을 깨끗이 비웠소."

그러나 거인들은 뿔잔 안을 들여다보고는 비웃기 시작했다.

"술잔을 비웠다고? 다시 잘 보시오. 아직도 이렇게나 많이 남아 있지 않소?"

토르도 술잔 속을 보니 술이 반도 줄지 않았다. 독이 오른 토르는 다시 뿔잔에 담긴 술을 벌컥벌컥 마시고 또 마셨다. 바닥까지 비웠다고 생각하고는 뿔잔을 바닥에 내려놓고 여봐란 듯이 뒤로 물러섰다.

"토르는 술을 다 비웠다고 생각하는 것 같은데, 자 다들 보시오. 술이 아직도 많이 남아 있지 않소."

거인 하나가 술잔을 들여다보고는 동료들에게 외쳤다. 토르는 다시 달려와 뿔잔 속을 들여다보았다. 아직 술이 반이나 남아 있었다. 거인들은 토르를 손가락질하며 껄껄 웃어댔다.

"토르, 다음에는 어떤 재주를 보여 줄지 모르겠지만, 술 마시기 실력은 영 아닌 것 같소이다."

거인 왕도 피식 웃으며 놀렸다.

"나는 이 홀 안에 있는 어떤 것이든 들어 올릴 수 있소!"

이번에는 토르가 내기를 제안했다. 때마침 검푸르죽죽한 큰 고양이 한 마리가 홀 안으로 들어왔다. 고양이는 등을 둥그렇게 말더니

고양이를 들어 올리는 토르(로렌츠 프뢸리히 作)

털을 곤두세웠다.

"그럼 저 고양이를 한번 들어보시오."

거인 왕이 손가락으로 고양이를 가리켰다.

토르는 고양이를 번쩍 들어 비웃고 있는 거인들에게 집어던져야겠다고 생각하며 고양이 쪽으로 성큼성큼 걸어갔다. 토르는 고양이 밑으로 들어가 두 팔로 고양이를 들어 올렸다. 팔을 쭉 뻗으려 했지만 잘 뻗어지지 않았다. 둥그렇게 말린 고양이의 등이 천정에 닿을락 말락 했지만 고양이 발은 바닥에서 떨어지지 않았다. 토르가 안간힘을 쓰고 있는 동안 이번에도 주위에 있던 거인들이 배꼽을 잡고 웃기 시작했다.

화가 난 토르는 홱 돌아서며 이렇게 말했다.

"난 고양이 따위는 들어본 적이 없소. 이런 것 말고 나와 씨름할 상대를 붙여 주시오. 누구든 여러분이 보는 앞에서 메다꽂아 버릴 테니까!"

"여기 씨름 상대가 하나 있긴 한데…."

거인 왕이 입을 열었다. 토르가 뒤를 돌아보는데 웬 노파가 다리를 절뚝거리며 다가오고 있었다. 노파는 눈이 침침하고 이도 빠지고 없었다.

"이 노인은 내 유모 엘리(Ellie)라고 하오. 토르 당신의 씨름 상대가 되어 줄 것이오."

거인 왕이 노파를 소개했다.

"나는 노인과는 싸우지 않소. 젊고 덩치 큰 거인을 보내 주시오."

"엘리를 일부러 여기까지 데려왔소. 당신과 한판 붙고 싶다고 해서 말이야."

거인 왕이 거드름을 피웠다. 거인 왕의 말이 끝나기 무섭게 노파는

거인 노파 엘리와 씨름하는 토르(로버트 엔젤스 作)

토르에게 절뚝거리며 다가왔다. 노파의 잿빛 머리 사이로 성난 눈빛이 번쩍였다. 마귀할멈 같은 노파가 다가오는 사이에 놀란 토르는 정지화면처럼 가만히 서 있었다. 노파는 토르의 팔을 꽉 잡고 다리를 걸어 넘어뜨리려 했다. 토르도 노파를 번쩍 들어서 바닥에 내동댕이치려 했지만 노파의 팔과 다리는 쇠말뚝처럼 꿈쩍도 하지 않았다.

이렇게 해서 토르와 노파 사이에 불꽃 튀는 씨름이 시작되었다. 두 선수는 서로 맞잡은 채 홀안을 빙글빙글 돌며 힘겨루기를 했다. 토르는 노파를 뒤로도 옆으로도 넘어뜨릴 수 없었다. 오히려 노파의 힘이 너무 세 토르는 힘이 쭉 빠져나가는 느낌이었다. 노파의 공세에 토르는 한쪽 무릎이 바닥에 닿았지만 노파의 어깨를 붙잡고 있느라 완전히 바닥에 내동댕이쳐지지는 않았다. 노파는 토르를 넘어뜨리려 했지만 토르도 죽을힘을 다해 버텼다. 결국 노파는 토르를 밀치고는 절뚝거리며 홀 밖으로 나가 버렸다.

　토르도 로키가 들고 있던 망치를 낚아챘다. 그러고는 아무 말 없이 홀 밖으로 나갔다. 토르는 요툰헤임을 돌아다니는 7주 동안 로키와 티알피에게 말 한 마디 하지 않았다.

신부로 변장한
토르의 속사정

로키는 바다의 거인 왕 아에기르가 베푸는 연회에 참석한 아스가르드의 신들에게 또 다른 이야기를 들려주었다. 이번에는 토르와 로키가 어리숙한 거인 트림(Thrym)을 속인 이야기이다. 로키는 토르와 함께 트림의 집에 들렀다. 트림은 두 신에게 식사를 대접했는데, 그때 토르가 그만 방심하고 말았다.

요툰헤임에서 꽤 멀어졌을 때 즈음 토르는 망치를 잃어버렸다는 사실을 깨달았다. 신들을 지키는 강력한 무기 묠니르 말이다. 토르는 망치를 어디서 어떻게 잃어버렸는지 전혀 기억나지 않았다. 로키는 아무래도 어리숙하지만 음흉한 데가 있는 트림이 의심스러웠다. 묠니르를 한 번도 잃어버린 적이 없던 토르는 어찌해야 할지 갈피를 잡지 못했다.

그러나 로키는 트림에게 물어보기라도 하자고 생각했다. 우선 아

스가르드로 돌아온 로키는 파수꾼 헤임달에게 인사할 겨를도 없이 무지개다리를 건넜다. 프리가의 집으로 가는 동안 아스가르드에 있는 그 누구에게도 망치 이야기는 하지 않았다.

로키는 프리가를 보자마자 다급히 부탁했다.

"매의 깃털로 만든 옷을 빌려주십시오. 트림에게 가서 묠니르가 어디 있는지 확인만 하고 오겠습니다."

프리가는 매의 옷을 빌려주었고, 로키는 매로 변신해 트림이 살고 있는 요툰헤임으로 단숨에 날아갔다. 트림의 집 근처에 도착했을 때즈음, 트림은 언덕에서 사냥개들에게 금과 은으로 만든 개 목걸이를 걸어 주고 있었다. 매로 변신한 로키는 트림이 있는 곳 위쪽 바위에 앉아 매의 눈으로 트림을 지켜보았다. 그때 트림이 사냥개들에게 거드름을 피우며 하는 말이 들렸다.

"금과 은으로 만든 개 목걸이를 걸어 주마. 그리고 우리 거인들이 아스가르드의 황금을 손에 넣으면 온몸을 금으로 치장해 주마. 그래, 사냥개의 대장 너에게는 특별히 프레야의 목걸이도 걸어 주지. 묠니르가 지금 내 손 안에 있거든."

"네 이놈, 트림. 묠니르를 훔친 도둑이 바로 너였구나! 신들이 매의 눈으로 널 지켜보고 있다는 사실을 모르나 보지?"

로키가 정체를 드러냈다.

"허어, 변장의 달인 로키 네 녀석이 거기서 엿듣고 있었구나. 하지만 묠니르를 찾을 수 없을 게다. 땅속 아주 깊은 곳에 묻어 버렸거든. 찾을 테면 한번 찾아봐. 난쟁이들이 사는 동굴 밑에 있으니까."

"토르의 망치를 찾을 수 없단 말이지?"

"물론이지."

"망치를 돌려주면 아스가르드의 신들에게 보상을 받을 텐데?"

로키는 주특기인 꾀를 부리기 시작했다.

"교활한 로키야, 어떤 것으로 보상한다 해도 절대 돌려주지 않을 거다."

트림도 만만치 않았다.

"그런데 한번 생각해 보시지. 아스가르드에서 갖고 싶은 게 정말 단 하나도 없어? 오딘의 팔찌나 마법의 배 스키드블라드니르 같은 것 말이야."

"그딴 건 필요 없어! 물론, 묠니르와 맞바꾸고 싶은 게 하나 있긴 한데…."

"그게 뭔데?"

어느새 로키가 트림 앞으로 날아왔다.

"거인들이 신부로 맞이하고 싶어 하는 그 여신 있잖아, 프레야."

로키는 매의 눈으로 트림을 한참 동안 바라보았다. 트림은 정말이지 요구 사항을 바꾸지 않을 태세였다.

"알았어. 내가 아스가르드의 신들에게 얘기해 보지."

로키는 곧장 아스가르드로 날아갔다. 그는 아스가르드의 신들이 절대로 프레야를 트림에게 시집보낼 생각이 없다는 걸 잘 알고 있었다.

그 시각 아스가르드의 신들도 토르의 묠니르가 없어졌다는 사실을 알게 되었다. 로키가 무지개다리를 건널 때 헤임달이 어찌 되었냐고 물었다. 로키는 이번에도 아무런 대꾸 없이 곧장 신들의 회의 장소로 갔다.

로키는 신들에게 트림의 요구 사항을 전했다. 예상대로 아무도 요구를 들어줄 수 없다고 했다. 회의장은 찬물을 끼얹은 듯 조용했다. 묠니르가 거인의 손에 들어갔으니 신들은 온 힘을 다해 아스가르드를 지켜야 했고, 따라서 인간들을 다시는 돕지 못하게 되었다.

신들은 풀이 죽은 채 회의장에 앉아 있었다. 그때 꾀 많은 로키가 입을 열었다.

"아둔한 트림에게서 묠니르를 가져올 방책이 하나 있긴 합니다."

신들의 시선이 로키에게 몰렸다.

"가짜 프레야를 신부로 보내는 겁니다. 우리 남자 신들 중 한 명이 신부 복장을 하고서 말이죠."

"누가 그런 낯부끄러운 짓을 하겠어?"

남자 신들이 아우성을 쳤다.

"아, 당연히 망치를 잃어버린 자가 해야죠. 토르가 망치를 잃어버렸으니 총대를 메야 하는 것 아닙니까?"

로키가 능글맞게 말했다.

"토르, 그래 토르가 하면 되겠네! 로키의 술수대로 토르를 변장시켜서 묠니르를 찾아오자."

신들이 맞장구를 치며 말했다. 신들은 로키에게 이 임무를 총괄하게 했다. 로키는 회의장에서 빠져나와 토르에게 쪼르르 달려갔다.

"토르 님, 망치를 찾아올 방법이 있습니다. 신들께서 토르 님에게 그 일을 맡기기로 결정했어요."

"방법이 뭔데? 무슨 방법이든 좋다. 어서 말해 봐."

그러자 로키가 씨익 웃으며 입을 열었다.

"제가 토르 님을 신부로 변장시켜서 트림에게 데려가는 겁니다. 토르 님이 프레야의 신부 드레스를 입고 베일을 쓰는 거지요."

"뭐라고! 내가 여자 옷을 입는다고?"

토르가 깜짝 놀라 소리를 질렀다.

"네, 맞습니다. 머리에 베일을 뒤집어쓰고 그 위에 화관도 얹는 거예요."

신부로 변장하는 천둥의 신 토르(카를 라르손 作)

"내… 내가 신부의 화관을 쓴다고?!"

"그리고 손가락에 결혼 반지도 껴야죠. 허리에는 열쇠 꾸러미도 차고요."

"헛소리 작작해, 로키. 한 번만 더 그 주둥이를 놀렸다가는 골로 가는 수가 있어!"

"헛소리가 아닙니다. 아스가르드를 지키기 위해 묠니르를 되찾아 오려면 그 정도는 해야 하는 거 아닙니까? 트림은 프레야 말고는 어떤 것도 원하지 않아요. 그래서 토르 님을 프레야로 변장시켜 그 놈을 속이려는 거라고요. 트림이 토르 님의 손을 잡으려고 하면 묠니르를 줄 때까지는 안 된다고 버티는 거에요. 묠니르가 토르 님의 손에 들어오기만 하면 거인들은 죄다 해치울 수 있잖아요. 저도 신부 들러리로 변장하고 옆에 붙어 있을 테니 걱정하지 마세요. 사랑스러운 신부, 토르 님!"

"로키 네가 날 놀리려고 또 수를 쓰나 본데, 이 천둥의 신 토르가 신부 드레스를 입고 베일을 쓴다는 게 말이나 되냐고! 아스가르드의 신들이 두고두고 날 비웃을 거야."

"그럴 수도 있겠죠. 그렇지만 토르 님이 잃어버린 망치를 찾아오지 않으면 아스가르들의 신들은 앞으로 웃는 일조차 없을 걸요?"

"그건 맞는 말이다. 그런데 로키, 정말 방법이 그것밖에 없는 거야?"

토르는 우울해졌다.

"네, 달리 방법이 없어요."

마침내 토르와 로키는 요툰헤임에 있는 트림의 집으로 향했다. 도착하기 전에 미리 하인을 보내 프레야와 시녀가 올 것이니 손님을 모아 결혼식을 준비하고 아스가르드의 신들에게 돌려줄 묠니르도 준비하라고 전했다. 트림과 그의 어머니는 서둘러 결혼식을 준비했다.

신부 복장을 한 토르와 들러리 복장을 한 로키가 트림의 집에 도착했다. 토르는 베일을 쓰고 있어 수염과 번득이는 눈빛이 가려졌다. 옷에는 붉은 자수 무늬가 새겨져 있었고 허리춤에는 열쇠 꾸러미를 차고 있었다. 로키도 베일을 쓰고 있었다. 트림의 집은 결혼식을 올리는 집답게 아름답게 장식되어 있었고 잔치를 위한 음식들도 푸짐하게 준비되어 있었다. 트림의 어머니는 손님 한 명 한 명과 인사를 나누며 우리 아들이 아스가르드의 여신에게 장가간다며 자랑을 늘어놓았다.

토르와 로키는 문턱을 넘어 집 안으로 들어갔고 트림은 신부를 반갑게 맞이했다. 트림이 신부의 베일을 걷어 올려 입을 맞추려 하자 로키가 재빨리 거인의 손을 막았다.

"조금만 참으세요. 아직 베일을 걷어 올리기에는 일러요. 아스가르드의 여신은 낯을 많이 가린답니다. 특히 프레야는 많은 사람들 앞에서 입 맞추는 걸 무척 부끄러워하죠."

"물론, 그렇고말고."

옆에서 트림의 어머니가 거들었다.

"아들아, 아직 베일을 벗기면 안 된다. 아스라르드의 신들은 우리 거인들보다 더 품격이 있지."

그러더니 아들을 식탁으로 데려갔다. 결혼식에 참석한 거인들은 워낙 몸집이 거대해서 신부의 덩치는 별로 눈에 띄지 않았다. 거인들은 토르와 로키를 주의 깊게 살펴보고 있었지만 얼굴과 몸매가 베일로 가려져 이상한 낌새를 전혀 못 느꼈다.

신부 토르는 식탁에 앉았다. 옆에는 시녀 로키가 앉았고, 그 반대

쪽 옆에는 신랑 트림이 앉았다. 곧 연회가 시작되었다. 배가 고팠던 토르는 신부의 고상함을 유지하지 못한 채 연어 여덟 마리를 그 자리에서 해치웠다. 로키는 팔꿈치로 찌르고 발을 밟으면서 눈치를 주었지만 토르는 전혀 조심하지 않았다. 연어를 해치운 다음에는 무려 소한 마리를 먹어 치웠다. 이 광경을 지켜본 거인들은 이렇게 수군거렸다.

"트림의 어머니 말대로 아스가르드의 여신들은 고상하긴 한데, 식욕은 참 왕성하네."

"신부님이 배가 고플 만도 합니다."

시녀 로키가 얼른 트림에게 둘러댔다.

"아스가르드에서 여기까지 오는 데 8일이나 걸렸는데, 그동안 신랑님을 만날 생각에 아무것도 드시지 못했거든요."

"아, 가여워라. 그럼 지금 먹는 걸로는 배가 차지 않을 텐데."

신랑은 신부를 사랑스러운 눈빛으로 바라보았다. 그러고는 하인을 시켜 벌꿀 술통을 가져오도록 했다. 하인들은 계속해서 벌꿀 술통을 날랐다. 모든 거인들이 보는 앞에서 토르는 벌꿀 술 세 통을 마셔 버렸다. 로키가 신호를 주어도 아무 소용이 없었다.

거인들은 트림의 어머니를 보며 혀를 찼다.

"우리는 아스가르드에서 신부를 구해 오지 않은 게 천만다행이야."

그때 베일이 약간 옆으로 미끄러지면서 토르의 번득이는 눈빛이 새어 나왔다.

"어? 왜 프레야의 눈빛이 번득이지?"

트림이 의아해했다. 이번에도 시녀 로키가 나섰다.

"아이고, 딱하기도 하시지. 신부님의 눈이 빨갛게 충혈될 만도 합니다. 여기 오는 내내 한숨도 못 주무셨거든요. 신랑님을 보고 싶어

트림에게서 몰니르를 되찾은 토르(로렌츠 프뢸리치 作)

빨리 신랑님 집으로 가고 싶다는 생각밖에 없으셨어요. 어쨌든, 이제
신랑님께서 신부님의 손을 잡으실 시간이 되었네요. 우선 신부님 손
에 몰니르를 쥐어 주십시오. 신부님도 시집의 답례품 정도는 알아야
하잖아요?"

그 말에 우둔한 트림은 몰니르를 연회장에 가지고 나타났다. 토르
는 곧장 달려가 망치를 낚아채고 싶었지만 로키가 진정시켰다. 트림

은 묠니르를 신부 프레야, 아니 토르의 손에 올려 주었다. 토르는 망치를 단단히 쥐어 잡았다. 순간 토르는 자리를 박차고 일어났다. 베일이 벗겨지고 토르의 번득이는 눈빛이 드러났다. 토르는 벽을 망치로 강하게 후려쳤다. 벽은 여지없이 무너져 내렸다. 토르는 로키를 데리고 집 밖으로 나왔다. 지붕과 벽이 무너지면서 거인들은 아비규환이 되었다. 이렇게 해서 묠니르는 다시 아스가르드의 신들 품으로 돌아오게 되었다.

아에기르의 연회

아에기르의 연회장에 모인 신들이 토르의 수치스러운 '흑역사'를 듣는 동안 어느새 날이 저물었다. 저녁 시간이 지났건만 아직도 만찬 준비가 끝나지 않았다. 신들은 아에기르의 두 하인 피마펭(Fimafeng)과 엘디르(Eldir)에게 음식을 내오라고 시켰다. 하지만 하인이 내온 음식은 입맛만 돋우는 애피타이저 정도였다. 신들은 잠자리에 들며 이렇게 말했다.

"이렇게 준비가 오래 걸리는 걸 보니 내일 엄청난 만찬이 마련되어 있을 거야."

다시 날이 밝고 오전이 지나 점심시간이 되었는데도 여전히 연회장에는 음식이 나오지 않았다. 보다 못한 프레이는 신들을 초대한 아에기르에게 찾아갔다. 프레이가 방 안에 들어서자 아에기르는 고개를 처박고 앉아 있었다.

"이봐, 아에기르. 신들을 연회에 초대해 놓고 왜 음식을 안 내놓는 건가?"

바다의 거인 왕 아에기르

아에기르는 우물쭈물하며 턱수염을 만지작거렸다. 겨우 프레이와 눈을 마주친 아에기르는 만찬을 내오지 못하게 된 자초지종을 설명했다. 아직 연회에 쓸 벌꿀 술을 만들지 못한 것이다. 신들이 먹을 만큼 충분한 술을 담을 술통이 없었기 때문이다.

이 소식을 들은 아스가르드의 신들은 크게 실망했다. 아스가르드 바깥에서 누가 신들을 위해 연회를 준비하겠는가? 그나마 아에기르가 신들과 사이좋게 지내는 유일한 거인이었다. 그런 아에기르가 연회를 제대로 준비하지 못했다니!

그때 갑자기 거인 청년 하나가 끼어들었다.

"제 친척 히미르(Hymir)에게 지름 1km짜리 술통이 있습니다. 그 술통만 가져오면 충분히 만찬을 열 수 있을 거예요!"

"그럼 술통을 좀 빌려와도 되겠느냐?"

프레이가 물었다.

"네. 그런데 히미르의 집에 가려면 광활한 숲을 지나 높디높은 산을 넘어야 해요. 또 히미르가 워낙 성격이 거칠고 무례해서 괜찮을지 모르겠어요."

"그래도 우리 중에 누군가는 갔다 와야겠구나."

"내가 가지. 내가 힘을 쓰든 꾀를 내든 그 술통을 가져오겠네."

토르가 자리에서 벌떡 일어나며 말했다. 그때까지 로키의 이야기 때문에 의기소침해 있던 토르는 지금이 신들 앞에서 자존심을 회복할 좋은 기회라고 생각했다. 토르는 허리띠를 두르고 쇠로 만든 장갑을 손에 꼈다. 그런 다음 쇠망치 묠니르를 들고 거인 청년에게 앞장서라고 말했다.

아스가르드의 신들은 아에기르의 연회장을 나서는 토르에게 응원의 박수를 보냈다. 하지만 밉살스러운 로키는 토르의 뒤통수에 대고 이렇게 말했다.

"이번에는 망치 잃어버리지 마세요, 트림의 신부님."

토르는 거인 청년을 따라 광활한 숲을 지나 높디높은 산을 넘었다. 드디어 거인 히미르의 집이 나타났다. 그런데 집 앞 언덕에 웬 끔찍하게 생긴 노파가 지키고 서 있었다. 어깨 위에 수많은 머리가 달려 있는 할머니였다. 머리는 제각기 다른 방향을 향하고 있었다. 토르와 거인 청년이 가까이 다가오자 노파의 머리들이 일순간 두 사람을 향하더니 혐오스러운 비명을 내질렀다. 토르가 망치를 들어 노파를 내리치려 하자 어느 거인 여인이 나타나 멈추라는 신호를 보냈다. 거인 청년은 그 여인을 보자마자 반갑게 인사를 했다. 어머니인 듯 했다.

"아들아, 어서 오렴. 같이 온 분도 모시고 들어오너라."

거인 여인이 말했다.

머리 여러 개 달린 노파는 계속해서 비명을 내지르고 있었다. 사실 그 노파는 거인 히미르의 어머니였다. 토르는 노파의 곁을 지나쳐 히미르의 집으로 들어갔다. 거인 여인은 아들이 데려온 손님이 아스가르드의 신이라는 사실을 알고는 까무러치게 놀랐다. 여인은 걱정스

러운 듯 말했다.

"히미르가 자기 집에 아스가르드의 신이 들어왔다는 걸 알면 불같이 화를 낼 거예요. 아마 신을 죽이려 할지도 몰라요."

"그건 쉽지 않을 텐데."

토르는 모든 거인들이 두려워하는 묠니르를 들어 보였다.

"일단 숨으세요. 토르 님이 여기 계시는 걸 알면 우리 아들이 해를 당할지도 몰라요."

거인 여인은 여전히 걱정이 가시지 않았다.

"내가 왜 거인을 피해 숨어야 하지?"

토르는 자존심이 상했다.

"잠깐만 숨어 계세요! 히미르가 식사를 마칠 때까지만 숨어 계세요. 사냥을 하고 오면 폭풍처럼 흥분해 있거든요. 그나마 식사를 하고 나면 안정을 되찾아요. 그러니 식사가 끝날 때까지만이라도 몸을 숨기세요."

토르는 여인의 말을 듣기로 했다. 토르와 거인 청년은 기둥 뒤에 몸을 숨겼다. 토르가 막 숨으려 할 때 마당에서 사냥을 마치고 돌아오는 히미르의 발자국 소리가 들렸다. 곧 현관문이 열리고 시커먼 수염이 덥수룩하게 난 거인 사내가 들어왔다. 히미르는 막 사냥한 들소를 끌고 들어왔다. 스스로가 자랑스러운 듯 집이 떠나갈 정도로 고함을 질렀다.

"내가 이 어마어마한 들소(히민흐료트, Himinhrjot)를 잡아왔다고! 이놈 큰 대가리와 뿔을 한번 봐 봐! 이런 소를 산 채로 잡을 수 있는 거인은 역시 나밖에 없어!"

히미르는 들소를 문 옆에 묶어 놓고는 토르와 거인 청년이 숨어 있는 기둥 쪽으로 고개를 돌렸다. 히미르가 워낙 강렬한 눈빛으로 노려

보고 있어서 그런지 기둥에 쩍 금이 갔다. 거인이 쿵쿵 다가오자 기둥은 더 이상 버티지 못하고 내려앉았다. 그러면서 기둥이 받치고 있던 대들보도 폭삭 무너져 내렸다. 대들보에 걸려 있던 주전자와 냄비 등 잡기들도 와장창 소리를 내며 바닥에 나뒹굴었다. 그 순간 손에 망치를 든 토르가 히미르 앞에 나타났다.

"반갑군, 히미르. 나 토르가 놀러 왔다네!"

토르와 묠니르의 위력을 잘 알고 있던 히미르는 순간 멈칫했다.

"토르 님께서 내 집에는 어쩐 일로 오셨지? 난 당신과 싸울 생각이 없어. 자, 손님들을 위해 저녁을 준비하라고!"

히미르는 거인 여인 쪽으로 고개를 돌려 명령했다.

얼마 있지 않아 거짓말처럼 진수성찬이 차려졌다. 히메르와 토르, 거인 청년 앞에는 구운 소 세 마리가 놓여 있었다. 토르는 소 한 마리를 해치웠다. 히메르는 거의 두 마리를 먹어 치웠다. 그러는 바람에 다른 사람들은 고기를 몇 점 먹어 보지도 못했다. 히메르는 뻔뻔하게도 토르의 식욕에 토를 달았다.

"토르 자네가 우리 집에 오래 머물러 있으면 먹을 게 남아나질 않겠어."

"걱정하지 말게. 내일 바다로 가서 오늘 내가 먹은 만큼 고기를 낚아 오지."

"그렇다면 나도 내일 사냥을 갈 게 아니라 자네와 낚시를 해야겠군. 내가 거친 바다로 데려가도 놀라지 말라고."

다음 날 아침 히미르가 제일 먼저 일어났다. 히미르는 낚싯대와 그물 등 낚시 도구를 챙겨 토르가 자고 있는 방으로 갔다.

"밥값 하러 갈 시간이야!"

토르도 벌떡 일어나 나갈 준비를 했다. 둘이 마당을 나설 때 거인이

들소 머리를 미끼로 쓰려고 들소를 죽이는 토르(W.G. 콜링우드 作)

말했다.

"미끼를 미리 준비해 두는 게 좋을 거야. 미끼는 최대한 큰 걸로 준비해야 돼. 내가 데려갈 바다는 작은 피라미들이 사는 데가 아니거든. 지금껏 자네가 보지 못한 괴물을 만나게 될 거야. 그래서 자네가 낚시를 간다고 했을 때 쾌재를 불렀지."

"이 정도면 미끼로 적당할까?"

토르는 어제 히미르가 잡아 온 들소의 뿔을 붙잡았다.

"물론, 다룰 수만 있다면야."

거인이 씩 웃었다.

토르는 아무 말 없이 들소의 이마 정중앙을 묠니르로 내리쳤다. 그러자 그 큰 덩치가 풀썩 주저앉았다. 토르는 들소의 머리를 비틀어 몸통에서 떼어냈다.

"미끼 준비는 끝났어. 이제 가자고."

히미르는 힘자랑하는 토르에게 약이 올랐지만 내색하지 않고 배가 있는 곳으로 갔다. 배에 올라타자 히미르는 토르에게 노를 건네며 말했다.

"처음에는 자네가 노를 젓게. 어느 정도 파도가 거칠어지면 그때는 내가 저을 테니까."

토르가 말없이 노를 몇 번 저었더니, 배는 이내 대양 한가운데로 나가 있었다. 히미르는 자신이 토르보다 위대하다는 걸 보여 주지 못해 열이 받았다. 히미르는 조용히 낚시대를 꺼내 낚시를 시작했다. 얼마 지나지 않아 낚싯바늘에 꽤 큰 놈이 걸린 듯했다. 배가 이리저리 요동쳤지만 토르는 배가 흔들리지 않도록 꽉 붙잡았다. 히미르는 이 바다에서 가장 큰 고래를 낚아 올렸다.

"오, 제법인데."

토르는 영혼 없이 툭 내뱉고는 아까 준비한 들소 머리 미끼를 낚싯바늘에 걸었다.

"이 고래 정도면 신들에게 이야깃거리가 되겠군. 그래도 연어보다는 큰 놈을 낚아 줘야겠다고 생각했거든."

히미르는 한껏 우쭐해 있었다.

"그럼, 내 운도 한번 시험해 볼까?"

토르는 들소 머리를 미끼로 매단 낚싯줄을 바다로 휘익 내던졌다. 들소 머리는 바다 밑으로 점점 내려갔다. 고래가 다가왔지만 들소 머리의 뿔을 삼킬 수 없어 피해 갔다. 들소 머리는 더 깊숙이 내려가 세계를 휘감고 있는 괴물 뱀 요르문간드(Jörmungand)가 있는 곳에 다다랐다.

토르가 던진 미끼가 다가오자 냄새를 맡은 괴물 뱀이 머리를 쳐들었다. 그러고는 미끼를 꿀꺽 삼키더니 몸 안으로 쭉 빨아들였다. 아니나 다를까 큰 낚싯바늘이 괴물 뱀의 목구멍에 걸리고 말았다. 깜짝 놀란 괴물 뱀은 몸부림치기 시작했다. 그 바람에 폭풍우가 몰아치듯 온 바다가 출렁거렸다. 낚싯바늘은 여전히 괴물 뱀의 목구멍에 박혀 있었다. 괴물 뱀은 토르가 타고 있는 배를 바다 깊숙이 끌어내리려고 안간힘을 썼다. 토르는 두 다리를 배 밖으로 꺼내 바다에 넣어 보았다. 바다 밑바닥이 발끝에 닿았다. 토르는 바다 밑바닥에 두 다리를 디디고 서서 낚싯줄을 힘껏 잡아당겼다.

괴물 뱀이 점점 더 사납게 몸부림치는

토르가 던진 들소 머리 미끼를 무는 괴물 뱀 요르문간드 (『스노리 에다』 삽화)

괴물 뱀 요르문간드와 사투를 벌이는 토르(헨리 푸젤리 作)

바람에 바다에 거대한 폭풍우가 일어났고 전 세계에 있던 모든 배들이 파도에 부서져 버렸다. 괴물 뱀은 온 세계를 휘감고 있던 몸을 풀지 않으면 안 될 지경이었다. 토르는 낚싯줄을 잡아당기고 또 잡아당겼다. 괴물 뱀의 흉측한 머리가 수면 위로 모습을 보였다. 괴물 뱀은 히미르와 토르가 있는 쪽으로 머리 방향을 돌렸다. 토르는 낚싯대를 내려놓고 묠니르를 집어 들었다. 괴물 뱀을 내려치려고 망치를 들어 올렸지만 뜻대로 되지 않았다. 시기심에 불탄 히미르가 방해했던 것이다. 히미르가 낚싯줄을 자르자 괴물 뱀은 이내 바다 속으로 자취를 감추었다.

토르는 묠니르를 바닷속 괴물 뱀에게 던졌다. 묠니르는 부메랑처럼 던진 사람의 손으로 다시 돌아오는 신기한 망치였다. 망치는 괴물 뱀을 뒤쫓아 타격을 가했지만, 바닷물 때문인지 괴물 뱀을 죽일 만큼 위력을 발휘하지는 못했다. 바다 깊숙한 곳에서 괴물 뱀의 신음 소리가 울려 퍼졌다. 그 신음 소리가 얼마나 공포스럽던지 온 요툰헤임이 두려워 떨 정도였다.

"이거야말로 아스가르드의 신들에게 전해 줄 이야기가 되겠는 걸? 로키 녀석 때문에 잃은 명예를 회복하기에 충분하겠어."

토르는 신이 났다. 반면 히미르는 아무 말 없이 고래를 배에 매달고 뱃머리를 돌려 노를 저었다. 아스가르드에서 온 신이 자기보다 훨씬 재주가 뛰어나 배가 아파 죽을 지경이었다. 저녁 식사 시간에도 히미르는 말없이 밥만 먹었다. 반면 토르는 괴물 뱀을 잡은 모험담을 늘어놓느라 두 사람 몫의 수다를 떨었다.

"토르, 자네가 힘이 세다고 생각하나 본데, 자네 앞에 놓인 컵은 깨뜨릴 수 있나?"

히미르가 아니꼬운 듯 입을 열었다. 토르는 씩 웃더니 컵을 들어 돌기둥에 던졌다. 컵은 깨지거나 금도 가지 않고 바닥에 떨어졌다. 대신 컵에 부딪힌 돌기둥만 부서졌다. 히미르가 껄껄 웃었다.

"아스가르드 놈들은 약해 빠졌다니까."

토르는 다시 컵을 집어 더 세게 돌기둥에 던졌다. 컵은 금 하나 가지 않고 바닥에 떨어졌다. 그때 뒤에서 거인 청년의 어머니가 물레를 돌리며 조용히 노래를 부르기 시작했다.

돌기둥에 던지지 말고
히미르의 이마에 던져요.
다음에 던질 때에는
그의 머리에 던지세요.

토르는 다시 컵을 집어 들었다. 이번에는 돌기둥이 아니라 히미르의 이마를 향해 힘껏 던졌다. 컵은 히미르의 이마에서 산산조각이 났다. 히미르의 이마는 멀쩡했다.

"헉, 기어코 컵을 깨뜨렸군. 하지만 지름 1km짜리 술통은 들어 올리지 못할 걸?"

거인이 목청을 높였다.

"지름 1km짜리 술통을 보여 줘 봐. 한번 들어 보지!"

토르도 배짱을 내밀었다. 히미르는 바닥에 있는 문을 열더니 지하 창고로 내려가 지름 1km짜리 술통을 가져왔다. 토르는 허리를 굽혀 술통 아가리를 잡았다. 그러고는 온 힘을 다해 술통을 들어 올렸다.

"들어 올릴 수는 있지만 옮기지는 못할 걸?"

히미르는 계속 토르의 심기를 건드렸다.

"한번 해 보지."

토르는 거대한 술통을 높이 들어 올려 머리에 이었다. 그러고는 히미르가 붙잡을 틈도 주지 않고 집밖으로 나가 버렸다. 밖으로 나온 토르는 뛰기 시작했다. 산을 하나 넘고 뒤를 돌아보니 머리 여러 개 달린 노파가 고함을 지르며 쫓아오고 있었다. 토르는 술통을 머리에 인 채 오르막과 내리막을 열심히 내달렸고 노파도 그 뒤를 계속 쫓았다. 광활한 숲을 건너고 높디높은 산을 넘었지만 여전히 머리 여러 개 달린 노파가 뒤를 쫓고 있었다. 그러다가 노파가 호수를 뛰어 건너려다 물에 빠지는 바람에 토르는 끈질긴 추격자로부터 벗어날 수 있었다.

마침내 토르는 지름 1km짜리 술통을 머리에 이고 아스가르드의 신들 앞에 돌아왔다. 로키의 이야기에 토르를 비웃던 신들이 이제는 모두 일어나 환호하며 박수를 보냈다. 토르가 가져온 술통 덕분에 드디어 흥겨운 연회가 시작될 수 있었다.

한편 연회장에 웬 낯선 이가 조용히 앉아 있었다. 그가 누구인지 어디서 왔는지 아무도 몰랐다. 연회가 끝날 무렵 오딘은 이 낯선 이에게 말을 걸었다.

"아, 우트가르드의 거인 왕 스크리미르. 이제 토르와 로키가 우트가르드에 갔을 때 자네가 벌였던 일들을 솔직하게 털어놓게."

그러자 낯선 손님이 자리에서 일어났다. 토르와 로키가 자세히 보니 우트가르드의 궁전에서 시합을 했던 거인 왕이었다. 스크리미르는 토르와 로키 쪽을 돌아보며 이야기를 시작했다.

"토르. 로키. 내가 자네들에게 속임수를 썼던 이야기를 털어놓겠네. 자네들은 우트가르드에 도착하기 전날 황량한 들판에서 나를 만났지. 나는 자네들에게 내 이름을 스크리미르라고 소개하고 우트가

아에기르의 연회에 모인 아스가르드의 신들(로렌츠 프룀리히 作)

르드로 가지 못하도록 온갖 수를 썼다네. 우트가르드의 거인들이 토르와 겨루는 걸 무척 두려워했거든. 토르, 잘 듣게나. 내가 자네에게 준 먹을거리가 담긴 자루는 사실 마법을 걸어 묶어 놓은 것이었어. 그 매듭은 '말(言)'이야. '말'은 누구도 힘이나 머리를 써서 풀 수 있는 게 아니지. 자네들이 매듭을 푸는 데 정신이 팔린 동안 나는 거대한 바위산을 가져다 놓았어. 토르가 망치로 내리친 건 내가 아니라 바위산이었지. 워낙 망치를 세게 내려쳐서 바위산에 엄청난 균열이 생겼더라고. 눈앞에서 자네의 힘을 확인하고 나니 우트가르드로 오는 게 더욱더 걱정스러워졌어.

결국 나는 마법을 써서 자네를 속일 수밖에 없었어. 그래서 제일 먼저 티알피를 속였지. 티알피와 달리기 경주를 한 건, 거인 소년이 아니라 '생각'이었어. '생각'은 무엇보다도 빠르거든. 나는 로키도 속였지. 로키 자네가 놀라운 먹성을 자랑할 때 시합 상대로 붙여 준 건, 다름 아니라 모든 걸 태워 버리는 '불'이었어.

토르 자네는 모든 시합에서 다 속아 넘어가더군. 자네가 뿔잔에 있는 술을 벌컥벌컥 들이킬 때 우리는 놀라움을 금치 못했네. 사실 뿔잔 끝이 바다와 연결되어 있었거든. 바다의 왕 아에기르에게 들어서 알았는데, 그때 전 세계 바다의 수위가 낮아졌다고 하더구만.

토르 자네가 들어 올리려 했던 고양이 있지? 실제로는 나무 중의 나무인 이그드라실의 뿌리를 갉아먹는 용 니드호그였어. 자네가 니드호그를 움직였을 때 우리는 숨이 막힐 지경이었지. 고양이 등을 천정 가까이 들어 올렸을 때 우리는 토르야말로 살아있는 생명체 중에 가장 힘이 세다고 생각했어.

마지막으로 노파 엘리와 씨름을 했지. 자네는 엘리의 힘이 대단하다고 생각했고 그 노파를 쓰러뜨리지 못해 자존심이 상했을 거야. 하지만 그 노파는 '오랜 세월'이었어. 세상 만물을 쇠하게 하는 '오랜 세월'조차 토르 자네를 넘어뜨리지 못하는 걸 보고 우리는 또 다시 놀랄 수밖에 없었다네."

스크리미르는 이야기를 마친 뒤 연회장을 빠져나갔다. 다시 한 번 신들은 아스가르드의 진정한 영웅 토르에게 진심어린 기립 박수를 보냈다.

난쟁이의 보물

바다의 거인 왕 아에기르가 베푼 연회도 이제 막을 내렸다. 신들은 다시 아스가르드로 돌아갔다. 단, 신들의 아버지 오딘과 말썽쟁이 로키는 아스가르드가 아닌 다른 곳으로 향했다.

오딘과 로키는 신적인 능력을 모두 내려놓았다. 인간 세계인 미드가르드로 가서 평범한 인간들처럼 지내고 싶었기 때문이다. 둘은 미드가르드를 함께 돌아다니며 왕과 농부, 악인과 선인, 군인과 상인, 귀족과 노예, 예의 바른 사람과 예의 없는 사람 등 온갖 부류의 사람들을 만났다. 그러던 어느 날 오딘과 로키는 큰 강 기슭에서 잠시 쉬고 있었다. 근처에서 쇳덩이가 맞부딪히는 소리가 들려왔다.

그리고 얼마 있지 않아 강 한가운데 솟아 있는 바위 위에 수달 한 마리가 보였다. 수달은 강물로 뛰어들더니 다시 바위로 올라왔다. 그러고는 사냥해 온 연어를 게걸스럽게 먹었다. 이를 보고 있던 로키는 갑자기 못된 장난을 쳤다. 느닷없이 큰 돌을 집어서 수달에게 던지는 것이었다. 수달은 머리에 돌을 맞고 그 자리에서 죽었다.

"로키, 왜 그런 못된 짓을 하는 거냐?"

오딘이 혼을 냈지만 로키는 그저 웃기만 했다. 로키는 헤엄쳐 죽은 수달을 가지고 돌아왔다.

"대체 왜 수달을 죽인 거냐고?"

오딘이 또 한 번 다그쳤다.

"그냥 장난기가 발동한 것뿐이에요."

로키는 대수롭지 않게 대답하고는 칼을 꺼내 수달의 가죽을 벗겼다. 다 벗긴 가죽은 접어서 허리띠에 고정시켰다. 곧 오딘과 로키는 강가를 벗어났다.

둘은 어느 농가에 다다랐다. 농가 옆에는 대장간 두 채가 있었고, 그곳에서 쇳덩이 부딪치는 소리가 들렸다. 오딘과 로키는 농가에 들어가 잠시 쉬어 갈 수 있는지 물었다. 생선을 굽고 있던 노인은 긴 의자를 가리켰다.

"저기 앉아 쉬시오. 생선이 익으면 좋은 놈으로 드리리다. 내 아들이 뛰어난 어부인데 최고급 연어만 잡아 올리거든."

오딘과 로키는 의자에 앉았고, 노인은 계속 생선을 구웠다.

"내 이름은 흐레이드마르(Hreidmar)라고 하오. 아들 셋이 있는데, 두 놈은 대장간에서 일하고, 막내는 고기 잡는 일을 하고 있지. 이 생선이 바로 그 아이가 잡아다 준 것이오. 그나저나 우리 집에 들른 여행객 양반들은 이름이 어떻게 되시오?"

오딘과 로키는 흐레이드마르에게 본래 이름이 아닌 다른 이름으로 알려 주었다. 흐레이드마르는 잘 구운 생선을 손님들에게 대접했다. 손님들은 연어 요리를 게 눈 감추듯 먹어 치웠다.

"그런데 혹시 여행하면서 특별한 일은 없었소? 세상이 어떻게 돌아가는지 나에게 말해 주는 사람들이 거의 없다오."

흐레이드마르가 호기심어린 눈으로 손님들을 바라보았다.

"아, 내가 여기 오기 전에 돌을 던져 수달을 명중시켰어요. 물론 수달은 즉사했죠."

로키가 자랑스러운 듯 껄껄 웃으며 말했다.

"수달을 죽였다고! 어디서 그랬소?"

흐레이드마르가 깜짝 놀라 물었다.

"노인장, 수달을 어디서 죽였는지 알아서 뭐하려고요? 어쨌든 수달 가죽이 아주 상급입디다. 여기 허리띠에 딱 매어 놓았지."

흐레이드마르는 로키의 말이 끝나기 무섭게 허리띠에서 수달 가죽을 홱 낚아챘다. 노인은 가죽을 보자마자 눈이 뒤집히더니 갑자기 소리를 질러댔다.

"파프니르(Fafnir)! 레긴(Regin)! 당장 집 안으로 들어오너라. 대장간 일꾼들도 모조리 데려와, 어서!"

"노인장, 갑자기 왜 그러시오?"

오딘이 물었다.

"네 놈들이 내 아들 오테르(Otter)를 죽였어! 내 손에 있는 게 바로 내 아들의 가죽이라고!"

노인은 오열했다. 그 사이에 큰 망치를 손에 든 젊은 두 아들이 일꾼들을 거느리고 나타났다.

"파프니르! 레긴! 망치로 저 두 놈을 당장 죽여 버려라. 강가에서 수달로 변신해 생선을 잡던 오테르를 바로 저 놈들이 죽였다!"

흐레이드마르 두 아들을 향해 소리쳤다. 오딘이 두 손을 들어 사람들을 진정시켰다.

"잠깐만! 그래, 듣고 보니 우리가 댁의 아들을 죽인 게 맞는 것 같소. 하지만 일부러 그런 것은 아니오. 우리가 댁의 아들을 죽인 것에

대해 마땅히 보상을 하겠소."

"대체 무엇으로 보상을 한다는 거요?"

노인은 작고 날카로운 눈으로 오딘을 노려보았다. 그때 신들의 아버지 오딘은 자신의 지혜와 능력과는 도통 어울리지 않은 말을 내뱉었다. 사실 그 보상으로 미미르의 샘물 한 잔을 주겠다고 말했어야 했다. 하지만 지혜롭지 못하게도 황금만 생각하고 있었다.

"아들의 목숨 값을 계산해 보시오. 내가 그 값을 황금으로 지불하겠소."

"당신네들 혹시 인간 세계를 여행하고 다니는 높으신 양반들인가? 그렇다면 당신들이 죽인 내 아들의 가죽을 완전히 덮을 만큼 황금을 가져오시오."

황금에 꽂힌 오딘은 어느 난쟁이가 지키고 있는 보물을 떠올렸다. 흐레이드마르가 요구하는 양의 금을 얻으려면 아홉 개의 세계를 통틀어서 그 보물을 구하는 수밖에 없었다. 오딘은 그 보물을 빼앗아 올 생각을 하니 스스로가 부끄러워졌다.

"로키, 난쟁이 안드바리(Andvari)의 보물을 알고 있지?"

오딘이 로키의 귀에 대고 속삭였다. 로키는 놀란 토끼 눈을 했다.

"당연히 알고 있죠. 어디에 숨겨 놓았는지도 알고 있어요. 가서 가져올까요?"

오딘은 로키의 말을 듣자마자 흐레이드마르를 향해 제안했다.

"내가 여기에 남아 있을 테니, 이 사람이 가서 황금을 가져올 수 있도록 보내 주시오."

"그렇게 하지. 당장 가져오게."

흐레이드마르는 매서운 눈빛으로 로키를 노려보았다. 로키는 뒤도 돌아보지 않고 집을 나섰다.

먼 옛날, 안드바리는 아홉 개의 세계를 통틀어 가장 많은 보물을 가지고 있던 난쟁이였다. 그는 보물을 지키기 위해 큰 가시고기로 변신해 보물을 숨겨 둔 동굴 속 큰 웅덩이에서 쉬지 않고 헤엄쳐 다녔다.

아스가르드의 신들은 난쟁이 안드바리와 그가 가진 보물에 대해 예전부터 잘 알고 있었다. 또 그 보물을 잘못 건드리면 저주가 따라올 것이라고 생각했다. 그런데 지금 오딘이 난쟁이의 보물을 빼앗아 오겠다고 약속한 것이다. 로키는 콧노래를 흥얼거리며 안드바리가 보물을 지키고 있는 동굴로 갔다. 동굴에 도착한 로키는 큰 웅덩이 속을 들여다보았다. 정말 가시고기 한 마리가 웅덩이 속을 헤엄쳐 다니고 있었다.

로키는 가시고기를 잡아서 몸값으로 보물을 내놓으라고 할 작정이었다. 안드바리도 로키가 자기를 뚫어져라 쳐다보고 있다는 걸 알게 되었다. 가시고기는 갑자기 빠르게 헤엄쳐 웅덩이 깊은 곳으로 숨어 버렸다.

이제 로키는 가시고기를 맨손으로 잡을 수 없었다. 낚싯대도 소용없었다. 어떻게 해야 하나? 아무리 생각해도 마법의 그물 밖에는 방법이 없었다. 로키는 마법의 그물을 어떻게 구해야 할지 머리를 굴렸다.

마법의 그물은 바다의 거인 왕 아에기르의 아내인 란(Ran)에게 있었다. 란은 마법의 그물을 가지고 바다에 떠다니는 것을 무엇이든 낚아 올렸다. 로키는 란의 그물을 떠올렸고, 그걸 빌리기 위해 아에기르의 집을 찾아갔다. 하지만 란은 집보다는 바닷가에 있을 때가 많았다. 그날도 란은 바닷가에 나와 있었다.

로키는 란을 발견했다. 란은 그물로 바다에 떠다니는 온갖 보물을 낚아 올렸다. 산호, 호박, 금과 은 조각을 바닷가에 산처럼 쌓아 놓았

아에기르의 아내이자 대양의 여신인 란(아서 래컴 作)

다. 그래도 만족을 못했는지 계속해서 바다에 그물을 던지고 있었다.

"바다의 왕후시여, 저를 기억하시는지요?"

로키가 란에게 말을 걸었다.

"기억하다마다요. 로키 님 아니십니까?"

도도한 왕후 란이 대답했다.

"혹시 마법의 그물을 빌려주실 수 있는지요?"

"그건 힘들겠는데요."

"그물로 난쟁이 안드바리를 잡을 겁니다. 그자는 바다에서 건져 올리는 보물보다 훨씬 더 많은 보물을 가지고 있다고 자랑하고 다닙니다."

로키의 말에 란은 그물을 던지다 말고 로키를 처다보았다. 그렇다. 꼴불견 난쟁이만 사로잡아 준다면야 그물을 빌려주는 건 어렵지 않았다. 안 그래도 란은 난쟁이들이 싫었다. 그녀에게 없는 보물을 난쟁이들은 많이 가지고 있다는 소문을 여기저기서 들었기 때문이다. 특히나 아홉 세계에서 가장 많은 보물을 차지하고 있는 난쟁이 안드바리가 제일 싫었다.

"여기서는 더 모을 보물도 없어요. 내일까지 그물을 돌려준다고 약속하면 빌려줄게요."

"오, 바다의 왕후시여. 무스펠헤임의 불꽃을 걸고 내일까지 꼭 돌려드릴 것을 맹세합니다."

로키가 가슴에 손을 얹고 외쳤다. 란은 로키에게 마법의 그물을 건네주었다.

란을 설득해 그물을 얻어낸 로키는 의기양양하게 동굴로 돌아왔다. 안드바리가 가시고기로 변신해 헤엄쳐 다니는 웅덩이는 칠흑같이 어두웠다. 그래도 황금빛으로 반짝이는 보물을 생각하면 안드바

리에게는 이까짓 어두움은 아무런 문제도 되지 않았다. 이 훌륭한 보물 때문에 안드바리는 다른 난쟁이들과 함께 지내고 일하는 즐거움을 포기했다. 이 보물 때문에 스스로 말도 못하고 듣지도 못하는 물고기가 되었다.

안드바리는 동굴 입구 쪽을 헤엄쳐 다니다가 다시 머리 위로 그림자가 드리워지는 걸 느꼈다. 곧장 바위틈으로 숨으려고 몸을 돌린 순간 그물이 앞을 가로막았다. 꼬리지느러미를 퍼덕이며 빠져나오려고 안간힘을 썼지만 마법의 그물 안에 걸려 이도 저도 되지 않았다.

안드바리는 순식간에 물 밖으로 들려 땅 위에 내동댕이쳐졌다. 본래 모습으로 다시 돌아오지 않았다면 안드바리는 아마 죽었을지도 모른다. 그는 곧 난쟁이의 모습으로 돌아왔다.

"안드바리, 넌 나한테 잡혔어. 아스가르드의 신에게 잡혔다고."

로키가 거들먹거렸다.

"로키 님이시군요."

안드바리는 숨을 헐떡거렸다.

"넌 내 손에 사로잡혔다. 그러니 네가 가진 보물을 나에게 넘겨라. 아스가르드 신들의 명령이야."

"제 보물을요? 제 보물은 절대 드릴 수 없습니다."

"그렇다면 보물을 내놓을 때까지 널 풀어 주지 않겠다."

"말도 안 돼요! 신들께서 그럴 리가 없어요. 이런 부당한 짓을 할 신은 로키 님 밖에 없다고요! 당장 오딘 님에게 가서 보물을 훔치려고 한 당신을 고소하겠어요!"

안드바리가 바득바득 소리쳤다.

"그 오딘 님께서 네 보물을 가져오라고 나를 보냈다고!"

로키가 씩 웃었다.

"아스가르드의 신들은 모두 정의롭지 못한 분들이로군요! 아, 그래요. 태초에 도시 성벽을 지을 때도 거인을 속였다고 했죠. 그러고 보니 아스가르드의 신들은 다 그렇고 그런 자들이었어요!"

안드바리는 로키에게 꼼짝없이 잡혀 있었다. 안드바리가 아등바등하며 빠져나가려 하자 로키는 난쟁이를 더욱 옥죄었다. 난쟁이는 화가 나 몸을 부르르 떨며 눈물까지 흘렸지만, 어쩔 수 없이 로키를 동굴 깊은 곳으로 데려갔다. 바위 하나를 굴리니 온갖 금은보화가 수북이 쌓여 있었다.

로키는 마법의 그물에 황금, 루비, 사파이어, 에메랄드 할 것 없이 깡그리 긁어모으기 시작했다. 로키는 난쟁이가 산처럼 쌓아 놓은 금은보화 꼭대기에 있던 무언가를 슬쩍하는 걸 보았지만 모른 체 했다. 그물에 보물을 모조리 담았으니 이제 돌아가기만 하면 되었다.

"내가 가져가야 할 게 하나 더 있는데 말이야. 아까 자네가 슬쩍한 반지 좀 내놓지."

로키가 씩 웃으며 말했다.
"전 아무것도 슬쩍하지 않았어요!"

안드바리에게서 보물을 빼앗는 로키

난쟁이는 시치미를 뗐고, 여전히 분을 삭이지 못했는지 이를 갈며 부들부들 떨었다.

"정말 아무것도 감추지 않았다고요!"

로키는 아무 말 없이 난쟁이의 팔목을 잡고 위로 치켜들었다. 그러자 겨드랑이 틈에 숨겨 놓은 반지 하나가 땅에 툭 떨어졌다.

사실 그 반지는 안드바리가 가진 보물 중에 가장 값비싼 것이었다. 난쟁이는 이 반지 하나만 있으면 여전히 수많은 보물을 가지고 있는 것이나 다름없다고 생각했다. 이 반지로 금을 만들어 낼 수 있었기 때문이다. 마법의 룬 문자가 새겨진 이 반지에는 불순물을 모두 제거하고 순금을 만드는 힘이 있었다.

로키는 이 반지를 집어 손가락에 끼웠다. 그러자 난쟁이는 로키를 향해 두 엄지손가락을 치켜들고는 저주의 주문을 외우기 시작했다.

룬 문자가 새겨진 이 반지는
고통의 짐을 지울지어다.
내 귀한 반지를 훔친 로키와
이를 탐하는 모든 이들에게
저주와 재앙이 닥칠지어다.

안드바리가 저주를 내리는 동안, 로키는 동굴 안에서 누군가 걸어 나오는 것을 어렴풋이 보았다. 가까이 다가오자 누구인지 알아볼 수 있었다. 예전에 아스가르드에 온 적이 있는 여자 거인 굴베이그였다.

먼 옛날 신들이 성스러운 산에 올라 아스가르드라는 도시를 만들 때, 여자 거인 세 명이 찾아왔었다. 여자 거인들이 아스가르드에서 잠깐 지내는 동안 신들에게는 어떤 변화가 일어났다. 그때까지만 해도 하찮게 여기던 황금을 갑자기 소중하게 생각하며 모으기 시작했다. 급기야 서로 보물을 차지하려고 전쟁까지 벌어졌다.

결국 여자 거인 세 명은 추방되었고, 아스가르드에도 다시 평화가 찾아왔다. 신들에게 영원한 젊음을 가져다주는 사과를 키우면서 황금에 대한 욕심도 억누를 수 있었다. 하지만 여자 거인 세 명이 나타나기 전에 그 완벽하게 행복했던 시절로는 돌아갈 수 없었다.

굴베이그는 신들의 행복을 앗아간 여자 거인 세 명 중 하나였다. 그녀가 이 동굴 안에 살고 있었던 것이다. 그리고 지금 미소를 지으며 로키를 향해 다가오고 있다.

"오, 로키 님. 여기서 또 뵙군요. 당신을 이곳에 보내신 오딘 님께도 안부 인사 드려야겠어요. 제가 먼저 가서 로키 님이 안드바리의 보물을 가지고 돌아오고 있다고 전할게요."

그렇게 말하고는 동굴 밖으로 사붓사붓 걸어 나갔다. 로키도 보물을 가득 담은 마법의 그물을 오므려 쥐고 뒤를 따라갔다.

오딘은 창을 짚고 서서 바닥에 펼쳐져 있는 수달 가죽을 우두커니 바라보고 있었다. 그때 누군가 집 안으로 불쑥 들어왔다. 바로 신들의 행복을 앗아간 굴베이그였다. 순간 오딘은 창을 치켜들어 거인에게 던지려 했다. 하지만 굴베이그가 다가오며 차분하게 말했다.

"오딘 님, 창을 내려놓으세요. 저는 난쟁이의 동굴에서 오랫동안 살았습니다. 그런데 난쟁이의 보물을 빼앗아 오라는 오딘 님의 말 한마디 때문에 제가 그곳에서 풀려나게 되었어요. 이제 창을 내려놓고 저를 보세요, 신들의 아버지시여. 당신께서 저를 아스가르드에서 쫓아냈지만, 이제 그 말 한마디 때문에 당신 앞에 다시 돌아올 수 있게 되었습니다. 오딘 님과 로키 님이 황금으로 목숨 값을 지불하고 아스

가르드로 돌아가신다면, 저 굴베이그도 아스가르드를 마음대로 드나들 수 있답니다."

오딘은 깊은 한숨을 내쉬며 창을 내려놓았다.

"정말 그렇구나, 굴베이그. 이제 나는 네가 아스가르드에 들어오는 걸 막을 수 없게 되었어. 이 노인의 아들에 대한 보상으로 황금이 아니라, 크바시르의 마법의 술이나 미미르의 샘물을 주었어야 했어."

그때 로키가 문을 열고 집 안으로 들어와 보물이 한 가득 담겨 있는 마법의 그물을 바닥에 펼쳐 놓았다. 눈매가 날카로운 흐레이드마르와 우람한 파프니르, 깡마른 레긴은 바닥에 수북이 쌓인 금은보화를 보자 눈이 휘둥그레졌다. 그들의 눈동자도 보석처럼 반짝였다. 흐레이드마르는 갑자기 고함을 질렀다.

"나와 높으신 두 분은 보석들이 충분한지 계산할 테니 다른 사람들은 다 밖으로 나가 있어라!"

파프니르와 레긴은 어쩔 수 없이 나가야 했다. 두 아들은 쭈뼛거리며 집 밖으로 나갔고, 굴베이그도 그 뒤를 따라갔다. 그러면서 두 아들에게 무언가 계속 속삭였다.

흐레이드마르는 떨리는 두 손으로 아들의 몸을 덮고 있던 가죽을 바닥에 쫙 펼쳤다. 가죽의 털이 모두 보이도록 귀와 꼬리, 다리 부분을 잡고 최대한 늘렸다. 노인은 엎드린 채 꽤 오랜 시간 가죽의 접힌 부분을 찾아 모조리 폈다. 손과 무릎으로 가죽을 고정시킨 채 드디어 노인이 입을 열었다.

"자, 이제 시작해 볼까? 보석으로 내 아들의 가죽을 모두 덮으시오."

오딘은 창을 짚고 서서 로키가 보석으로 가죽을 덮는 모습을 지켜보았다. 로키는 황금, 루비, 사파이어, 에메랄드 할 것 없이 손에 잡히는 대로 가죽 위에 올려놓았다. 어느덧 몸통 부분이 보석으로 가려졌다. 그 다음 다리와 꼬리 부분에도 보석을 올려놓았다. 갖가지 보석에 뒤덮인 수달 가죽은 온 세상을 환히 비출 만큼 휘황찬란했다. 로키는 보석을 더 올려놓아야 할 곳은 없는지 허리를 숙여 이리저리 살펴보았다. 마침내 로키는 허리를 펴고 일어섰다. 마법의 그물은 텅 비었고 수달 가죽 위에도 보석들로 가득 채워졌다.

흐레이드마르는 여전히 바닥에 납작 엎드려 빈 곳이 없나 샅샅이 살폈다. 그러더니 한참 후에 말없이 오딘의 다리를 툭툭 쳤다. 오딘이 허리를 숙이자 노인은 아직 덮여 있지 않은 수달의 입술을 보여 주었다.

"뭘 어쩌라는 거요?"

쭈그리고 앉아 있는 노인을 향해 로키가 신경질을 냈다.

"아직 보상이 끝나지 않았어. 봐, 여기에 보석이 없잖아. 약속한 대로 보석으로 가죽을 모두 덮지 못하면 여기서 나갈 수 없어."

"이봐요, 노인 양반! 지금 내가 난쟁이의 보석을 죄다 갖다 바치지 않았소."

로키의 목소리가 한층 거칠어졌다.

"그래도 가죽을 모두 덮지 못하면 나갈 수 없다니까."

노인은 같은 말만 되풀이했다.

"이제 더 이상 가진 보석이 없다고!"

"그럼 돌아갈 생각들 하지 마쇼."

노인의 말대로 정말 오딘과 로키는 보상금을 전부 치를 때까지 그 집에서 나갈 수 없었다. 이제 보석을 어디서 구해야 할까? 그때 오딘의 눈에 로키가 손에 끼고 있는 금반지가 들어왔다. 안드바리에게 빼앗은 반지였다.

"그래, 그 반지를 저 수달 가죽 위에 올려놓으면 되겠다."

오딘이 소리쳤다.

로키는 룬 문자가 새겨진 그 반지를 수달 입술 부분에 내려놓았다. 그러자 흐레이드마르는 손뼉을 치며 환호성을 질렀다. 그 소리에 우람한 파프니르와 깡마른 레긴이 문을 박차고 들어왔다. 굴베이그도 그 뒤를 따라 들어왔다. 세 부자는 자신의 아들이고 형제인 사내의 가죽 주변에 둘러섰다. 수달 가죽은 여전히 온갖 보석으로 휘황찬란하게 빛나고 있었다. 그런데 그들은 보석을 바라보지 않고 서로의 얼굴을 쳐다보고 있었다. 두 아들과 아버지의 눈빛은 이상하다 못해 소름이 끼칠 정도로 섬뜩했다.

아에기르의 연회에 참석했던 신들은 무지개다리 비프뢰스트를 건넜다. 프레이, 프레야, 프리가, 이둔, 시프가 건넜고, 그 뒤로 검을 든 티르가 따랐다. 토르는 염소 두 마리가 끄는 수레를 타고 건넜다. 저 멀리 로키와 오딘의 모습도 보였다. 그런데 신들의 아버지 오딘은 어딘지 모르게 표정이 밝지 못했다. 전혀 반갑지 않은 손님이 따라오고 있었기 때문이다. 예전에 아스가르드에서 쫓겨났다가 돌아온 굴베이그였다. 이제 신들도 그녀를 어찌할 도리가 없었다.

제3부

마녀의 심장

아스가르드를 덮친
불길한 징조

아스가르드에서는 인간들이 알면 꽤나 부끄러울 일들이 벌어졌다. 무지개다리를 지키는 헤임달도 마녀 굴베이그의 출입을 막을 수 없었다. 굴베이그는 히죽거리며 신들 사이를 제멋대로 돌아다녔다. 신들은 마녀의 행동과 표정 속에서 불길한 예감을 지울 수 없었다.

이 불길한 예감을 가장 예민하게 느낀 신들이 있었다. 시(詩)의 신 브라기와 그의 아내 이둔이었다. 이둔은 신들을 위해 젊음의 사과를 관리하는 여신이었다. 끝없이 이어지는 이야기를 전하던 브라기는 더 이상 아무 이야기도 하지 않았다. 두려움과 불길한 예감에 휩싸인 이둔은 어느 날 갑자기 아스가르드를 떠나 버렸다. 이제 누구도 신들에게 젊음을 유지할 사과를 제공해 줄 수 없었다.

이 일로 아스가르드의 신들은 큰 충격을 받았다. 신들은 모두 예전보다 힘도 약해지고 아름다움도 덜했다. 토르는 묠니르를 들어 올리

는 것조차 버거웠다. 프레야의 목걸이는 여전히 아름다웠지만 피부
는 예전의 탄력과 빛깔을 잃었다. 마녀 굴베이그는 모든 신들로부터
미움을 받았지만, 여전히 사악한 미소를 띠며 아스가르드를 활보하
고 다녔다.

더 이상 두고 볼 수 없었던 오딘과 프레이는 이둔을 찾기 위해 발
벗고 나섰다. 아내 게르다를 얻은 대가로 내준 마법의 검만 있었다면
프레이는 금방 이둔을 찾아서 데려올 수 있었을 것이다. 프레이는 이
둔이 숨어 있는 호수에서 그곳을 지키는 파수꾼과 맞붙어야 했다. 그
파수꾼의 이름은 벨리(Beli)였다. 프레이는 수사슴의 뿔로 만든 무기
로 간신히 벨리를 물리칠 수 있었다. 사실 프레이가 마법의 검을 잃
고 진정으로 후회한 때는 지금이 아니다. 먼 훗날 무스펠헤임의 기병
대가 아스가르드를 침공했을 때였다. 프레이는 마법의 검만 있었다
면 적들을 쉽게 막아낼 수 있었다.

마침내 오딘과 프레이는 이둔을 찾아서 돌아왔다. 하지만 아스가
르드에는 여전히 불길한 징조와 어두운 그림자가 짙게 드리워져 있
었다. 마녀 굴베이그는 신들의 생각까지도 바꾸어 놓고 있었다.

결국 오딘은 굴베이그에게 심판을 내리기로 했다. 굴베이그는 사
형을 선고받았다. 오딘의 창 궁니르만이 굴베이그의 목숨을 끊을 수
있었다.

오딘은 굴베이그를 향해 궁니르를 던졌다. 궁니르는 굴베이그를
관통했다. 하지만 굴베이그는 여전히 신들 앞에 웃어 보였다. 오딘은
다시 창을 던졌다. 이번에도 창은 굴베이그를 뚫고 지나갔다. 굴베이
그는 죽지 않고 좀비처럼 버티고 서 있었다. 오딘은 또 다시 창을 던
졌다. 창이 몸을 꿰뚫자 마녀 굴베이그도 더 이상 견딜 수 없었다. 외
마디 비명과 함께 몸을 부르르 떨며 쓰러져 죽었다.

"살인이 금지된 이 신성한 곳에서 나는 살인을 저질렀다. 이제 그 동안 우리를 괴롭히던 굴베이그의 시체를 가져다가 성벽 위에서 태워 버려라. 그래서 아스가르드에서 마녀의 흔적을 완전히 없애라."

오딘이 신들에게 명령을 내렸다.

신들은 성벽 위에 쌓아올린 장작더미 위에 굴베이그의 시체를 올려놓았다. 그런 다음 장작더미에 불을 붙이고 불길이 활활 타오르도록 흐라에스벨그(Hræsvelgr)의 이름을 불렀다.

독수리로 변신해
하늘 저편에 계신
흐라에스벨그여.
두 날개를 활짝 펴
바람을 일으키소서.

한편, 이 모든 일이 벌어지고 있을 때 즈음 로키는 아스가르드에서 멀리 떨어진 곳에 있었다. 이 시기에 로키는 자주 아스가르드 밖을 싸돌아다녔다. 다름 아니라 난쟁이 안드바리의 손에서 벗어난 진귀한 보물들을 구경하러 가는 것이었다. 로키가 보물에 마음이 빼앗긴 것도 모두 굴베이그 탓이었다. 로키가 아스가르드에 돌아와 지금까지 있었던 이야기를 듣자 분노가 치밀어 올랐다. 사실 화가 난 것도 굴베이그가 로키를 꾀어내어 생각 자체를 바꾸어 놓았기 때문이다. 로키의 마음은 이미 신들을 향한 증오심으로 가득했다.

로키는 굴베이그의 시체를 불태우는 곳으로 올라갔다. 시체는 이미 재가 되었지만 심장만큼은 불에 타지 않았다. 격분한 로키는 마녀의 심장을 집어서 그대로 먹어 버렸다. 로키가 마녀의 심장을 목구멍

186

마녀 굴베이그의 심장을 먹는 로키(존 바우어 作)

으로 넘기는 순간 아스가르드는 이제 헤어나올 수 없는 슬픔과 절망에 사로잡히기 시작했다.

로키의 배신

마녀의 심장을 먹은 로키는 매의 깃털로 만든 프리가의 옷을 훔쳐 입었다. 매로 변신한 로키는 곧장 아스가르드를 빠져나와 요툰헤임을 향해 힘차게 날아갔다.

요툰헤임의 상공을 가르는 로키의 눈빛은 분노로 이글거렸다. 저 아래로 내려다보이는 무시무시한 거인의 땅은 로키의 분노를 더욱 불타오르게 만들었다. 소용돌이치는 강물과 연기를 내뿜는 화산이 로키의 심장을 자극했다. 날개를 힘차게 퍼덕이며 하늘로 치솟아 오르자 저 멀리 남쪽에 불의 세계 무스펠헤임이 보였다. 더 높이 하늘로 올라가자 수르트가 들고 있는 번쩍이는 불의 검도 보였다. 훗날 무스펠헤임의 불꽃과 요툰헤임의 암흑이 아스가르드와 미드가르드를 덮친다고 했지만, 로키는 어떻게 되든 별로 신경 쓰지 않았다.

로키는 요툰헤임의 어느 집 위를 맴돌았다. 그 집에 살고 있는 두 여자 거인이 눈에 들어왔기 때문이다. 아스가르드의 아름다운 여신들에 대한 분노심 탓에 이 여자 거인들의 추악한 모습이 오히려 마음

매로 변신한 로키(W.G. 콜링우드 作)

에 들었다.

　로키는 거인의 집 앞을 날아다니며 집 안을 들여다보았다. 거인들 중에 가장 사납고 포악하기로 유명한 게이로드(앞서 나온 게이로드 왕과 다른 인물)라는 거인이 보였다. 그 옆에는 못생기고 악독한 두 딸, 걀프(Gialp)와 그레이프(Greip)도 있었다.

　두 딸 모두 까무잡잡하고 우락부락하게 생겼다. 말처럼 못생긴 뻐드렁니가 났고 머릿결은 말갈기처럼 뻣뻣했다. 굳이 둘 중에 더 못생긴 딸을 고르자면 걀프를 꼽을 수 있다. 걀프는 코의 길이가 1m나 되었고 눈도 이상하게 비뚤어져 있었다.

　세 부녀는 서로 등을 긁어 주면서 무슨 이야기를 주고받고 있었다. 로키가 다가가 귀를 기울여 보니 아스가라드의 신들을 욕하는 중이었다. 세 사람이 가장 싫어하는 신은 토르였다. 앞으로 토르를 어떻게 할지 자기들끼리 이러쿵저러쿵 떠들고 있었다.

　"나는 토르를 쇠사슬로 꽁꽁 묶은 다음 쇠망치를 내려쳐 죽여 버릴

거야."

게이로드가 말했다.

"저는 토르의 뼈를 빻아서 가루로 만들 거예요."

그레이프가 맞장구쳤다.

"그럼 내가 뼈에서 살점을 발라내 줄게."

걀프도 거들었다.

"그런데 아빠, 토르를 산 채로 잡아 올 순 없나요?"

"묠니르라는 망치와 힘을 배가시키는 장갑과 허리띠를 가지고 있는 한 토르를 사로잡기는 힘들어."

"망치와 장갑과 허리띠가 없는 토르를 잡을 수 있다면 얼마나 좋을까?"

걀프와 그레이프가 한 목소리로 말했다.

그 순간 세 거인은 문 앞에서 날아다니는 매를 보았다. 안 그래도 무언가 잡아 괴롭히고 싶어 안달 나 있던 거인들은 매를 잡아야겠다고 생각했다. 세 거인은 앉은 자리에서 꼼짝도 하지 않은 채 그네를 타고 놀던 아이 그라프(Glapp)에게 매를 잡아 오라고 시켰다.

그라프는 커다란 나뭇잎으로 몸을 완전히 가린 채 문 옆 담쟁이덩굴을 타고 올라갔다. 매가 근처로 날아오자 그라프는 두 손으로 매의 날개를 덥석 붙잡았다. 매와 그라프는 그대로 담쟁이덩굴 아래로 굴러떨어졌다. 거인과 매는 한데 엉켜 땅바닥을 뒹굴었고, 매가 발톱과 부리로 쪼고 할퀴자 그라프는 비명을 질러댔다.

비명 소리에 놀란 세 거인은 문을 박차고 나와 매를 붙잡아 그라프에게서 떼어 놓았다. 그런데 매를 자세히 보니 일반적인 새와 생김새가 달랐다. 아스가르드에 온 것처럼 보였다. 거인들은 매가 사실대로 말할 때까지 새장에 가둬 놓았다.

시간이 얼마 지나자 매가 부리로 새장을 톡톡 두드렸다. 게이로드가 새장 문을 열어 주자 로키가 자신의 신분을 밝혔다. 거인들은 아스가르드의 신을 제 손으로 직접 잡았다는 생각에 신이 났다. 잔인한 거인 아버지와 두 딸은 킬킬 웃기만 하고 로키를 새장 안에서 며칠 동안 굶겼다.

새장을 다시 열었을 때 로키는 거인들에게 애걸복걸했다. 자기를 놓아만 준다면 아스가르드의 신들에게 무슨 짓이라도 하겠다고 약속했다.

"토르도 데려올 수 있나?"

그레이프가 물었다.

"망치, 장갑, 허리띠로 무장하지 않은 토르를 데려올 수 있겠어?"

걀프가 좀 더 구체적으로 요구했다.

"나를 놓아주면 토르를 꼭 데려올게. 누워서 떡 먹기야. 망치, 장갑, 허리띠로 무장하지 않은 토르를 데려올 수 있어."

"네 말대로 토르를 꼭 데려오겠다고 요툰헤임의 암흑을 걸고 맹세해라. 그럼 놓아주지."

거인의 말에 로키는 그렇게 하겠다고 맹세하고는 또 이렇게 덧붙였다.

"무스펠헤임의 불꽃을 걸고도 맹세하겠어."

거인 게이로드와 두 딸은 로키를 풀어 주었고, 로키는 곧장 아스가르드로 돌아갔다.

로키는 프리가에게 매의 깃털로 만든 옷을 돌려주었다. 신들은 모두 프리가의 옷을 훔친 로키를 비난했다. 하지만 거인에게 잡혀 새장에서 굶어 죽을 뻔한 로키의 모험담을 듣고는 충분히 벌을 받았다고 생각했다. 로키는 신들에게 예전처럼 너스레를 떨었지만, 굴베이그의 심장을 먹은 뒤로는 신들을 향한 증오심이 폭발하기 시작했다. 다만, 겉으로 드러내지 않을 뿐이었다.

로키는 토르에게 지난날 함께 요툰헤임에 갔던 이야기를 꺼냈다. 거인 트림의 신부가 되어야 했던 이야기도 이제 즐거운 추억이 된 듯 토르는 크게 웃어 넘겼다. 로키는 그런 토르에게 또 한 번 요툰헤임에 가자고 꼬셨다.

"제가 게이로드 집에서 무엇을 봤는지 아십니까? 토르 님의 아내 시프의 금발머리를 보았지 뭡니까!"

"내 아내의 금발머리를 보았다고?"

토르는 눈이 휘둥그레졌다.

"네, 제가 예전에 잘랐던 그 금발머리 말입니다. 내다 버린 그 머리카락을 게이로드가 주웠지 뭐예요. 시프의 금발머리로 집을 환하게 밝히고 있더군요. 그래서 햇불이 필요 없을 정도였어요."

로키가 너스레를 부렸다.

"그 옛날 금발머리를 다시 보고 싶긴 하구나."

"그럼 게이로드의 집으로 가 보실래요? 그런데 그 집에 가려면 망치와 장갑, 허리띠는 두고 가시는 게 좋을 겁니다. 거인들이 싫어할 수도 있거든요."

"그런가? 헌데 어디에 두고 간담?"

"오딘의 궁전 발라스캴프가 좋겠네요. 게이로드의 식구들이 분명히 토르 님을 반길 거예요."

"좋아. 오딘의 궁전에 잠깐 맡겨 두고, 로키 자네와 거인의 집에 한번 가 봐야겠네."

토르는 망치와 장갑, 허리띠를 오딘의 궁전에 두고 로키와 함께 길

여자 거인에게 바위를 던지는 토르(로렌츠 프뢸리히 作)

을 나섰다. 게이로드의 집에 도착할 무렵 큰 강 하나가 그들 앞을 가로막고 있었다. 토르와 로키는 강가에서 만난 거인 청년과 함께 강을 건너기 시작했다.

어느 정도 강을 건널 즈음 갑자기 강물이 불어났다. 토르가 붙잡지 않았다면 로키와 거인 청년은 그대로 떠내려갈 뻔했다. 강물의 수위는 점점 높아졌고 유속도 심해졌다. 토르는 강바닥 위에 두 발로 서서 꼿꼿이 버텼다. 그러지 않았다면 세 명 모두 거센 물살에 휩쓸렸을지도 모른다. 토르는 로키와 거인 청년을 꼭 붙든 채 힘겹게 한 발 한 발 내디뎠다. 건너편 강둑에는 큰 나무 한 그루가 자라 있었다. 로키와 기인 청년은 토르를 붙잡았고, 토르는 두 손으로 그 나무를 붙잡았다. 강물은 계속 불어났지만 나무 덕분에 토르는 로키와 거인 청년을 강둑 위로 끌어올릴 수 있었다. 토르 자신도 물 밖으로 기어올랐다.

토르가 고개를 들어 강 상류 쪽을 바라보더니 갑자기 화를 냈다. 거기서 한 여자 거인이 홍수를 흘려보내고 있었던 것이다. 강이 갑자기 불어난 것도 바로 그 여자 거인 때문이었다. 토르는 강둑에서 바위 하나를 들어 여자 거인에게 던졌다. 바위에 맞은 여자 거인은 그대로 강물로 빠졌다. 가까스로 강 밖으로 기어오른 여자 거인은 비명을 지르며 달아났다. 이 여자 거인은 게이로드의 못생기고 사악한 딸 걀프였다.

강을 건너는 데 토르의 도움을 받은 거인 청년은 뭐라도 보상을 하고 싶었다. 그는 토르와 로키에게 저 언덕 동굴에 사는 자기 어머니 그리드(Grid)를 만나 달라고 간절히 애원했다. 한시 바삐 가야 할 상황이라 로키는 가지 않겠다고 했다. 하지만 토르는 거인 청년이 성품이 바르고 마음씨도 따뜻해 그의 어머니를 한번 만나 보고 싶었다.

"그럼 갔다가 게이로드의 집으로 바로 오세요. 저는 먼저 가서 기다리고 있을게요."

로키는 그렇게 말하고는 저 멀리서 토르가 그리드의 동굴로 들어가는 모습을 지켜보았다. 한참을 있다가 토르가 다시 동굴에서 나와 게이로드의 집으로 향했다. 로키는 토르가 게이로드의 집으로 들어가는 뒷모습까지 직접 눈으로 확인했다. 이제 토르에게 죽음이 머지 않았다고 생각했다. 이런 사태를 일으킨 로키는 광기를 일으키며 한 마리 새처럼 이리저리 날뛰기 시작했다.

한편, 토르가 언덕 동굴에 사는 그리드를 만났을 때 있었던 일이다.

거인 노파 그리드는 동굴 바닥에서 맷돌로 곡식을 갈고 있었다. 거인 청년이 토르를 데리고 들어오자 노파가 놀라 소리쳤다.

"댁은 누구시오? 이런, 아스가르드의 신 토르 아니오! 이번에는 대체 누굴 괴롭히려고 오셨소?"

"누굴 괴롭히려고 온 게 아니오. 보시오, 망치도 가져오지 않았고, 장갑이나 허리띠도 없잖소."

토르가 두 손을 벌리며 말했다.

"그럼 요툰헤임에는 왜 온 거죠?"

"마음씨 좋은 게이로드의 집에 가려고 왔소."

"게이로드가 마음씨가 좋다고? 허, 지금 농담하는 거요? 아들아, 너를 구해 준 이 분이 지금 농담하는 거 맞지?"

"어머니, 토르 님에게 게이로드에 대해 이야기해 주세요."

거인 청년이 말했다.

"토르, 그 집에는 절대 가지 말아요. 절대로! 뭔가 속임수에 빠진 것일 수도 있어요."

"난 이미 로키에게 가겠다고 약속했소. 앉아서 맷돌이나 돌리는 노파에게 그곳이 위험하단 얘기를 듣고 내뺀다면 사나이 체면이 뭐가 되겠소?"

"정 그러시다면 도움이 될 만한 물건을 하나 드리지요. 내게 마법을 부리는 물건이 있다는 게 천만다행인지 아시오. 이 지팡이를 가지고 가세요. 몰니르를 대신할 만큼 아주 강력한 지팡이라오."

"어이구, 부인. 온통 벌레가 먹은 썩은 지팡이를 주시니 감사하오."

"이 장갑도 껴요. 쇠로 만든 장갑 몫을 할 테니."

"어이구, 부인. 다 낡아빠진 장갑을 주시니 몸 둘 바를 모르겠소."

"마지막으로 이 실도 받아요. 허리띠 대신 도움이 될 겁니다."

"어이구, 부인. 엉클어진 실을 주시니 눈물이 날 것 같소."

"정말 토르 당신은 운이 좋은 거예요. 내게 이런 귀한 물건이 있어서 다행이라고."

토르를 죽이려 하는 거인의 두 딸 걀프와 그레이프

토르는 엉클어진 실을 허리에 감아 보았다. 정말 노파의 말대로 마법을 부리는 물건이었다. 실을 허리에 감자마자 힘이 솟아나는 걸 느꼈다. 토르는 아무 말 없이 노파가 준 장갑도 끼고 지팡이도 손에 들었다.

토르는 그리드의 동굴에서 나와 게이로드의 집으로 갔다. 로키의 모습이 보이지 않았다. 그때 토르는 어쩌면 노파의 말이 거짓이 아닐 수도 있겠다는 생각이 들었다.

큰 거실에는 아무도 없었다. 토르는 돌로 만들어진 큰 방으로 들어갔다. 거기에도 사람은 없고 한가운데에 돌로 만들어진 의자만 놓여 있었다. 토르는 호기심에 이끌려 돌 의자에 가서 앉았다.

토르가 앉기 무섭게 돌 의자가 공중으로 치솟아 올랐다. 지팡이로

천장을 짚고 버티지 않았다면, 토르는 돌 의자와 돌로 된 천장 사이에 납작 짓눌릴 뻔했다. 지팡이의 위력은 대단했고 허리에 감은 실도 마찬가지였다. 공중에 떠 있던 돌 의자는 그대로 바닥에 '쾅' 하고 떨어졌다.

그때 의자 밑에서 끔찍한 비명 소리가 들렸다. 토르가 돌 의자를 들어서 보니 못생긴 두 여자 거인이 으스러져 있었다. 게이로드의 딸 걀프와 그레이프가 돌 의자 뒤에 숨어 토르가 죽는 모습을 구경하려다가 도리어 봉변을 당한 것이다.

토르는 이를 바득바득 갈며 돌방을 나왔다. 거실에는 커다란 난로가 타오르고 있었고, 그 옆에는 팔이 긴 거인 게이로드가 서 있었다. 토르가 다가오자 거인은 집게로 난롯불 속에 시뻘겋게 달군 쇠막대기를 집어 토르에게 던졌다. 시뻘건 쇠막대기는 곧장 토르의 이마로 날아왔다. 토르는 노파가 준 장갑으로 뜨거운 쇠막대기를 잡았다. 그러고는 재빨리 쇠막대기를 게이로드에게 던졌다. 시뻘건 쇠막대기는 게이로드의 이마에 꽂혔고 거인은 불에 타들어가기 시작했다.

게이로드는 난롯불 속으로 고꾸라지더니 온몸이 불에 타올랐다. 토르는 지팡이와 장갑, 실을 주인에게 돌려주려고 그리드의 동굴로 향했다. 뒤를 돌아보니 게이로드의 집 전체가 마치 무스펠헤임의 불꽃처럼 타오르고 있었다.

로키가 신들의 과오를
폭로하다

바니르 신들이 에시르 신들을 파티에 초대했다. 바니르 신족의 수장인 프레이의 궁전에서 아스가르드의 신들이 오랜만에 친목을 다지게 되었다. 오딘과 티르가 참석했고, 비다르와 발리, 뇨르드, 프레이, 헤임달, 브라기도 자리했다. 프리가, 프레야, 이둔, 게르다, 스카디, 난나 등 에시르 신들의 아내와 바니르 신들의 아내들도 함께했다. 토르와 로키는 아스가르드를 떠나 있어 파티에 참석하지 못했다.

프레이의 궁전에 있는 그릇들은 모두 금빛으로 반짝였다. 황금 그릇들은 식탁 위를 환하게 밝혔다. 시종들은 이리저리 쉴 새 없이 돌아다니며 손님들을 대접했다. 로키가 연회장에 들어서기 전까지만 해도 파티는 즐겁고 화기애애했다.

로키가 연회장에 나타나자 프레이가 웃으며 빈자리로 안내했다. 그 자리는 브라기와 프레야 사이였다. 로키는 자리에 앉다 말고 큰 소리로 외쳤다.

"저는 브라기 옆에는 앉지 않을 겁니다. 아스가르드에서 가장 비겁한 신 브라기 옆에는 앉지 않을 거라고요!"

모욕감을 느끼는 브라기는 자리에서 벌떡 일어났다. 하지만 마음씨 착한 아내 이둔이 그를 진정시켰다. 프레야는 로키에게 흥겨운 파티에서 그런 이야기는 하는 게 아니라고 나무랐다. 그러자 이번에는 로키의 화살이 프레야를 향했다.

"프레야, 그렇다면 당신은 왜 남편 오두르와 함께 있을 때 지금처럼 교양 있게 행동하지 못했을까? 여자 거인들의 목걸이를 탐내느라 남편과의 신의를 저버리지 않았다면 좋았잖아?"

연회장에 참석한 신들은 모두 독기 어린 로키의 말투와 표정에 적잖이 놀랐다. 티르와 뇨르드는 자기도 모르게 자리에서 벌떡 일어났다. 오딘이 입을 열자 그제야 연회장이 조용해졌다.

"로키, 여기 내 아들 침묵의 신 비다르 옆에 앉아라. 이제 독한 소리는 여기까지만 하고."

"아, 오딘이시여. 에시르의 신들과 바니르의 신들은 모두 당신의 말에 귀를 기울이지요. 당신이 늘 지혜롭고 정의롭다고 생각하면서요."

로키는 이제 신들의 아버지까지 걸고넘어졌다.

"여러분, 바니르 신족이 보낸 사절단에게 창을 던지는 바람에 이 세계에 전쟁이 일어났던 것을 벌써 잊으셨나요? 아스가르드 주변에 성벽을 쌓아 준 거인에게 대가를 치르지 않고 속임수를 쓸 때도 신들의 아버지가 허락하셨죠. 오딘이시여, 신들은 모두 당신의 말에 귀를 기울이고 있습니다. 그런데 당신과 저의 몸값을 치를 때, 당신은 지혜의 샘물이 아닌 황금을 떠올렸었죠. 저에게 난쟁이의 보물을 훔쳐 오라고 시킨 것도 바로 당신 아닙니까? 오딘 당신께서 항상 옳고 지

헤로울 수는 없어요. 우리가 당신의 말은 늘 옳고 지혜롭다고 생각할 필요가 전혀 없다고요!"

로키의 말이 끝나자 뇨르드의 아내 스카디가 한마디 내던졌다. 역시 거인의 딸답게 화낼 때도 과격했다.

"저 시끄러운 까마귀를 당장 내쫓지 않고 뭐해요!"

"이봐, 스카디! 당신 아버지의 죽음은 여전히 보상받지 못했다는 사실은 잊지 않았겠지? 당신은 보상을 받기는커녕 남편을 얻은 것으로 만족했지. 남편을 죽인 자는 바로 나라고, 나 로키! 당신이 아스가르드에 와 있지만 난 아직도 보상하지 않았어!"

로키는 또 이번 연회를 베푼 프레이를 노려보았다. 신들은 이제 프레이 차례라고 생각했다. 그러자 용감한 검객 티르가 자리를 박차고 일어나 프레이 편을 들었다.

"프레이에게는 할 말이 없을 걸? 로키, 프레이만큼 너그러운 친구도 없어. 싸움에서 진 상대를 돌봐 주고 포로도 풀어 줄 정도로 마음씨 좋은 신이라고."

"티르, 그 입 다물어! 네 손에 쥔 검이 영원히 널 지켜 줄 거 같아? 앞으로 내 말 잘 기억해 두는 게 신상에 좋을 거야."

로키는 다시 프레이에게 매서운 눈길을 돌렸다.

"프레이, 당신이 연회를 베풀어서 신들은 내가 자네에게 아무 말도 안 할 거라고 생각하는 모양인데, 난 이런 뇌물 따위에 넘어가지 않아. 기미르의 순진한 딸 게르다를 속이려고 하인 스키르니르를 사주해 기미르의 집에 보냈잖아? 당신은 게르다의 친오빠를 죽여 놓고서도 게르다를 협박해 아내로 삼았지. 그리고 최후의 전쟁에서 거인들과 싸울 때 필요한 마법의 검도 게르다를 얻으려고 넘겨주었고. 호숫가의 파수꾼 벨리를 만났을 때도 마법의 검이 없어서 안타까워했잖

아?"

로키가 바니르 신족의 수장 프레이를 닦달하자 바니르의 신들이 로키를 때려눕힐 기세로 일어섰다.

"바니르의 신들이여, 당신들도 가만히 있으라고. 요툰헤임과 무스펠헤임의 군대가 쳐들어와 최후의 전쟁이 벌어질 때 당신들 바니르 신족도 비가르드 평원으로 나가 싸워야 하지. 그런데 이미 당신들은 패배한 것이나 다름없어. 프레이가 게르다를 얻으려고 마법의 검을 팔아먹었거든. 당신들은 프레이에게 속아서 불의 검을 들고 있는 괴물 수르트에게 질 수밖에 없단 말이야, 알아?"

로키가 꾸짖었다.

바니르의 신들은 전쟁의 패배를 함부로 예단하는 로키를 불같은 눈빛으로 바라보았다. 오딘이 말리지 않았다면 바니르의 신들은 당장이라도 로키를 때려눕혔을 것이다. 그때 연회장 입구에 누군가가 들어오고 있었다. 토르였다. 어깨에 망치 묠니르를 매고, 두 손에는 쇠 장갑을 끼고, 허리에는 힘을 배가시키는 허리띠를 둘렀다. 토르의 이글거리는 눈빛은 로키에게 꽂혀 있었다.

"하아, 로키 이 배신자 친구야! 나를 속여서 게이로드의 집에서 죽게 하려고 했다 이거지? 이제 네 놈이 내 망치에 죽을 차례로구나!"

토르가 팔을 번쩍 들어 로키에게 망치를 내던지려는 순간, 오딘의 목소리가 들려왔다.

"내 아들 토르야, 이곳에서는 살인하면 안 된다. 당장 망치를 거두어라."

토르의 성난 눈빛에 한껏 움츠러든 로키는 연회장을 재빨리 빠져나갔다. 그 길로 아스가르드 밖으로 나와 무지개다리 비프뢰스트를 건넜다. 로키는 비프뢰스트를 향해 저주를 퍼부었다. 하루 빨리 무스

연회장에서 토르에게 쫓겨나는 로키(C. 한센 作)

펠헤임 군대가 아스가르드에 들이닥쳐 이 무지개다리가 무너지길 바랄 뿐이었다.

미드가르드의 동쪽에는 요툰헤임보다 더 무시무시한 곳이 있었다. 철의 숲 야른비드(Jarnvid)였다. 그 숲에는 마녀 중에서도 가장 포악한 마녀들이 살고 있었다. 마녀들의 수장도 있었는데 그녀는 늑대의 형상을 한 자식들의 어머니이기도 했다. 그중 스콜(Skoll)과 하티(Hati)는 솔(해)과 마니(달)를 쫓아다녔다. 또 마나가름(Managarm)이라는 늑대는 살아있는 인간의 피를 머금은 채 달을 삼키는 바람에 온 하늘과 땅을 핏빛으로 물들였다.

로키는 바로 이곳 야른비드로 도망쳐 왔다. 그리고는 마녀 중 하나인 앙그르보다(Angrboda)와 결혼해 자식들을 낳았는데 그 모습이 너

무나도 섬뜩했다. 로키의 자식들은 라그나뢰크 때 에시르 신족과 바니르 신족이 맞서 싸워야 할 가장 힘겨운 상대였다.

오딘의 여전사 발키리

불의 세계인 무스펠헤임의 기병대와 거인의 나라 요툰헤임의 사악한 무리들이 쳐들어올 때를 대비해 오딘은 아스가르드에 군대를 마련했다. 이 군대의 전사들은 에시르 신족이나 바니르 신족이 아니었다. 미드가르드에서 벌어진 전투에서 죽은 인간들이었다.

오딘에게는 전장을 돌아다니며 전사들을 살게 할지 죽게 할지 선택하는 여전사들이 있었다. 이 여전사들은 미모가 뛰어나고 용감했으며, 오딘에게 마법의 룬 문자를 배워 지혜롭기까지 했다. 이들은 '전사자(戰死者)를 선택하는 자'라는 의미에서 발키리(Valkyrie)라고 불렸다.

발키리에게 전사자로 선택된 자들은 에인헤랴르(Einherjar)라고 칭했다. 오딘은 이 전사자들을 위해 발할라(Valhalla)라는 거대한 궁전을 마련해 놓았다. 발할라에는 총 540개의 문이 있었는데, 문 하나에 800명의 에인헤랴르가 한꺼번에 드나들 수 있었다. 에인헤랴르는 매일같이 갑옷을 입고 무기를 든 채 서로 전투를 치러야 했다. 용사들

오딘의 여전사 발키리(페터 니콜라이 아르보 作)

은 상처가 나도 금방 회복되었다. 하루의 전투가 끝나면 함께 모여 오딘이 준비한 만찬을 시끌벅적하게 즐겼다. 오딘도 만찬을 함께하며 술을 마셨지만 고기는 먹지 않았다.

    용사들은 특별히 제림니르(Sæhrimnir)라는 멧돼지 고기를 먹었다.

에인헤랴르에게 만찬을 베푸는 오딘(에밀 되플러 作)

이 멧돼지는 매일 도살되어 식탁에 고기로 올라왔지만 다음날 아침이면 다시 살아났다. 용사들이 먹는 술은 이그드라실의 잎사귀를 따 먹는 염소 헤이드룬(Heidrun)의 젖으로 담근 것이었다. 여전사 발키리들은 용사들 사이를 오가며 빈 술잔에 독한 술을 채웠다.

발키리 중 가장 어린 여전사는 브륀힐드(Brynhild)였다. 오딘은 다른 발키리들보다 브륀힐드에게 더 많은 마법의 룬 문자를 알려 주었다. 그리고 브륀힐드가 미드가르드로 여정을 떠날 때 백조 깃털로 만든 옷도 선사했다.

눈부신 백조 깃털 옷을 입은 여전사 브륀힐드는 아스가르드에서 미드가르드로 날아서 내려갔다. 어린 브륀힐드는 아직 미드가르드의

전쟁터에는 가 보지 못했다. 그녀는 오딘의 명령이 떨어지기 전까지 기다리면서 황금 모래가 펼쳐진 호숫가에서 목욕을 했다.

한편 이 호숫가에는 아그나르(Agnar)라는 젊은 용사가 살고 있었다. 어느 날 아그나르가 호숫가에 누워서 쉬고 있는데 갑자기 하늘에서 백조 한 마리가 눈부신 자태를 뽐내며 내려오는 게 보였다. 백조는 갈대숲에서 깃털 옷을 벗더니 어느새 아름다운 처녀로 변해 있었다.

처녀는 미모도 뛰어날 뿐 아니라 몸짓 하나하나가 날렵하고 힘이 느껴졌다. 아그나르는 그녀가 오딘의 여전사라는 걸 단박에 알아보았다. 겁 없는 젊은 용사는 오딘의 분노를 사더라도 처녀를 붙들어야겠다고 마음먹었다.

아그나르는 브륀힐드가 갈대숲에 벗어 놓은 백조 깃털 옷을 몰래 숨겼다. 물에서 나온 처녀는 백조 깃털 옷이 사라져 적잖이 당황스러웠다. 이제 하늘로 날아오를 수가 없었다. 그때 아그나르가 백제 깃털 옷을 들고 나타났다. 그 자리에서 브륀힐드는 옷을 돌려받는 대신 젊은 용사를 지켜 주는 여전사가 되겠다고 약속해야 했다.

브륀힐드는 아그나르와 대화를 나누어 보니 이 용사야말로 아스가르드에서 도움을 줄 만하다고 생각했다. 아그나르는 용감하고 훌륭한 청년이었다. 브륀힐드는 아그나르의 여전사가 되어 그를 따라다녔다. 브륀힐드는 자신이 알고 있던 마법의 룬 문자를 젊은 용사에게 알려 주었다. 아그나르는 지혜의 문자를 통해 놀라운 비밀을 알게 되었다. 오딘의 최후 소원은 지상의 용사들에게 달려 있고, 그가 친히 선택한 용사들을 데리고 아스가르드를 지키기 위한 전투를 치르게 될 것이라는 사실 말이다.

브륀힐드는 아그나르가 이끄는 부대와 늘 함께 다녔다. 전장의 하늘을 날아다니는 브륀힐드의 머릿결과 갑옷은 다른 전사들의 창과

오딘이 가장 아끼던 발키리 브륀힐드(아서 래컴 作)

칼, 방패보다 훨씬 빛났다.

하루는 백발의 수염을 가진 왕 헬름군나르(Helmgunnar)가 아그나르에게 싸움을 걸어왔다. 오딘은 헬름군나르를 좋아했기 때문에 그에게 승리를 안겨 주고 싶었다. 브륀힐드도 오딘의 뜻을 알았지만 헬름군나르가 아닌 아그나르가 승리하도록 도와주었다.

신들의 왕 오딘의 뜻을 거역한 브륀힐드는 그 즉시 벌을 받았다. 두 번 다시는 아스가르드에 발을 들여놓을 수 없었다. 이제 브륀힐드는 평범한 인간 여자로 살아야 했다. 운명의 여신 노른 세 자매는 브륀힐드의 운명의 실을 잡아당기기 시작했다.

오딘은 발키리 중에 가장 지혜롭고 아름다운 브륀힐드가 이제 아스가르드로 돌아오지 못한다는 사실에 적잖이 마음 아팠다. 발할라의 용사들에게 사기를 북돋워 줄 발키리를 잃게 된 것이 못내 서운했다. 결국 오딘은 다리가 여덟 개 달린 말 슬레이프니르를 타고 브륀힐드가 있는 곳을 찾아갔다. 하지만 오딘이 브륀힐드 앞에 나타났을 때 머리를 숙인 쪽은 브륀힐드가 아니라 오딘이었다!

브륀힐드는 아스가르드가 최후에 치르게 될 전쟁을 위해 인간 세계가 얼마나 큰 고통의 대가를 치러야 하는지 잘 알고 있었다. 오딘은 군대를 양성하기 위해 미드가르드에서 용감하고 훌륭한 전사들을 데려가고 있었다. 이러한 현실을 목도한 브륀힐드의 마음은 아스가르드의 신들에 대한 적대감으로 가득했다. 자신이 아스가르드의 일원이었다는 사실이 오히려 수치스러웠다.

오딘은 전혀 굴하지 않는 브륀힐드를 바라보며 이렇게 말했다.

"브륀힐드, 너의 남은 인생을 위해 내가 무언가 해 줄 수 있는 일이 없겠느냐?"

"아니요, 없어요. 다만 살아있는 동안 세상에서 가장 용맹하고 두

오딘이 잠들게 한 브륀힐드(아서 래컴 作)

려움 없는 용사로부터 청혼을 받고 싶어요."

오딘은 다시 한 번 고개를 숙이며 말했다.

"그래, 너의 소원대로 두려움을 모르는 용사만 네 곁에 올 수 있게 해 주마."

오딘은 난쟁이들에게 힌드펠(Hindfell)이라고 하는 산 정상에 남쪽을 향해 궁전 하나를 짓도록 명령했다. 그러자 난쟁이 열 명이 검은 돌로 궁전을 뚝딱뚝딱 지었다. 궁전이 완성되자 오딘은 활활 타오르는 불의 방벽으로 궁전 주위를 둘렀다.

그런 다음 '잠들게 하는 나무의 가시(Thorn of Sleep)'를 브륀힐드의 몸에 찔렀다. 브륀힐드가 잠이 들자 오딘은 그녀에게 투구를 씌우고 흉갑을 입혔다. 그러고는 그녀를 두 손으로 번쩍 들어 불의 방벽을 뚫고 궁전 안으로 들어갔다. 오딘은 궁전 안에 있는 침상 위에 브륀힐드를 눕혔다. 훗날 두려움을 모르는 용사가 이곳을 찾아와 깨울 때까지 브륀힐드는 잠든 채 누워 있어야 했다.

오딘은 브륀힐드와 작별 인사를 나눈 뒤 슬레이프니르를 타고 아스가르드로 돌아갔다. 오딘도 브륀힐드의 운명이 어떻게 될지 알 수 없었다. 하지만 오딘이 남기고 간 불의 방벽은 쉼 없이 타오르고 있었다. 오랫동안 그 불은 브륀힐드가 잠들어 있는 궁전에 든든한 울타리가 되어 줄 것이다.

로키가 낳은 자식들

로키와 그의 아내인 마녀 앙그르보다 사이에서 태어난 자식들은 인간의 모습을 하고 있지 않았다. 물이나 불 또는 공기처럼 뚜렷한 형체가 없었다. 그래서 나중에 각자 자신의 욕망에 걸맞은 모습이 주어졌다.

아스가르드의 신들은 이 악한 존재들이 세상에 태어났다는 사실을 듣고는 과연 어떤 모습을 하고 있을지 궁금했다. 그래서 철의 숲 야른비드로 전령 하나를 보내 로키에게 자식들을 아스가르드로 데려오라고 명령했다. 이렇게 해서 로키는 또 다시 아스가르드에 입성하게 되었다.

드디어 로키의 자식들이 신들 앞에 나타났다. 첫째 자식은 무엇이든지 파멸시키고자 하는 욕망이 강해 무시무시한 늑대의 형상을 하고 있었다. 그의 이름은 펜리르(Fenrir)였다. 둘째 자식도 무엇이든 자근자근 밟아 버리고 싶은 욕구가 강해 뱀의 모습을 하고 있었다. 그의 이름은 요르문간드였다. 셋째 자식은 살아있는 모든 생명을 말라

로키의 자식들(에밀 되플러 作)

죽이려는 욕망 때문에 그에 어울리는 형상을 하고 있었다. 아스가르드의 신들은 셋째의 기괴한 몰골을 보고 놀라 자빠질 뻔 했다. 셋째는 여자였는데 반은 살아있는 사람이고 반은 죽은 시체였다. 이름은 헬(Hel)이었다. 아스가르드의 신들은 헬의 모습을 보자 공포심에 사로잡혔다.

결국 헬은 신들의 눈에 보이지 않는 곳으로 쫓겨났다. 오딘이 헬을 번쩍 들어 지하 세계 깊은 곳, 즉 니플헤임으로 내던져 버린 것이다. 헬은 니플헤임에서 아홉 개의 지역을 다스리게 되었다. 헬이 통치하는 니플헤임은 온 우주에서 가장 낮은 곳에 있었다. 헬의 궁전은 엘

로키의 자식들을 내쫓는 아스가르드의 신들(로렌츠 프뢸리히 作)

비드니르(Elvidnir)였는데, 높은 담으로 둘러쳐져 있었고 문들은 모두 빗장이 걸려 있었다. 궁전의 문지방은 '낭떠러지'였다. 궁전 안에 있는 식탁은 '배고픔'이었고, 침대는 '근심'이었으며, 방에 걸린 액자는 '쓰라린 고통'이었다.

　토르는 괴물 뱀 요르문간드를 손에 쥐고는 세계를 둘러싸고 있는 망망대해로 내던졌다. 그런데 요르문간드는 죽지 않고 바다 깊은 곳에서 점점 자라났다. 덩치가 갈수록 커져 어느새 온 세계를 휘감을 정도가 되었다. 사람들은 이 뱀을 '미드가르드의 뱀'이라고 불렀다.

　한편 어떤 신에게도 붙잡히지 않은 늑대 펜리르는 아스가르드를 온통 헤집고 다녔다. 먹고 싶은 것을 맘껏 먹게 해 주겠다고 약속한 뒤에야 신들은 펜리르를 바깥뜰로 데리고 나올 수 있었다.

신들은 겁에 질린 나머지 펜리르에게 먹이를 주는 것도 꺼려졌다. 그나마 용감한 검객 티르가 늑대에게 먹이를 날라다 줄 수 있었다. 티르는 날마다 산처럼 먹이를 쌓아 놓고는 칼끝으로 먹이를 찔러 늑대에게 던져 주었다. 늑대는 하루가 다르게 자라 무시무시한 괴물이 되었다. 이제 아스가르드의 신들도 감당하지 못할 정도가 되었다.

결국 신들은 회의를 열어 펜리르를 묶어 두기로 결정했다. 처음에 신들은 레딩(Laeding)이라 불리는 쇠밧줄로 펜리르를 묶으려 했다. 신들의 대장간에서 만든 레딩은 토르의 망치보다 훨씬 더 무거웠다.

그런데 신들의 힘으로는 이 쇠밧줄로 늑대를 묶을 수 없었다. 신들은 프레이의 하인 스키르니르에게 늑대를 꼬드겨 포박하라고 시켰다. 스키르니르가 쇠밧줄을 끌고 펜리르 곁에 다가섰는데, 어마어마한 늑대의 덩치에 비하면 스키르니르는 조그마한 난쟁이에 불과했다.

"힘이 장사인 펜리르! 이 사슬을 끊을 수 있겠느냐? 신들께서 네 힘이 얼마나 센지 한번 시험해 보시고 싶다는구나."

스키르니르가 늑대를 꼬드겼다. 펜리르는 아니꼬운 눈으로 스키르니르가 끌고 온 쇠밧줄을 내려다보았다. 늑대는 여전히 어이없다는 표정을 지으며 한번 묶어 보라고 했다. 스키르니르는 쇠밧줄로 늑대의 온몸을 꽁꽁 휘감았다. 스키르니르는 이제 됐다 싶어 뒤로 물러섰는데, 늑대가 살짝 힘을 주자 쇠밧줄은 우지끈 끊어져 버렸다.

신들은 경악을 금치 못했다. 다시 정신을 차린 신들은 더 많은 쇳덩이를 가져다가 더 센 불로 더 강한 쇠밧줄을 만들었다. 이 쇠밧줄은 드로미(Dromi)라고 불렸는데, 레딩보다 1.5배는 더 튼튼했다. 이번에도 용감한 스키르니르가 드로미를 끌고 펜리르에게 다가갔다. 스키르니르는 코웃음치는 펜리르의 온몸을 더 단단한 쇠밧줄로 감았다.

펜리르가 몸을 흔들어 보았는데 이번에는 쇠밧줄이 꿈쩍도 하지 않았다. 펜리르는 성난 눈빛으로 으르렁거리며 몸을 쭉 뻗자 쇠밧줄 드로미가 우두둑 끊어져 버렸다. 늑대는 이글거리는 눈으로 스키르니르를 내려다보았다.

신들은 자기들이 만든 쇠밧줄로는 펜리르를 묶을 수 없다는 사실을 깨닫자 한층 더 두려움이 몰려왔다. 다시 회의를 열어 예전에 마법의 창 궁니르, 마법의 배 스키드블라드니르, 쇠망치 묠니르 등 놀라운 물건들을 만들어 준 난쟁이들을 생각해 냈다. 난쟁이들이 늑대를 묶을 쇠밧줄을 만들어 줄 수 있지 않을까? 그것만 가능하다면 신들은 난쟁이들의 영토를 충분히 넓혀 줄 생각이었다.

스키르니르는 아스가르드 신들의 뜻을 난쟁이들에게 전하러 스바르탈프헤임으로 내려갔다. 난쟁이들의 우두머리는 신들의 부탁을 듣자 어깨가 한층 으쓱해졌다.

"우리 난쟁이들은 그 늑대를 묶을 족쇄를 충분히 만들 수 있죠. 다만, 여섯 가지 재료를 섞어야 합니다."

"그 여섯 가지 재료가 무엇이오?"

스키르니르가 물었다.

"돌의 뿌리, 물고기의 숨결, 여자의 수염, 고양이의 발소리, 곰의 힘줄, 새의 침이 여섯 가지 재료이지요."

"고양이가 발소리를 낸다는 건 난생 처음 듣는데? 그리고 돌에서 난 뿌리나 여자의 수염도 여태껏 본 적이 없소. 뭐, 아무튼 신들을 위해 잘 좀 만들어 주길 부탁하오."

난쟁이 우두머리는 머지않아 이 여섯 가지 재료를 모두 구해 왔다. 난쟁이들은 대장간에서 여러 날을 밤낮으로 일해 쇠밧줄 하나를 만들어 냈다. 글레입니르(Gleipnir)라는 쇠밧줄은 명주실처럼 가늘고 부

드러웠다. 스키르니르는 글레입니르를 가져다가 아스가르드의 신들에게 바쳤다.

신들은 다시 한 번 모여 펜리르를 글레입니르로 묶을 모략을 꾸몄다. 그런데 기왕 묶을 거 아스가르드에서 멀리 있는 곳에 묶어 놓자고 했다. 신들이 가끔씩 기분 전환하러 놀러가던 링비(Lyngvi)라는 외딴섬이 있었다. 어느 날 신들은 펜리르에게 같이 놀러가자고 하자 펜리르도 좋다는 듯이 으르렁거렸다. 그리하여 무시무시한 덩치 펜리르와 신들이 링비 섬에서 한바탕 놀이를 즐기고 있었다. 그때 신들 중 하나가 또 다른 놀이를 하자면서 펜리르에게 가늘고 부드러운 밧줄 하나를 꺼내 보였다.

"펜리르, 이 밧줄은 네가 생각하는 것보다 훨씬 강하단다. 네가 이 밧줄을 끊을 수 있는지 한 번 볼 수 있을까?"

펜리르는 이글거리는 눈빛으로 신을 노려보며 말했다.

"그런 밧줄 하나 끊는다고 나에게 좋을 게 뭐지?"

신들은 일부러 펜리르에게 보여 주려고 너도나도 밧줄을 끊어 보려 했지만 아무도 성공하지 못했다.

"펜리르, 이 밧줄은 너처럼 힘센 친구만 끊을 수 있단 말이야!"

"밧줄이 가늘긴 하지만 마법이 걸려 있을지도 모르잖아?"

펜리르가 영 미덥지 못하다는 듯 고개를 저었다.

"펜리르, 너 역시 이 밧줄을 끊을 수 없는 게로구나. 그럼 우리가 굳이 너를 두려워할 필요도 없겠네."

신들이 약을 올리자 늑대는 자존심이 상하기 시작했다.

"이런 밧줄로 내 몸을 감는다는 게 썩 내키진 않지만, 나중에 밧줄을 풀어 준다는 보증으로 신들 중 하나가 내 입에 손을 넣는다면 한 번 생각해 보지."

티르의 손을 물어뜯은 괴물 늑대 펜리르
(조지 라이트 作)

아스가르드의 신들은 서로의 얼굴을 쳐다보며 깊은 고민에 빠졌다. 펜리르를 묶을 수만 있다면 모두에게 좋은 일이지만 누가 그 일을 위해 자신의 손을 기꺼이 희생하려 하겠는가. 신들은 서로 눈치만 보면서 뒤로 빠지려고 했다. 그때 용감한 검객 티르가 앞으로 나와 무시무시한 늑대의 아가리 앞에 왼손을 내밀었다.

"오, 티르 신이여. 왼손 말고 오른손을 내밀어야지."

펜리르가 으르렁거렸다. 검객 티르는 검을 쥐는 오른손을 펜리르의 아가리 속에 집어넣었다.

그러자 신들은 지체 없이 글레입니르로 펜리르를 꽁꽁 묶기 시작했다. 펜리르는 이글거리는 눈으로 자신을 묶고 있는 신들을 노려보았다. 밧줄이 다 감기자 늑대는 전처럼 큰 덩치의 몸을 쭉 뻗었다. 하지만 밧줄은 끊어지지 않았다. 그러자 격분한 늑대는 티르의 손을 덥석 물어 버렸고 티르의 손은 그대로 뜯겨 나갔다.

하지만 펜리르는 신들이 바라던 대로 밧줄에 꽁꽁 묶이고 말았다. 신들은 밧줄에 두꺼운 쇠사슬을 연결한 다음 구멍을 뚫어 놓은 거대한 바위에 넣어 묶어 버렸다. 괴물 늑대는 밧줄에서 벗어나려고 몸부림쳤지만 밧줄과 쇠사슬과 바위는 꿈쩍도 하지 않았다. 그제야 안심한 신들은 티르의 앙갚음을 하겠다는 듯 늑대의 아래턱에 티르의 검을 깊숙이 찔러 넣었다. 늑대는 고통스러워하며 끔찍한 비명을 질러 댔다. 늑대의 아가리에서는 거품이 철철 흘러나왔다. 그 거품은 이내 강을 이루었는데, 그 강의 이름은 본(Von)이다. 강물은 신들의 종말인 라그나뢰크가 올 때까지 끊임없이 흘러내렸다.

발두르의 운명

아스가르드에는 신들에게 힘과 기쁨을 주는 장소가 두 군데 있었다. 한 군데는 여신 이둔이 젊음의 사과를 관리하는 정원이고, 또 한 군데는 브레이다블리크(Breidablik)라는 '평화의 궁전'이었는데, 이곳에는 모든 이에게 사랑받는 발두르가 살고 있었다.

평화의 궁전에는 그동안 범죄를 저지르거나 피를 흘리거나 거짓말을 한 이가 아무도 없었다. 그래서 아스가르드의 신들은 이곳만 생각하면 마음이 편안해지고 만족스러웠다. 발두르가 머물고 있는 평화의 궁전이 없었다면, 아스가르드의 신들은 마음에 근심과 두려움을 주는 존재들 때문에 내내 우울한 기분으로 살았을지도 모른다.

발두르는 고결하고 기품이 넘치는 신이었다. 지상의 하얀 꽃들은 모두 발두르의 이름을 따서 불릴 정도로 그는 아름다운 신이었다. 지상의 모든 새가 발두르의 이름을 지저귈 정도로 기쁨이 넘치는 신이었다. 발두르가 내린 판결은 영원히 번복되지 않을 만큼 정의롭고 지혜로운 신이었다. 악하고 더러운 것은 그 어느 것도 발두르가 사는

곳에 가까이 올 수 없었다.

　발두르가 머무는
　평화의 궁전
　브레이다블리크에는
　악하고 더러운 것이
　조금도 없다네.

　발두르의 궁전에서는 모든 것이 치유되었다. 펜리르에게 물어뜯긴 티르의 손목도 이곳에서 회복되었다. 마법의 검을 아내와 맞바꾼 일로 로키에게 심하게 조롱을 당한 프레이도 이곳에서 근심을 덜 수 있었다.

　한편 괴물 늑대 펜리르를 먼 외딴섬에 가두어 놓은 신들은 얼마간 한시름 놓을 수 있었다. 신들은 평화의 궁전에서 새들이 지저귀는 노랫소리를 들으며 즐거운 나날을 보냈다. 시(詩)의 신 브라기도 이곳에서 토르의 거인 나라 모험담을 끝나지 않는 이야기로 엮어 신들에게 들려주었다.

　하지만 오래지 않아 발두르의 궁전에도 불길한 징조가 들이닥쳤다. 하루는 신들이 오두르와 프레야의 어린 딸 흐노사를 발두르의 궁전에 데려왔다. 어린 흐노사는 겁에 질려 있었는데 밖에서는 그 누구도 이 아이를 진정시킬 수 없었다. 발두르의 아내 난나는 흐노사를 무릎 위에 앉히고는 한참을 따뜻하게 달래 주었다. 그제야 흐노사도 입을 열어 자신이 꾼 악몽을 이야기하기 시작했다.

　흐노사는 헬이 나오는 꿈을 꾸었다. 반은 살아있는 사람이고 반은 죽은 시체인 니플헤임의 여왕 헬 말이다. 꿈에서 헬은 아스가르드에

성스러운 옥좌 흐리드스칼프에서 까마귀에게 세상 소식을 듣는 오딘(루드비히 피취 作)

나타나 이렇게 말했다.

"에시르 신족 중에 기품 있는 자를 내가 있는 지하 세계로 데려갈 것이다!"

흐노사는 이 악몽을 꾸고 나서 시름시름 앓았던 것이다. 흐노사의 꿈 이야기를 듣자 신들은 물을 끼얹은 듯 조용했다. 난나는 애석한

표정으로 신들의 아버지 오딘을 바라보았다. 오딘도 그의 아내 프리가를 보고는 마음속에 두려움이 있다는 것을 알아챘다.

오딘은 평화의 궁전을 나와 성스러운 옥좌인 흐리드스캴프로 올라갔다. 그곳에서 후긴과 무닌이 돌아오기만을 기다렸다. 이 두 까마귀는 매일 온 세상을 날아다니며 이곳저곳에서 일어나는 일들을 오딘에게 알려 주었다. 지금 오딘이 흐리드스캴프로 올라온 이유는 까마귀들을 통해 헬이 정말 아스가르드를 노리고 있는지, 신들 중 하나를 데려갈 힘이 있는지 알고 싶어서였다.

얼마쯤 시간이 흐른 뒤에 후긴과 무닌이 오딘 곁으로 날아왔다. 까마귀들은 오딘의 양 어깨에 한 마리씩 내려앉았다. 그리고 세계수 이그드라실에서 오르내리는 이야기들을 남김없이 오딘에게 전했다. 다람쥐 라타토스크가 헬이 있는 곳에 신을 맞이할 침대와 의자가 마련되어 있다는 이야기를 했다는 것이다. 라타토스크는 이 이야기를 뱀의 새끼들에게 들었다. 이그드라실의 뿌리를 갉아먹는 커다란 용 니드호그도 그 소식을 들었다. 라타토스크는 이 소식을 세계수 꼭대기에 사는 독수리에게도 전해 주었다. 까마귀로부터 소식을 들은 오딘은 신이 헬에게 잡혀 있는 것보다 펜리르가 아스가르드를 헤집고 다니는 편이 낫다고 생각했다.

오딘은 다리가 여덟 개 달린 말 슬레이프니르에 올라타고 니플헤임으로 내려갔다. 어둠과 적막이 가득한 세계를 삼일 밤낮으로 달렸다. 한 번은 니플헤임을 지키는 큰 사냥개 가름(Garm)이 튀어 나와 오딘의 뒤꽁무니를 계속 쫓아왔다. 개의 아가리에서 뚝뚝 떨어지는 피의 비린내가 오딘의 코를 자극했다.

마침내 오딘은 수의에 싸인 시체들로 그득한 죽음의 들판에 들어섰다. 말에서 내린 오딘은 그곳에서 누군가를 불러냈다. 바로 죽은

슬레이프니르를 타고 니플헤임을 향해 달려가는 오딘(W.G. 콜링우드 作)

예언자인 볼바(Volva)였다. 오딘은 죽은 자를 잠에서 깨우게 하는 마법의 룬 문자로 주문을 외우며 그녀의 이름을 불렀다. 그러자 죽은 자들로 뒤덮인 들판 한가운데서 신음 소리가 들려왔다. 오딘은 더 큰 소리로 외쳤다.

"일어나라, 예언자 볼바여!"

그 소리에 들판 한가운데 죽은 자들 사이에서 머리와 어깨가 불쑥 튀어나왔다.

"누가 예언자 볼바를 깨우는가? 상상도 못할 만큼 오랜 시간 동안 비는 내 몸을 적시고 폭풍우는 내 뼈를 떨게 했다. 살아있는 자의 목소리는 죽은 자들 사이에 잠들어 있는 나를 깨울 권리가 없다."

"나 방랑객 벡탐이 당신을 불렀소이다. 헬의 처소에 빈 침대와 의자는 누구를 위해 준비된 것이오?"

"그것은 오딘의 아들 발두르를 위한 것이오. 이제 나를 죽은 자들 가운데로 다시 돌려보내 주시오."

그런데 오딘은 볼바의 예언보다 더 뒷일을 보고 있었다.

"저 자는 누구인가? 고개를 빳빳이 들고 발두르에게 일어난 일을 전혀 슬퍼하지 않은 저 자는 누구냐 말이야? 예언자 볼바여, 어서 대답해 보시오!"

예언자 볼바에게 앞날의 일을 물어보는 오딘(로렌츠 프룀리히 作)

"당신은 앞날을 내다보지만 분명하게 볼 수는 없나 보구려. 당신은 오딘이시군요. 나는 미래를 분명히 볼 수는 있지만 그렇게 멀리까지 내다볼 수는 없소. 이제 그만 나를 돌려보내 주시오."

"예언자 볼바여!"

오딘이 다시 외쳤다. 하지만 죽은 자들 사이에서 이런 목소리가 들려왔다.

"이제 나를 깨울 수 없소. 무스펠헤임의 불꽃이 내 머리 위에서 타오르기 전까지는…."

죽음의 들판이 다시 적막에 잠기자 오딘은 슬레이프니르에 올라타 말머리를 돌렸다. 올 때처럼 몇 날 며칠을 달려 죽음의 세계를 빠져나와 아스가르드로 돌아왔다.

프리가도 남편 오딘이 느끼는 두려움을 똑같이 느끼고 있었다. 프리가는 사랑하는 아들 발두르의 얼굴을 바라보았다. 프리가와 발두르 사이에 헬의 그림자가 드리워졌다. 하지만 프리가는 평화의 궁전에서 지저귀는 새의 노랫소리를 들으며 이 세상의 어떤 것도 발두르를 해치지 못할 것이라고 굳게 믿었다.

프리가는 온 세계를 돌아다니며 세상 만물로부터 발두르를 해치지 않을 것이라는 다짐을 받았다. 불과 물, 쇠를 비롯한 온갖 금속, 흙과 모래와 나무, 새와 짐승과 뱀, 심지어 독과 질병에게까지 그 약속을 받아 냈다. 이 모든 만물이 프리가에게 발두르를 절대 해치지 않겠다고 맹세했다.

프리가는 아스가르드로 돌아와 신들에게 자신이 한 일을 알리자 무거웠던 아스가르드의 공기도 한층 가벼워졌다. 발두르는 더 이상 해를 입지 않아도 되었다. 헬이 아무리 죽음의 세계에 자리를 만들어

놓았다 해도 불과 물, 쇠를 비롯한 온갖 금속, 흙과 모래와 나무, 새와 짐승과 뱀, 심지어 독과 질병이 헬을 도와 발두르를 죽음의 세계로 데려갈 수는 없었다.

"이제 헬에게는 너를 끌어들일 만한 무기가 전혀 없어."

아스가르드의 신들은 발두르를 안심시켰다.

기쁨에 겨운 아스가르드의 신들은 발두르의 무사안위를 기념하는 의미로 놀이 하나를 만들어 냈다. 평화의 궁전에 발두르를 세워 놓고 그를 해치지 않겠다고 맹세한 온갖 것들을 그에게 던져 보는 것이었다. 전투에서 무기로 쓰는 도끼도 투석기의 돌도 발두르의 몸에 상처 하나 내지 못했다. 활활 타오르는 횃불

어떤 물건을 던져도 해를 입지 않는 발두르
(엘머 보이드 스미스 作)

이나 큰 폭우도 그를 해치지 못했다. 아스가르드의 신들은 어떤 것을 던져도 발두르의 몸에서 다 튕겨 나가자 즐거운 듯 껄껄 웃어댔다. 난쟁이들과 온순한 거인들도 몰려와 놀이를 함께 즐겼다.

로키는 먼발치에서 놀이를 즐기는 군중을 바라보았다. 온갖 무기

와 물건으로 맞았는데도 발두르가 싱글벙글 웃으며 즐거워하는 모습이 참 의아했다. 로키는 궁금증을 참을 수 없었지만 신들에게 차마 직접 물어보지는 못했다.

로키는 노파로 변장해 놀이를 즐기는 군중 속으로 들어갔다. 난쟁이들과 온순한 거인들에게 이유를 물어보니 한결같이 프리가에게 가서 물어보라고 대답했다.

그래서 로키는 프리가가 살고 있는 궁전 펜살리르로 갔다. 로키는 그 궁전에 있는 이들에게 자신은 그로아(Groa)라는 여자 마법사라고 소개했다. 그러면서 자기가 예전에 토르의 머리에 박힌 숫돌 조각을 빼내 준 적이 있다고 이야기했다. 프리가도 그로아가 했던 일을 잘 알고 있었기 때문에 진심으로 감사하다고 했다.

"나는 내가 알고 있는 주문을 몽땅 외워서 수없이 많은 숫돌 조각을 빼냈지요."

가짜 그로아가 말했다.

"토르 님은 제게 고마워하며 집을 떠난 남편을 돌아오게 해 준다고 약속했죠. 저는 죽은 줄만 알았던 남편이 살아있다는 소식을 듣고 기쁜 나머지 그만 나머지 주문을 까먹고 말았답니다. 그래서 토르의 머릿속에는 아직도 숫돌 조각이 몇 개 남아 있을 겁니다."

로키의 이야기는 사실이었다.

"이제 주문의 나머지 부분이 다시 생각났지요. 그래서 남은 조각을 꺼내 주고 싶습니다. 그나저나 프리가 님, 밖에서 아스가르드의 신들이 물건을 집어던지면서 즐거워하던데 왜 그런 거죠?"

"내 아들 발두르에게 크고 위험한 물건을 던지고 있는 거예요. 그런데 금속이든 돌이든 나무든 어떤 것도 내 아들을 해치지 못하죠. 신들은 그걸 보고 즐거워하는 거고."

프리가는 가짜 노파를 바라보며 친절하게 설명해 주었다.

"어째서 아들을 해치지 못하지요?"

"세상 모든 만물에게 발두르를 해치지 말아 달라고 맹세를 받아 두었거든요."

"세상 모든 만물이라고요? 여신님, 그렇다면 이 세상 어느 것도 발두르를 해칠 수 없다는 말인가요?"

"아, 사실은 맹세를 받아 두지 못한 게 딱 하나 있긴 해요. 그렇지만 작고 연약해서 굳이 맹세를 받지는 않았어요."

"여신님, 그게 뭔가요?"

"뿌리도 없고 힘도 없는 겨우살이지요. 발할라 궁전 동쪽에 자라나 있어요."

"그렇죠. 겨우살이 제깟 게 발두르 신을 해칠 수 있겠어요?"

가짜 노파는 이렇게 말하고는 절뚝거리며 밖으로 나갔다. 얼마 가지 않아 가짜 노파는 걸음걸이를 바꾸더니 발할라 궁전 동쪽으로 냉큼 뛰어갔다. 그곳에는 커다란 떡갈나무 한 그루가 보기 좋게 우거져 있었고, 나뭇가지 하나에 정말 겨우살이가 자라고 있었다. 로키는 그 작은 가지를 꺾어서 손에 들고는 아스가르드의 신들이 놀이를 하고 있는 곳으로 쏜살같이 달려갔다.

로키가 가까이 다가왔을 때, 신들뿐 아니라 난쟁이들과 거인들도 온갖 물건을 던지면서 신나게 웃고 있었다. 그런데 모두 즐거워하는 가운데 단 한 명만 놀이를 즐기지 못하고 있었다. 바로 발두르의 동생 회두르였다. 회두르는 장님이라 아무것도 보지 못하고 우두커니 서 있었다.

"당신은 왜 놀이에 참여하지 않나요?"

로키가 목소리를 바꿔 회두르에게 물었다.

발두르의 죽음(C.W. 에케르스베르크 作)

"발두르에게 던질 무기가 없어요."

회두르가 시무룩하게 대답했다.

"이걸 한번 던져 봐요. 겨우살이가 붙어 있는 가지예요."

"난 앞이 보이지 않아요."

"내가 팔을 잡고 알려 줄게요."

그러더니 로키는 회두르의 손에 겨우살이가 붙어 있는 가지를 쥐

어 주었다. 회두르는 로키의 안내에 따라 발두르에게 가지를 던졌다. 가지는 발두르의 가슴에 그대로 꽂혔다. 발두르는 신음 소리를 내며 땅바닥에 쓰러져 버렸다.

신들과 난쟁이들과 거인들은 너무 놀란 나머지 제자리에 멈춰 서 있었다. 로키는 슬그머니 자리를 빠져 나왔다. 회두르는 자기가 던진 겨우살이 가지가 발두르의 생명을 앗아간지도 모른 채 조용히 서 있었다.

이윽고 평화의 궁전에서는 여신들의 울부짖는 소리가 터져 나왔다. 발두르는 그렇게 죽었다. 여신들이 통곡하고 있을 때 오딘이 다가왔다.

"헬이 우리에게서 발두르를 데려갔다."

오딘과 프리가는 고개를 숙여 사랑하는 아들의 싸늘한 시신을 내려다보았다.

"아니요, 그렇지 않아요."

프리가가 단호하게 말했다.

아스가르드의 신들이 조금 진정이 되자 발두르의 어머니 프리가가 이렇게 말했다.

"혹시 여러분 중에 나의 사랑과 호의를 얻고 싶은 분 없나요? 누구라도 좋아요. 헬에게 가서 발두르 대신 그의 몸값을 받겠냐고 물어봐 주세요. 헬이 몸값을 받고 발두르를 돌려보내 줄 수도 있잖아요. 누가 가겠습니까? 오딘의 말 슬레이프니르가 준비되어 있어요."

말이 끝나기 무섭게 발두르의 동생인 날쌘 헤르모드(Hermod)가 앞으로 나왔다. 헤르모드는 다리가 여덟 개 달린 말 슬레이프니르를 타고 헬이 다스리는 지하 세계로 달려갔다.

헤르모드는 아홉 날을 밤낮으로 달렸다. 길은 갈수록 험하고 어두워졌고 협곡도 지나야 했다. 이윽고 골(Giöll) 강에 도착하자 온통 금으로 반짝이는 다리가 보였다. 그 다리를 지키는 창백한 여인 모드구드(Modgud)가 헤르모드에게 물었다.

"아직 살아있는 것 같은데 왜 죽음의 세계로 가려고 하죠?"

"나는 헤르모드라고 하오. 헬이 우리 형 발두르를 살려 주고 몸값을 받을 것인지 물어보러 가는 길이오."

"헬의 궁전은 들어가기 쉽지 않은 곳이에요. 궁전은 높은 담으로 둘러쳐져 있고 궁전의 문지방은 '낭떠러지'이지요. 궁전 안에 있는 식탁은 '배고픔'이고, 침대는 '근심'이며, 방에 걸린 액자는 '쓰라린 고통'이에요."

"어쨌든 헬은 발두르를 살려 주고 그의 몸값을 받아 주겠지."

"만약 세상 만물이 발두르를 여전히 애도하면 헬도 몸값을 받고 발두르를 보내 줄지도 모르죠."

금빛 다리를 지키는 창백한 여인 모드구드가 말했다.

"세상 만물이 발두르를 애도할 거요. 그러니 헬도 발두르 대신 몸값을 받을 거고."

"정말 세상 만물이 발두르를 여전히 애도하는지 확실히 확인할 때까지는 이 다리를 건널 수 없어요. 지상으로 돌아가 확인하고 오면 이 다리를 건너게 해 주죠. 헬 역시 당신의 말을 들을 겁니다."

"그럼 다시 돌아오겠소. 그때는 다리를 건너게 해 주시오."

"그렇게 하지요."

헤르모드는 기쁜 마음으로 슬레이프니르를 타고 지상 세계로 말을 몰았다. 지상 세계로 올라와 보니 여전히 만물이 발두르의 죽음을 안타까워하며 애도하고 있었다. 헤르모드는 지상 세계에서 우연히 바

니르 신족을 만나 이 기쁜 소식을 전했다.

헤르모드와 바니르 신족은 온 세상을 돌아다니며 만물이 아직도 발두르를 애도하고 있는지 하나하나 확인했다. 그러던 어느 날 헤르모드는 죽은 나뭇가지에 앉아 있는 까마귀 한 마리를 보았다. 헤르모드가 가까이 다가가서 보니 까마귀는 전혀 슬퍼하는 기색이 없었다. 까마귀가 날아오르자 헤르모드는 그 새가 발두르를 위해 슬피 우는지 확인하기 위해 뒤따라갔다.

헤르모드는 어느 동굴 근처에서 까마귀를 놓치고 말았다. 어쩔 줄 몰라 하고 있는데 동굴 앞에 이가 새까만 마귀할멈이 보였다. 마귀할멈도 발두르의 죽음을 안타까워하는 것처럼 보이지 않았다.

"네가 방금 이리로 날아온 까마귀라면, 발두르를 위해 슬피 울어다오."

헤르모드가 마귀할멈에게 사정했다.

"나는 발두르를 위해 애도하지 않을 것이오. 헬이 붙잡은 자를 계속 붙들게 내버려 두시오."

마귀할멈이 말했다.

"세상 만물이 발두르를 위해 눈물을 흘리고 있어."

"그럼 내가 마른 눈물을 흘리리라."

마귀할멈은 그렇게 말하고는 동굴 속으로 절뚝거리며 들어갔다. 헤르모드가 뒤따라 들어가려 하자 동굴 속에서 까마귀 한 마리가 푸드득거리며 튀어나왔다. 헤르모드는 까마귀로 변신한 마귀할멈이라는 걸 금세 알아챘다. 까마귀는 온 세상을 돌아다니며 헬이 붙잡은 자를 계속 붙들게 내버려 두라고 '까악까악' 외쳤다.

헤르모드는 이제 헬의 궁전에는 갈 수 없게 되었다. 이미 모든 만물이 발두르를 애도하지 않는 존재가 있다는 걸 알아 버렸기 때문이다.

바니르 신족은 헤르모드에게 다시 모여들었다. 헤르모드는 고개를 푹 숙인 채 아스가르드로 돌아왔다.

이제 아스가르드에 있는 모든 신들도 헬이 발두르의 몸값을 받지 않는다는 것을 알게 되었다. 따라서 아스가르드의 기쁨과 행복도 사라질 거라는 것도 알았다. 신들은 발두르의 시신을 화장할 준비를 했다. 우선 발두르의 시신에 값진 옷을 입히고 그가 가장 소중하게 여기던 물건을 옆에 내려놓았다. 그런 다음 한 명씩 발두르의 이마에 입을 맞추면서 작별 인사를 했다. 그때 발두르의 아내 난나가 발두르의 가슴 위로 풀썩 쓰러지더니 심장 마비로 죽고 말았다. 신들은 별안간 줄초상을 치르며 눈물을 한없이 쏟았다. 난나의 시신도 남편 발두르 옆에 나란히 눕혀 놓았다.

발두르는 아내 난나와 함께 커다란 배 링호른(Ringhorn)에 실렸다. 링호른을 물에 띄어 불에 태우려고 했다. 그런데 신들은 누구 하나 이 커다란 배를 물에 띄울 만큼 힘이 세지 않았다. 할 수 없이 히로킨(Hyrrokin)이라는 여자 거인을 불러왔다. 히로킨은 뱀들을 꼬아서 고삐처럼 움켜쥔 채 큰 늑대를 타고 아스가르드로 올라왔다. 여자 거인이 힘을 한 번 주자 배는 곧 바다 위에 띄워졌다. 배는 바다로 나가면서 불이 붙기 시작했다.

물에 뜬 배에는 불길이 점점 세게 타올랐다. 그때 불길 속에서 누군가 발두르의 귀에 대고 속삭였다. 다름 아닌 신들의 아버지 오딘이었다. 오딘이 배에서 내려오자 불길이 갑자기 거세게 치솟았다. 이 광경을 지켜보던 신들은 울음바다가 되었다. 세상 만물도 소리 높여 울었다. "아름다운 신 발두르 님이 돌아가셨다!"

그런데 오딘은 불길 속에서 발두르에게 무슨 말을 했을까? 오딘은 아스가르드의 하늘 위에 수르트의 화염이 닿지 못하는 세계가 있고,

링호른에 실리는 발두르의 시신(W.C. 콜링우드 作)

인간 세계와 신의 세계가 모두 불탄 뒤에 아름다운 세상이 올 것이라
고 이야기했다.

로키가 천벌을 받다

"헬이 붙잡은 자를 계속 붙들게 내버려 둬! 헬이 붙잡은 자를 계속
붙들게 내버려 두라고!"

까마귀는 이렇게 '까악까악' 외쳐대며 북쪽으로 날아갔다. 이 까
마귀는 마귀할멈이 변신한 것이었고, 마귀할멈은 사실 변장한 로키
였다.

로키는 요툰헤임의 황량한 벌판으로 날아갔다. 신들의 분노를 피
해 그곳에서 까마귀로 변신한 채 살아갔다. 로키는 거인들에게 드디
어 죽은 자의 손톱으로 만든 배 나글파르를 만들 때가 되었다고 알
렸다. 나글파르는 라그나뢰크가 올 때 거인들이 아스가르드로 몰고
갈 배였다. 거인들은 로키의 말을 듣자마자 나글파르를 만들기 시작
했다. 나글파르는 신들과 인간들이 영원히 만들어지지 않기를 바라
는 배였다. 로키는 요툰헤임의 황량한 벌판에 신물이 나자 불길이 타
오르는 남쪽으로 내려갔다. 그곳 무스펠헤임에서는 도마뱀으로 변해
바위틈에서 살았다. 그러면서 프레이가 아내를 버리고 마법의 칼을

얻은 이야기나 티르의 한쪽 손이 없어진 이야기 등을 떠벌리며 불의
거인들의 사기를 높였다.

이러한 와중에도 아스가르드에는 로키 때문에 눈물을 짓는 이가
있었다. 로키의 아내 시긴(Sigyn)이었다. 비록 자신을 미워하며 떠나
버렸지만 시긴은 그런 못된 남편을 안타까워하며 눈물을 흘렸다.

로키는 다시 무스펠헤임에서 나와 인간 세계에서도 지냈다. 인간
세계는 분에 찬 신들이 자신을 얼마든지 발견할 수 있는 곳이기 때문
에 언제라도 도망칠 준비를 했다. 예전에 어느 마법사의 아들인 수달
을 죽였던 그 강의 바위 위에 집을 지었다. 집에는 사방이 잘 보이도
록 문 네 개를 달았다.

로키는 연어로 변신할 수 있는 마법의 힘을 가지고 있었다. 그래서
종종 연어로 변신해 강물 속을 헤엄쳐 다녔다. 로키는 자기 옆을 헤
엄쳐 지나가는 물고기에게까지 증오심을 품었다. 로키는 아마실로
물고기를 잡는 그물을 만들기도 했다.

한편 로키를 향한 신들의 분노는 식을 줄 몰랐다. 발두르 대신 몸값
을 지불하지 못하도록 막은 까마귀가 바로 로키 아니었던가. 발두르
의 목숨을 앗아간 겨우살이 가지를 회두르에게 쥐어 준 당사자도 로
키였다. 평화의 궁전에서 발두르가 사라지고 나서 아스가르드는 쓸쓸
하고 삭막한 곳이 되었다. 신들은 자신들에게 덮친 비극을 생각하면
마음이 무겁고 우울했다. 오딘은 발할라 궁전에서 아스가르드를 지킬
용사를 어떻게 하면 모을 수 있을지 궁리하는 데 여념이 없었다.

신들은 온 세상을 구석구석 뒤진 끝에 드디어 로키가 사는 곳을 찾
아냈다. 신들이 몰려오고 있을 때 로키는 마침 그물을 만들고 있었
다. 로키는 그물을 불 속에 집어넣고는 물속으로 뛰어들어 연어로 변
신했다. 신들이 로키의 집에 들어섰을 때는 이미 불이 다 타고 재만

남은 상태였다.

그런데 신들 중 하나가 잿더미 속에서 무언가를 발견했다. 로키가 만들다 내버린 그물이었다. 신들은 똑같은 그물을 만들어 냈다. 신들은 강으로 내려가 그물을 물속에 던졌다. 로키는 자신이 만든 것과 똑같은 그물이 내려오자 깜짝 놀랐다. 그물을 피해 바위 사이로 몸을 숨겼다. 아슬아슬하게도 로키 바로 위로 그물이 지나갔다.

신들은 강바닥에서 무언가 그물에 스치고 지나간 것을 느꼈다. 추를 더 달아 무겁게 한 다음 그물을 다시 던졌다. 로키는 이번에는 강바닥으로 피하지 않고 헤엄쳐 바다로 나가려 했다. 물 위로 연어가 튀어 오르며 헤엄쳐 가는 것을 본 신들은 그 뒤를 쫓아갔다. 토르는 물속으로 들어가 로키를 뒤쫓았다. 혹시라도 방향을 틀어 뒤로 돌아오면 잡을 생각이었다.

로키는 어느덧 강 하구까지 헤엄쳐 내려갔다. 그런데 바다 위에서 독수리 한 마리가 물고기를 잡아먹으려고 빙빙 돌고 있는 것이 아닌가! 로키는 하는 수 없이 강 쪽으로 방향을 틀어 거슬러 올라갔다. 로키는 한 차례 튀어 올라 신들이 쳐 놓은 그물을 뛰어넘었다. 그런데 아뿔싸! 그물 바로 뒤에 토르가 서 있었다. 토르는 솥뚜껑만한 두 손으로 연어를 사로잡았다. 로키는 젖 먹던 힘을 다해 빠져나오려고 했지만 토르의 아귀힘이 만만치 않았다. 토르는 파닥거리는 연어의 꼬리를 붙잡은 채 뭍 위로 올라갔다. 로키는 원래 모습으로 돌아왔지만 여전히 토르의 손아귀에 있었다.

분노가 극에 달한 신들은 로키를 동굴로 끌고 가 바위에 꽁꽁 묶어 두었다. 늑대의 힘줄로 만든 밧줄로 묶었는데, 신들은 그 밧줄을 쇠밧줄로 변하게 만들었다. 뇨르드의 아내인 거인 스카디는 로키를 이렇게 내버려 두자니 뭔가 아쉬웠다. 스카디는 어디선가 독액을 내뿜

로키의 고통을 줄여 주기 위해 컵으로 뱀의 독액을 받고 있는 시긴(C.W. 에케르스베르크 作)

는 뱀을 찾아 로키의 머리 위에 매달아 놓았다. 독액이 로키의 머리 위에 한 방울씩 떨어지면서 로키를 서서히 고통스럽게 만들었다. 로키는 평생 이 고문 속에서 지내야 했다.

　이 소식을 들은 로키의 아내 시긴이 로키를 찾아왔다. 시긴은 남편의 고통을 조금이나마 덜어 주고자 이 냉동고 같은 동굴 속으로 들어왔다. 컵을 들고 뱀의 독액이 로키의 머리 위로 떨어지지 않도록 막았다. 그 덕분에 로키는 독액의 고통에서 벗어날 수 있었다. 하지만 독액이 가득 찬 컵을 비우려고 잠시 돌아서면 그 사이에 독액이 로키의 머리 위로 떨어졌다. 로키는 너무도 고통스러운 나머지 온몸을 비틀며 괴성을 질렀다. 그때마다 인간들은 지진이 일어나는 걸 느낄 수 있었다. 로키는 라그나뢰크가 올 때까지 그렇게 묶여 있어야만 했다.

제4부

볼숭의 검과
신들의 황혼

시구르드의 어린 시절

미드가르드의 북쪽 왕국은 알브(Alv)라고 하는 왕이 통치하고 있었다. 지혜롭고 선한 왕 알브에게는 시구르드(Sigurd)라는 양아들이 있었다. 시구르드는 용감하고 강인한 사내였다. 한 번은 숲 속에 있는 곰을 사냥해 왕궁까지 끌고 온 적도 있었다. 시구르드의 어머니는 히오르디스(Hiordis)였다.

시구르드가 태어나기 전, 왕자였던 알브와 그의 아버지는 바다 건너 다른 나라로 여행을 떠났다. 여행 도중 먼 곳에서 큰 전투가 일어나는 소리가 들렸다. 알브와 그의 아버지는 소리가 나는 쪽으로 가 보았다. 그들이 도착했을 때는 이미 전투가 끝났고, 전장에 살아남은 사람은 한 명도 보이지 않았다. 넓은 벌판에는 죽은 시신들만 그득했다. 시신들 사이에 한 전사가 눈에 들어왔다. 어디선가 본 적이 있는 듯한 백발의 노장이었다. 그가 쥐고 있던 무기를 보고 이 군대를 지휘한 왕인 것을 알 수 있었다.

알브와 그의 아버지는 숲 속을 돌아다니며 전투에서 살아남은 자

를 찾아보았다. 그때 숲 속 작은 골짜기에서 두 명의 여인이 나왔다. 한 명은 키가 크고, 눈빛이 푸르고 당당하며, 머릿결이 붉은 색이었는데 하녀의 옷을 입고 있었다. 다른 한 명은 여왕의 옷을 입고 있었지만 왜소하고 행동 역시 의기소침해 보였다.

알브와 그의 아버지가 가까이 다가가자 여왕의 옷을 입고 있던 여인이 말했다.

"나리, 우리 좀 도와주세요. 우리를 보호해 주시면 보물을 숨겨둔 곳을 알려 드릴게요. 방금 전에 리그니(Lygin) 왕과 시그문드(Sigmund) 왕이 큰 전투를 치렀어요. 리그니 왕이 승리하고 전장에서 떠났죠. 하지만 시그문드 왕은 전사했어요. 우리는 시그문드 왕의 가족인데 그분의 보물을 숨겨 두었어요. 그래서 나리들께 알려 드릴 수 있습니다."

"그렇다면 백발의 전사가 바로 시그문드 왕이란 말이오?"

"네, 제가 시그문드 왕의 부인입니다."

"우리도 시그문드 왕에 대해 들어본 적이 있소. 시그문드 왕과 그의 가문인 볼숭(Volsung) 가문의 명성은 온 세상이 다 알고 있소."

알브의 아버지가 말했다.

알브는 아무 말 없이 있었지만 그의 시선은 자꾸 하녀 옷을 입은 여인에게 끌렸다. 하녀 옷을 입은 여인은 부러진 칼 두 조각을 짐승 가죽으로 싸맨 채 무릎을 꿇고 있었다.

"나리들께서 저희를 보호해 주실 거라 믿습니다."

여왕의 옷을 입은 여인이 말했다.

"알겠소. 시그문드 왕의 여인이여, 우리가 당신과 당신의 종을 보호해 드리리다."

알브의 아버지가 대답했다.

명검 그람을 들고 있는 시그문드(아서 래컴 作)

두 여인은 알브와 그의 아버지를 바닷가로 데려가 바위틈에 숨겨놓은 시그문드 왕의 보물을 보여 주었다. 황금 잔과 화려한 팔찌, 보석으로 장식된 목걸이 등 온갖 보물이 숨겨져 있었다. 알브 왕자와 그의 아버지는 보물을 배에 싣고 두 여인과 함께 고국으로 돌아왔다.

알브의 어머니는 지혜로웠고 기억력도 좋았다. 그녀는 아들과 남편이 데려온 두 여인을 자세히 살펴보았다. 한 명은 당당한 눈빛에 아름다운 외모를 지녔지만 하녀 옷을 입고 있었고, 또 한 명은 의기소침하고 불안해 보이지만 왕비 옷을 입고 있었다. 어느 날 저녁 궁전 여인들이 방에 빙 둘러 앉아 햇불 아래에서 실을 잦고 있었다. 그때 알브의 어머니가 왕비의 옷을 입은 여인에게 말을 걸었다.

"왕비께서는 아침에 잘 일어나시던데, 어떻게 어스름한 시간에도 아침이 온 걸 알 수 있나요?"

그러자 왕비 옷을 입은 여인이 말했다.

"어렸을 때 아침마다 소젖을 짰어요. 그때부터 매일 같은 시간에 일어났죠."

알브의 어머니는 속으로 '왕족의 여인이 아침마다 소젖을 짜는 나라도 있나?' 라고 생각했다.

이번에는 하녀 옷을 입은 여인에게 말을 걸었다.

"그럼 자네는 어스름한 시간에 어떻게 아침이 오는 걸 알 수 있지?"

"제 아버지께서 이 금반지를 주셨습니다. 항상 아침이 오기 전에 이 금반지가 차가워지는 걸 느꼈죠."

알브의 어머니는 이번에도 속으로 '하녀가 금반지를 끼는 나라도 있나?' 라고 생각했다.

다른 여인들이 모두 자리를 떠나고 알브의 어머니와 타국에서 온 두 여인만 방 안에 남게 되었다. 알브의 어머니는 하녀 옷을 입고 있는 여인에게 말했다.

"당신이 왕비 아니십니까?"

그러자 왕비 옷을 입고 있던 여인이 서둘러 말했다.

"맞습니다. 이분이 왕비님 맞아요. 저는 더 이상 왕비님 흉내를 못 내겠어요."

하녀 옷을 입은 여인도 입을 열었다.

"제가 죽은 시그문드 왕의 아내입니다. 시그문드 왕께서 제가 적군에 노출되지 않게 하려고 하녀와 옷을 바꿔 입게 했습니다."

시그문드 왕의 아내는 계속 말을 이었다.

"제 이름은 히오르디스입니다. 예전에 많은 사내들이 왕이신 제 아버지께 와서 저와의 결혼을 허락받으려고 했습니다. 그중에는 전부터 이야기를 많이 듣던 두 사람도 있었습니다. 리그니 왕과 볼숭 가문의 시그문드 왕이었죠. 제 아버지는 두 사람 중 하나를 고르라고 했습니다. 저는 나이는 많지만 유명한 용사인 시그문드 왕을 선택했습니다.

우리는 곧바로 결혼식을 올렸습니다. 하지만 리그니 왕은 그때까지도 저에 대한 욕심을 버리지 않았어요. 그래서 많은 군대를 이끌고 시그문드 왕의 왕국을 침입했습니다. 우리는 급히 바닷가에 보물을 숨겼죠. 그리고 저와 하녀는 숲 속에서 전투를 지켜보았습니다. 시그문드 왕은 명검 그람(Gram)을 가지고 수많은 적군을 물리칠 수 있었어요. 하지만 적의 기세는 수그러들지 않았고 결국 시그문드 왕은 쓰러지고 말았습니다. 전투는 우리 편의 패배로 끝났죠. 시그문드 왕의 군사들은 모두 죽고 리그니 왕의 군사들만 살아남았어요. 그들은 왕비인 저와 시그문드 왕의 보물을 찾기 위해 흩어졌습니다.

저는 시그문드 왕이 쓰러져 있는 전장으로 갔어요. 제가 도착하자 왕은 방패를 의지해 겨우 일어났어요. 그러고는 곧 죽을 것 같다고 말했죠. 그때 어느 낯선 사람이 다가와 시그문드 왕의 검 그람을 창으로 찔러 부쉈어요. 그람은 두 동강이 나 버렸어요. 시그문드 왕은 이 광경을 보고 이렇게 말했어요.

'나는 이제 죽어야 하오. 나의 검을 부술 수 있는 무기는 오로지 오딘의 창인 궁니르 밖에 없소. 궁니르만이 오딘께서 나의 선조에게 주신 검 그람을 이길 수 있소. 나는 이제 오딘의 영웅들이 모인 발할라 궁전으로 갈 것이오.'

저는 이렇게 말했어요.

'더 이상 볼숭 가문의 대를 잇지 못할까 심히 슬프옵니다.'

'슬퍼할 필요 없소. 우리 아들이 곧 태어나지 않소. 그 아이의 이름을 시구르드라고 하시오. 부서진 나의 검을 갖고 있다가 아들이 장성

하면 건네주시오.'

그러고는 땅에 엎드려 고통스러워하다가, 오딘의 발키리들에게 이끌려 아스가르드의 발할라로 갔죠. 저는 그람을 챙겨 들고 하녀와 함께 숲 속 골짜기에 숨었어요. 그때 바로 왕비님의 남편과 아드님께서 저희를 발견하셨고 이렇게 무사히 이곳으로 데려오신 거랍니다."

이처럼 시그문드 왕의 아내 히오르디스는 지금까지 있었던 일을 알브 왕의 어머니에게 상세히 이야기해 주었다.

머지않아 시그문드의 아들이 태어났다. 히오르디스는 남편의 말대로 아들의 이름을 시구르드라고 지었다. 시구르드가 태어난 뒤에 알브의 아버지는 세상을 떠났고 알브가 왕좌에 오르게 되었다. 알브는 히오르디스와 결혼했고 시구르드를 자신의 양자로 삼았다.

시그문드의 아들 시구르드는 아직 어린 나이였지만 힘이 장사였고 몸이 날랬으며 누구보다도 용맹했다. 사람들은 과연 볼숭 가문의 후손은 다르다면서 선조 중에서도 시구르드만큼 강한 사람은 없었다고 입을 모아 칭찬했다. 시구르드는 맨손으로 오두막집을 짓고 맹수를 때려잡았으며 한 장인을 옆에 두고 수많은 기술을 배웠다.

이 장인은 바로 레긴(흐레이드마르의 아들)이었다. 칼을 만드는 데 정통한 장인이었지만 다소 영악한 데가 있었다. 후문에 따르면 그는 마법사라는 이야기도 있었고 보통 사람들보다 오래 살았다는 이야기도 있었다. 그가 이 나라에 언제 왔는지 그의 아버지가 언제 왔는지 아무도 몰랐기 때문이다. 레긴은 시구르드에게 대장일을 가르쳐 주었고, 옛 설화를 전해 주기도 했다. 그런데 레긴은 이상하게도 시구르드가 인간이 아닌 스라소니 같은 맹수처럼 보였다.

어느 날 레긴은 어린 시구르드에게 말했다.

어린 시구르드와 대장장이 레긴(아서 래컴 作)

　"알브 왕께서는 왕자님의 아버지 시그문드의 보물을 가지고 계
십니다. 그런데도 아직 알브 왕께서는 왕자님을 천대하시지 않습니
까?"

하지만 시구르드는 레긴이 이런 말을 하는 이유가 화를 돋우어 목적하는 바를 이루기 위한 것임을 직감했다.

"알브 왕은 지혜롭고 선한 왕이야. 나에게 그 보물이 필요하면 언제든지 돌려주실 거라고."

"하지만 왕자님을 왕의 아들이 아니라 하인처럼 대하시지 않습니까?"

"아무튼 지금은 나한테 좋은 말 한 마리만 있으면 좋겠어."

"네, 아무렴요."

레긴은 그렇게 툭 말하고는 불을 피우러 대장간으로 들어갔다. 시구르드는 은근히 화가 났다. 작업하고 있던 쇳덩어리를 내던지고는 큰 강 근처의 목초지로 달려갔다. 한 떼의 말들이 한가롭게 풀을 뜯고 있었는데, 회색, 검은 색, 밤색, 여러 색인 섞인 말들이었다. 그중에 가장 훌륭한 말은 알브 왕의 것이었다. 말이 모여 있는 곳으로 가자 어떤 낯선 사람이 보였다. 나이가 많지만 여전히 혈기 왕성한 남자였다. 검푸른 망토를 두르고 여행자의 지팡이를 짚은 채 말들을 구경하고 있었다. 시구르드는 지금까지 수많은 왕족과 귀족들을 보았지만 이 노인처럼 기품 있고 고결해 보이는 사람은 본 적이 없었다.

"말을 고르러 왔나 보군요."

낯선 이가 시구르드에게 말을 걸었다.

"그렇습니다만."

"그럼 먼저 말들을 강 속으로 몰아 보십시오."

시구르드는 낯선 노인의 말대로 말 떼를 강 속으로 몰았다. 어떤 말들은 물살에 쓸려 내려갔고 또 어떤 말들은 다시 강둑으로 되돌아왔다. 하지만 유독 한 마리만 유유히 헤엄쳐 강을 건넜다. 강을 건너간 말은 승리를 자축하듯 고개를 빳빳이 쳐들고는 힘차게 울었다. 시구르드는 그 말을 골랐다. 매끄러운 갈기를 가진 회색 말이었고 젊고 자신감이 넘쳤다. 시구르드는 강을 건너가 말을 붙잡아 올라탔다. 그리고 다시 강을 건너 돌아왔다.

"말을 잘 선택했군요. 그 말은 그라니(Grani)입니다. 오딘의 애마 슬레이프니르의 후손이지요."

"나도 오딘의 후손입니다. 아버지는 시그문드이고 할아버지는 볼숭입니다. 증조할아버지는 시기(Sigi)인데, 그분이 바로 오딘의 아들이지요."

시구르드가 당당하게 말했다. 낯선 노인은 지팡이을 짚고 젊은이를 가만히 바라보았다. 그 노인은 한쪽 눈으로만 볼 수 있었지만 눈빛은 바위라도 뚫을 기세였다.

"시그문드, 볼숭, 시기 모두 오딘의 궁전인 발할라로 들어간 사람들입니다. 아스가르드에서 벌어질 전투를 위해 발키리에게 선택된 사람들이지요."

"그런데 오딘은 세상에 있는 사람들을 너무 많이 데려갔죠!"

시구르드가 울분에 찬 듯 말했다.

"그럼 당신은 어떻게 할 생각입니까? 이그드라실의 나뭇잎들이 말라서 떨어지고 있습니다. 라그나뢰크가 오고 있다는 증거이죠."

낯선 노인은 고개를 숙이며 시구르드에게 말했다. 그러고는 다시 고개를 들었다.

"이제 당신이 아버지의 검을 소유할 날이 멀지 않았습니다."

검푸른 망토를 걸친 남자는 언덕으로 올라가더니 이내 시구르드의 시야에서 사라졌다. 시구르드는 그라니에 올라타고는 강을 따라 바람처럼 내달렸다.

명검 그람과
괴물 용 파프니르

시구르드는 애마 그라니를 타고 왕궁으로 들어가 알브 왕과 어머니 히오르디스에게 문안 인사를 올렸다. 시구르드는 왕궁 입구에 들어가기 전에 볼숭의 이름을 외쳤는데, 알브 왕과 히오르디스는 이 아이의 기개와 용맹함에 놀라움을 금치 못했다.

왕궁에 들어가기 전 시구르드는 그라니에서 내려 말을 어루만지며 이제 그라니에게 친구들이 있는 목초지로 돌아가도 좋다고 했다. 그라니는 기분이 좋은 듯 시구르드를 향해 '히이힝' 하더니 목초지로 뛰어갔다.

시구르드는 대장장이 레긴과 함께 일하는 숲 속 대장간으로 성큼성큼 걸어갔다. 대장간에는 아무도 없었다. 하지만 모루 위에는 레긴이 작업하던 물건이 놓여 있었고 화로에도 불이 활활 타오르고 있었다. 시구르드는 물건을 가만히 들여다보더니 갑자기 화가 치밀어 올

대장장이 레긴(아서 래컴 作)

랐다.

레긴이 만들고 있던 물건은 무쇠로 된 방패였다. 망치로 방패 모양을 만들고 빨간 색과 갈색으로 용의 형상을 칠했다. 시구르드는 용의 모습이 너무나도 흉측하다고 생각했다. 대장간의 화로에서 새어나오는 불빛과 연기가 마치 살아있는 용이 내뿜는 불과 연기처럼 느껴졌다.

시구르드가 방패에 새겨진 용의 형상을 한참 보고 있을 때, 레긴이 대장간으로 들어왔다. 레긴은 벽에 서서 시구르드를 바라보았다. 레긴은 등이 굽어 있었고 머리카락이 날카로운 눈빛을 가리고 있었다. 그는 마치 울타리 밖을 뛰어다는 한 마리 맹수처럼 보이기도 했다.

"왕자님이 보고 계신 용은 볼숭 가문의 자손인 파프니르입니다. 왕자님께서 그 용을 죽일지도 모르겠군요."

레긴이 말했다.

"나는 이런 짐승하고는 싸우지 않을 거야. 너무 소름끼치게 생겼잖아!"

"훌륭한 검만 용을 물리칠 수 있어요. 그러면 볼숭 가문의 조상들보다 더 큰 명성을 얻게 될 거예요."

"나는 조상들처럼 전쟁에서 승리해 명성을 얻을 거야!"

"세상에서 가장 위험하고 끔찍한 일을 해내지 못하면 진짜 볼숭 가문의 후손이라고 할 수 있을까요? 여기 그려 놓은 파프니르라는 용에 대해 들어 보셨죠? 왕자님이 말을 타고 달려가면 파프니르가 사는 황량한 땅에 도착할 수 있을 거예요. 아시다시피 사람들이 평화롭고 풍요롭게 살던 땅에 갑자기 파프니르가 나타나서 그 땅을 황야로 만들어 놓았어요. 왕자님이 정말 볼숭 가문의 후손이라면 가서 용을 죽이셔야죠. 그리고 그 땅을 다시 회복시키고 사람들에게 돌려주세요. 그만큼 알브 왕의 영토도 넓어지겠죠."

"나는 용과 싸울 생각이 전혀 없어. 지금까지 아버지 시그문드를 죽인 리그니 왕에게 복수할 생각만 했다고."

"리그니 왕을 죽이고 그의 왕국을 정복하는 것과 파프니르를 죽이는 것이 무슨 상관이 있죠?"

레긴이 답답한 듯 목소리를 높이더니 다시 소리를 낮췄다.

"아무도 모르는 비밀 하나 알려 드릴까요? 파프니르는 지금 이 세상 누구도 보지 못한 보물을 지키고 있어요. 용을 죽이기만 하면 이 보물이 모두 왕자님 것이 된다고요."

"난 보물 따위에는 관심 없다고!"

"그저 단순한 보물이 아니에요. 옛날 옛적부터 난쟁이 안드바리가 가지고 있던 보물이에요. 신들이 몸값으로 지불할 만큼 아주 귀한 보물들이죠. 만약 왕자님께서 그 보물을 얻으시면 신처럼 될 거예요."

"그런데 레긴 자네는 어떻게 그런 비밀을 알고 있지?"

"뭐, 어쩌다 알게 되었어요. 자세한 건 나중에 말씀 드리죠."

"그래, 언젠가는 자네 이야기가 떠오르겠지. 하지만 지금은 더 이상 듣고 싶지 않아. 그리고 부탁이 있는데, 세상에서 가장 강하고 날카로운 검을 하나 만들어 주게. 레긴 자네는 이 세상에서 제일가는 장인이니까 충분히 만들 수 있을 거야."

레긴도 훗날을 기약하며 지금은 시구르드의 말을 고분고분 따르는 게 좋겠다고 판단했다. 레긴은 쇳조각을 있는 대로 불 속에 집어넣고는 비밀 연장을 가지고 작업을 시작했다. 시구르드도 하루종일 레긴 옆에서 불이 죽지 않게 풀무질을 하고 쇳덩이를 식힐 물을 가져다 날랐다. 시구르드는 검을 만들면서 오로지 리그니 왕을 복수할 방법만 궁리했다.

시구르드는 하루 온종일 전쟁 생각과 검을 만드는 생각만 했다. 하지만 한밤중에 꿈에 나오는 건 전쟁이나 검이 아니라 용 파프니르였다. 꿈속에서 그의 눈앞에는 척박한 황야가 펼쳐져 있었다. 거기에는 동굴이 하나 있었는데 용이 웅크리고 있었다. 용의 비늘은 금빛으로 반짝거렸고 용의 길이는 한 소대의 병사들이 늘어선 정도로 길었다.

다음 날 시구르드는 레긴과 훌륭한 검을 만들었다. 레긴은 모든 솜씨를 발휘해 정말 훌륭한 검을 제작했다. 레긴이 검의 날을 예리하게 벼리고 시구르드가 날에 광택을 냈다. 그리고 드디어 날을 자루에 꽂았다.

시구르드는 파프니르의 형상이 새겨진 방패를 모루 위에 올려놓았다. 그러고는 두 손으로 검을 쥐고 방패를 내려쳤다. 타격을 받은 방패에는 금이 조금 갔다. 하지만 시구르드가 들고 있던 검은 두 동강이 나 버렸다. 화가 난 시구르드는 레긴에게 소리를 질렀다.

"정말 훌륭한 검 맞아? 다시 만들어 줘! 볼숭 가문의 명검을 만들어야 한다고!"

레긴은 씩씩거리며 밖으로 나가 그라니를 불렀다. 시구르드는 말을 타고 강가를 바람처럼 달렸다.

레긴은 더 많은 쇳조각을 모아 검을 만들기 시작했다. 그러면서 파프니르가 지키는 보물에 관한 룬 문자를 읊었다. 그날 밤도 시구르드의 꿈에는 파프니르가 지키는 온갖 보물들이 나왔다.

다음 날 레긴은 정성을 듬뿍 담아 처음보다 더 강한 검을 만들었다. 검을 만든 지 사흘째 되던 날 두 사람은 드디어 완성품을 손에 넣었다. 그냥 보기에도 처음 것보다 훨씬 단단해 보였다. 시구르드는 저번처럼 방패를 모루 위에 올려놓고 두 손으로 검을 잡고 내리쳤다. 방패가 두 동강이 났다. 하지만 모루에 부딪힌 충격으로 검도 두 동강이 나고 말았다.

열이 받은 시구르드는 이번에도 그라니를 올라타고는 들판을 질주했다. 화를 삭힌 시구르드는 어머니를 찾아가 말했다.

"어머니, 저에게 훌륭한 검이 필요해요. 하지만 이 세상에서 나오는 금속으로는 명검을 만들 수 없어요. 저도 이제 장성했으니 볼숭 가문에서 대대로 내려오는 그람을 넘겨주세요."

히오르디스는 아들의 모습을 찬찬히 살펴보았다. 아들은 정말 볼숭 가문의 검을 사용할 수 있을 만큼 장성해 있었다. 히오르디스는 아들을 데리고 왕궁으로 갔다. 왕비는 자신의 방에 있는 상자 안에서 짐승 가죽에 싸인 검을 꺼냈다. 두 동강이 난 그람이었다. 히오르디스는 아들에게 그람을 넘겨주었다.

"위대한 검 그람은 먼 옛날 오딘이 볼숭 가문에 전해 준 것이란다. 이제 그람이 네 손에서 새로운 모습으로 태어나길 바란다."

어머니는 아들을 꼭 껴안아 주었다.

볼숭 가문의 명검 그람을 만들어 낸 시구르드와 레긴(아서 래컴 作)

시구르드는 대장간으로 가서 자고 있는 레긴을 깨웠다. 그리고 두 동강이 난 시그문드의 검을 보여 주었다. 시구르드는 레긴에게 이 검을 녹여 자신에게 꼭 맞는 검을 만들라고 했다.

레긴은 대장간에서 여러 날을 보냈고 시구르드도 그 옆을 절대 떠나지 않았다. 마침내 검이 완성되었다. 시구르드가 검을 손에 들어 보니 칼날에서 불빛이 번쩍였다.

시구르드는 다시 한 번 모루 위에 용이 새겨진 방패를 올려놓았다. 두 손으로 칼자루를 쥐고 힘껏 내리쳤다. 방패는 그대로 두 동강이 났다. 이번에는 모루도 쪼개져 버렸다. 볼숭 가문의 검이 드디어 시구르드의 손에 들어왔다. 시구르드는 그라니를 불러 올라타고 강둑을 바람처럼 달렸다. 양털 조각이 강물 위를 떠가고 있었다. 시구르드는 말에서 내려 새로 만든 검으로 양털 조각을 베었다. 반으로 갈라졌다. 단단한 것이든 무른 것이든 모두 벨 수 있었다.

그날 밤 시구르드는 볼숭 가문의 검 그람을 베개 밑에 깔고 잤다. 하지만 꿈에서는 낮에 생각하지도 않았던 장면이 튀어나왔다. 바라지도 않던 보물들이 보였고, 흉물스러워 쳐다보기도 싫은 용도 나타났다.

용의 피

시구르드는 진짓으로 나아갔디. 알브 왕은 시구르드에게 군대를 맡겼다. 시구르드가 상대할 적은 아버지를 죽인 원수 리그니 왕이었다. 전쟁은 생각보다 오래 걸리지 않고 시시하게 끝났다. 이제 리그니 왕도 나이가 들어 군대를 통솔할 힘이 없었다. 시구르드는 리그니 왕을 죽이고 적군의 보물을 탈취했으며 리그니 왕이 다스리던 영토도 빼앗아 알브 왕에게 넘겨주었다.

시구르드는 전쟁에서 승리했는데도 만족스럽지 못했다. 좀 더 치열하고 맹렬한 전투에서 승리해 보고 싶었다. 아버지 시그문드와 할아버지 뵐숭은 옛날에 어떤 전투를 치렀는지 궁금해졌다. 시구르드는 군대를 이끌고 돌아오는 길 언덕에서 무심코 용이 출몰하는 지역을 바라보았다. 시구르드는 먼저 부하들을 왕궁으로 돌려보내면서 승리의 소식을 전하도록 했다.

군대는 모두 떠나고 시구르드 혼자 언덕 위에 남아 파프니르가 살고 있다는 동굴을 살펴보았다. 용이 뿜는 뜨거운 숨결 때문에 그 일

대가 온통 메마르고 황폐해져 있었다. 시구르드는 동굴 바깥으로 용이 오고가는 길을 좀 더 자세히 관찰했다. 용은 하루 종일 절벽 동굴에 머물러 있다가 물을 마실 때만 황야를 지나 강변으로 갔다.

시구르드는 온종일 언덕 위에서 용이 사는 동굴을 지켜보았다. 저녁이 되자 용은 동굴 밖으로 모습을 드러냈다. 용은 이내 미끄러지듯 황야를 가로질렀다.

시구르드는 대장간으로 돌아와 레긴에게 말했다.

"레긴, 나에게 파프니르에 대해 알고 있는 걸 모두 말해 줘."

레긴은 망설임 없이 용의 이야기를 들려주었다. 하지만 옛날 용어와 마법의 룬 문자가 많았다. 이야기를 듣고 난 시구르드는 이렇게 말했다.

"지금까지 해 준 이야기를 지금 우리 시대에 알아들을 수 있는 말로 다시 이야기해 줄 수 있어?"

레긴은 시구르드가 알아들을 수 있는 말로 다시 이야기를 시작했다.

"파프니르가 지키고 있다던 보물 이야기 아시죠? 원래는 난쟁이 안드바리가 오래 전부터 가지고 있던 보물이었어요. 그런데 아스가르드의 신들 중 하나가 안드바리에게서 보물을 빼앗아 흐레이드마르에게 주었죠. 흐레이드마르는 제 아버지랍니다. 아스가르드의 신들은 아버지의 아들이자 제 동생인 오테르를 죽인 대가로 안드바리의 보물을 빼앗아 아버지에게 주었어요. 하지만 아버지의 기쁨도 오래가지는 못했죠. 아들이 보물을 차지하려고 아버지를 죽였거든요. 파프니르가 바로 아버지를 죽인 아들이에요. 물론 제 형제이기도 하고요. 파프니르는 아무도 보물을 건드리지 못하게 하려고 용으로 변신했어요. 용의 모습이 너무 흉악스러워 누구도 접근할 엄두를 못 냈죠. 사실 저도 보물이 탐이 났지만, 파프니르처럼 변신은 하지는 않았어요.

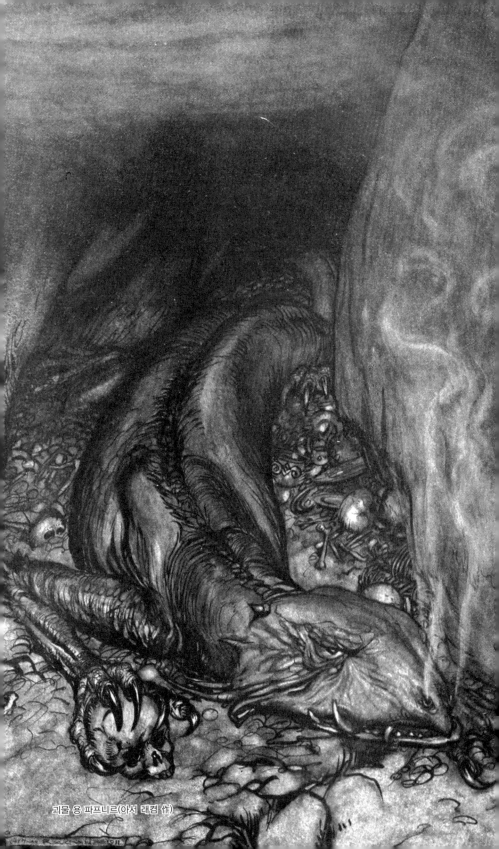

괴물 용 파프니르(아서 래컴 作)

대신 아버지에게 배운 마법으로 다른 사람들보다 훨씬 오래 살게 되었답니다. 파프니르가 늙어서 죽으면 그 보물을 제가 차지할 생각을 했죠. 이제 볼숭 가문의 자손인 왕자님께서 파프니르의 존재에 대해 알게 되셨네요. 물론 그가 지키는 보물도 알게 되셨고요."

"나는 보물 따위에는 관심이 없대도! 그 놈의 용이 왕국을 황폐하게 만들고 사람들을 괴롭히고 있는 지금의 상황에만 관심이 있다고. 나는 파프니르를 죽이고 영웅으로 추앙받을 거야."

"왕자님이 갖고 계신 검 그람이라면 파프니르를 충분히 죽일 수 있습니다."

보물을 손에 넣을 수 있을 거라는 기대감에 레긴의 목소리가 한층 흥분되었다.

"아무렴요. 그 칼로 용을 죽이십시오. 지금부터 잘 들어보세요. 어떻게 하면 용의 약점인 옆구리를 찌를 수 있는지 알려 드리겠습니다. 저는 오랫동안 그 방법만 연구해 왔거든요. 황야에는 용이 동굴에서 강까지 오가는 길이 있습니다. 길은 꽤 넓은 편이죠. 그 길 중간에 작게 구덩이를 파고 안에 숨어서 파프니르가 지나갈 때까지 기다리는 겁니다. 그리고 파프니르가 지나가는 순간 명검 그람으로 용의 약점인 겨드랑이를 찌르는 거죠. 이 세상에 그람 말고는 파프니르의 겨드랑이를 관통할 수 있는 검은 없습니다. 겨드랑이를 찌르면 용은 반드시 죽을 거예요. 보물을 지키는 자가 사라지게 되는 거죠."

"레긴, 아주 멋진 생각이야! 그럼 같이 가서 구덩이를 파자. 자네가 말한 대로 내가 파프니르를 죽이고야 말겠어!"

시구르드는 그라니에 올라타 알브 왕과 어머니 히오르디스에게 가서 인사를 올렸다. 그러고는 레긴과 함께 용이 출몰하는 황야로 달려 갔다. 레긴의 말대로 용이 항상 지나다니는 길에 구덩이를 팠다.

둘은 그라니가 용의 모습을 보고 놀라 큰 소리로 울지 않도록 근처 동굴 안에 묶어 두기로 했다. 레긴이 그라니를 끌고 가며 이렇게 말했다.

"왕자님, 저는 무서워서 다리가 후들거립니다. 여기 있어 봤자 아무 도움도 안 될 테니 그라니를 데리고 동굴 안에 숨어 있겠습니다."

레긴은 말과 함께 동굴 안으로 사라졌고, 시구르드는 파 놓은 구덩이 속에 몸을 숨겼다. 시구르드는 몇 번이고 검을 찌르는 동작을 연습해 보았다. 구덩이 구멍을 향해 고개를 들고 두 손으로 쥔 검을 힘차게 내질렀다.

그때 갑자기 끔찍한 생각이 들었다. 독성이 강한 용의 피가 구덩이 안으로 흘러들어와 몸에 묻으면 곤란했다. 시구르드는 구덩이를 빠져 나와 몸을 피할 구덩이를 근처에 하나 더 팠다. 이제 용의 독피를 충분히 피할 수 있었다.

시구르드가 구덩이에 다시 들어갔을 때 멀리서 용의 발자국 소리가 들려왔다. 기괴하면서도 왠지 모르게 구슬픈 포효 소리도 들려왔다. 용이 다가올수록 괴물이 내뿜는 거친 숨소리도 점점 크게 들려왔다. 곧 용의 형체가 보였다. 용은 고개를 빳빳이 들고 시구르드를 내려다보았다.

그 순간 시구르드는 용을 향해 검을 찔렀다. 순식간에 벌어진 일이었다. 그람은 용의 겨드랑이를 뚫고 심장을 찔렀다. 명검 그람이 단단하고 반짝이는 용의 비늘을 뚫은 것이다. 시구르드는 검을 다시 뽑고 아까 만들어 놓은 다른 구덩이로 잽싸게 몸을 피했다. 용의 독피가 아까 그 구덩이로 콸콸 흘러들어갔다.

시구르드는 몸을 피했던 구덩이에서 나왔다. 용은 괴로운 듯 육중한 몸으로 이리저리 뒹굴었다. 시구르드는 가까이 다가가 용의 목을

괴물 용 파프니르의 겨드랑이를 찌르는 시구르드(아서 래컴 作)

정통으로 꿰찔렀다. 용은 시구르드 쪽으로 넘어지면서 입에서 불과 독피를 뿜어냈고 무시무시한 발톱을 휘둘렀다. 하지만 날랜 시구르드는 어느새 먼 곳으로 몸을 피했다. 파프니르는 최후의 괴성을 부르짖으며 나뒹굴었고 결국 독피로 가득한 구덩이에 머리를 처박고 죽었다.

　거대한 야수의 괴성을 들은 레긴은 드디어 파프니르가 죽었다는 것을 알았다. 레긴은 치열한 싸움이 벌어졌을 현장으로 내려갔다. 그런데 예상과는 다르게 시구르드 몸에는 상처가 하나도 없었다. 레긴은 울분에 겨워 소리를 내질렀다. 계획에 차질이 생겼기 때문이다. 원래는 용과 싸우다가 거의 죽을 지경에 이른 시구르드를 용의 독피가 가득한 구덩이에 빠뜨려 죽이고 불태울 생각이었다. 그러나 레긴은 얼른 화를 가라앉히고 시구르드 앞에 기쁜 표정으로 나타났다.

"왕자님께서는 영웅이 되셨습니다. 골칫거리 파프니르를 물리친 영웅으로 영원히 기억될 겁니다. 이제 조상들이 이룬 것보다 더 큰 명성을 얻게 될 것입니다. 오, 볼숭 가문의 왕자님이시여!"

시구르드가 멀쩡하게 살아있었기 때문에 레긴은 온갖 달콤한 말로 시구르드의 업적을 칭송했다.

"파프니르를 죽인 건 결코 쉽게 얻은 승리가 아니다. 이제 알브 왕과 내 어머니에게 이 소식을 전하고 파프니르가 지키던 보물은 내 전리품으로 삼을 것이다."

"잠깐만요!"

영악한 레긴이 다급한 듯 말을 가로챘다.

"잠깐만요, 왕자님. 왕자님께서 저를 위해 하셔야 할 일이 있습니다. 그 검을 가지고 용의 몸을 베어 심장을 꺼내 주십시오. 그 심장을 불에 구워 먹으면 좀 더 지혜로워질 수 있습니다. 파프니르를 죽일 방도를 알려 드렸으니 제 부탁도 들어 주십시오."

시구르드는 망설이지 않고 레긴의 말대로 했다. 용의 심장을 꺼내서 불에 구울 수 있게 막대기에 걸어 놓았다. 레긴은 시구르드에게서 멀리 떨어져 있었다. 시구르드가 용의 심장을 불에 굽는 동안 숲 속은 깊은 적막으로 가득했다.

시구르드는 손을 뻗어 불속에 마른 나뭇가지를 집어넣었다. 그 순간 굽고 있던 용의 심장에서 독피가 떨어져 시구르드의 손에 묻었다.

독피가 손에 타들어가는 것만 같았다. 시구르드는 아픈 손을 입에 갖다 댔고, 곧 뜨거운 용의 피를 맛보게 되었다.

시구르드는 장작을 구하러 숲 속으로 들어갔다. 그때 나뭇가지에 앉아 있는 새 네 마리를 보았다. 새들은 서로 대화하듯 지저귀고 있었는데, 신기한 일이 벌어졌다. 시구드르의 귀에 새들의 대화 내용이 들렸다.

"이 골짜기로 오는 저 사람은 참 단순한가 봐! 자기 적을 전혀 못 알아보잖아? 조금 있으면 창으로 찔러 죽이려고 할 텐데 말이야."

첫 번째 새가 말했다.

"용의 동굴에 있는 보물을 차지하려고 죽이는 거지?"

두 번째 새가 말했다.

"저 사람이 용의 심장을 먹으면 세상의 모든 지혜를 얻게 될 텐데."

세 번째 새가 말했다.

"용의 피를 맛보았으니 우리가 무슨 말을 하는지 알겠네?"

마지막으로 네 번째 새가 말했다.

네 마리의 새는 날아가지도 않고 수다를 멈추지도 않았다. 새들은 어느 멋진 궁전에 대해서도 이야기하기 시작했다. 새들의 노랫소리를 들어보니, 숲 속 깊은 곳에 '불꽃 궁전'이라 불리는 곳이 있었다. 그 궁전은 열 개의 벽으로 둘러쳐져 있었는데, 그 벽들은 난쟁이가 만든 것이었다. 궁전 주위에는 불길이 타오르고 있어 아무도 안으로 들어가지 못했다. 궁전 안에는 한 여인이 잠들어 있었다. 그녀는 세상에서 가장 지혜롭고 용감하며 아름다운 여인이었다. 시구르드는 마법에 홀린 듯 가만히 서서 새들의 노랫소리를 들었다. 그런데 갑자기 새들의 노랫소리가 시끄럽고 날카로운 소음으로 변했다.

"저기 봐 봐! 젊은이를 죽이려고 그가 오고 있어!"

레긴을 찌르는 시구르드

새 한 마리가 소리쳤다.

"젊은이가 민첩하게 피하지 않으면 죽을지도 몰라!"

다른 새도 덩달아 외쳤다.

시구르드가 돌아보니 레긴이 음침하고 조용하게 다가오고 있었다. 레긴의 손에는 창이 들려 있었다. 거리는 점점 좁혀졌고 금방이라도 레긴의 창에 찔릴 것만 같았다. 시구르드는 몸을 돌려 손에 들고 있던 그람을 던져 레긴의 가슴을 뚫었다.

레긴은 바닥에 쓰러지며 절규했다.

"결국 나도 이렇게 죽는구나. 파프니르의 보물을 손에 넣어 보지도 못하고 이렇게 죽는구나. 아, 그 보물에는 저주가 깃들어 있다. 내 아버지 흐레이드마르와 내 형제 파프니르, 그리고 내가 그 보물 때문에 죽음에 이르는구나. 그 저주가 나를 죽인 자에게도 내릴지어다."

레긴은 숨을 거두었다. 시구르드는 레긴의 시신을 가져다가 죽은 파프니르 옆에 나란히 묻어 주었다. 그러고는 다시 돌아가 용의 심장을 먹고 세상에서 가장 지혜로운 사람이 되고 싶었다. 심장을 먹은 다음에는 용의 동굴로 가서 보물을 챙겨 알브 왕과 어머니에게 전리품으로 내놓아야겠다고 생각했다. 그리고 세상에서 가장 지혜롭고 용감하며 아름다운 여인이 잠들어 있는 숲 속의 궁전도 찾아볼 생각이었다. 하지만 시구르드는 용의 심장을 먹지 못했다. 그가 도착했을 때는 이미 심장이 모두 장작불에 타서 재가 되어 있었다.

4. 시그문드와 시그니

시구르드는 황야의 언덕 위에 서서 애마 그라니를 불렀다. 동굴 속에 숨어 있던 그라니는 주인의 목소리를 듣자마자 갈기를 휘날리며 달려 왔다.

시구르드는 그라니에 올라타 파프니르의 동굴로 질주했다. 동굴 속으로 들어가자 용이 누워 있던 자리에 철문이 하나 보였다. 시구르드는 그람으로 철문의 자물쇠를 부순 후 힘센 두 팔로 철문을 열어젖혔다. 그 안에는 용이 지키던 휘황찬란한 금은보화가 수북이 쌓여 있었다.

하지만 시구르드는 이 보물에서 뭔가 사악한 기운이 느껴졌다. 사실 이 보물은 먼 옛날 '강의 여인들'이 강 속 깊은 곳에 숨겨둔 것이었다. 그것을 난쟁이 안드바리가 훔쳤고, 다시 로키가 안드바리에게서 빼앗았다. 그때 여자 거인 굴베이그가 난쟁이에게서 풀려났다. 굴베이그는 아스가르드의 신들에게 사악한 기운을 느끼게 했다. 그 보물을 얻으려고 파프니르는 아버지 흐레이드마르를 살해했고, 레긴도

형제 파프니르를 죽일 음모를 꾸몄다.

시구르드는 보물에 얽힌 뒷얘기를 전혀 모르고 있었다. 하지만 반짝이는 보물 앞에 서니 뭔지 모를 악한 기운을 느낄 수 있었다. 시구르드는 보물을 모두 가져가려 했지만, 지금은 아니었다. 새들이 들려준 숲 속의 궁전 이야기가 아직 마음에 남아 있었다. 시구르드는 보물을 궤짝에 넣어 알브 왕의 궁전에 가져갈 생각이었다. 그전에 우선그가 입을 만한 갑옷을 찾아보았다.

황금으로 만든 투구가 보였다. 시구르드는 머리에 황금 투구를 썼다. 황금으로 만든 갑옷도 찾아 입었다. 갑옷 위에는 마법의 룬 문자가 새겨진 작은 반지도 있었다. 시구르드는 반지를 손가락에 껴 보았다. 로키가 보물을 빼앗아 갈 때 난쟁이 안드바리가 저주를 걸었던 반지였다.

시구르드는 파프니르의 은신처에 감히 아무도 접근할 수 없다는걸 알고 있었다. 그래서 보물을 놔두고 가도 괜찮겠다고 생각했다. 시구르드는 세상에서 가장 지혜롭고 용감하며 아름다운 여인이 잠들어 있는 숲 속의 궁전을 찾아 나섰다. 시구르드는 그라니를 타고 숲으로 달려갔다. 시구르드의 금발 위로 황금 투구가 멋지게 빛나고 있었다.

시구르드는 말을 타고 달려가면서 문득 아버지 시그문드와 할아버지 볼숭이 생각났다. 볼숭 가문이 초래했던 암울한 일들도 떠올랐다.

볼숭의 아버지는 레리르(Rerir)였다. 레리르의 아버지는 시기(Sigi)였고, 시기의 아버지가 바로 오딘이었다. 볼숭은 성인이 되었을 때 거대한 나무를 중앙에 두고 궁전을 지었다. 나뭇가지가 지붕을 이루었고 나무의 거대한 몸통이 기둥 역할을 했다. 나무는 궁전의 중앙에

볼숭의 브란스토크 궁전(호프만 作)

위치하게 되었다. 나무의 이름이 브란스토크(Branstock)였기 때문에 볼숭의 궁전 이름도 '브란스토크 궁전'이라 불렸다.

볼숭은 열한 명의 아들과 한 명의 딸을 낳았다. 아들들은 모두 강인하고 훌륭한 용사였다. 볼숭은 브란스토크 궁전에서 이 용사들의 우두머리이기도 했다.

한편 하나밖에 없는 딸 시그니(Signy)로 말미암아 볼숭과 그의 아들들은 치명적인 전투를 치러야 했다. 현명하고 아름다운 여인 시그니의 명성은 온 나라에 자자했다. 어느 날, 이웃 나라의 시게이르(Siggeir) 왕이 볼숭에게 딸과 결혼하고 싶다는 전갈을 보내왔다. 볼숭

도 이 왕의 전투 소식을 이따금 듣던 터라 그가 누구인지 알고 있었다. 볼숭은 시게이르 왕을 브란스토크 궁전에 초대했다.

시게이르 왕은 부하들을 이끌고 볼숭을 찾아왔다. 볼숭 가문의 사람들이 시게이르 왕의 얼굴을 보니 그다지 호감형은 아니었다. 의기소침해진 시그니는 가족에게 조용히 말했다.

"시게이르 왕은 마음이 악하고 거짓된 사람이에요."

볼숭과 열한 명의 아들은 과연 시그니를 시집보내도 될지 상의하기 시작했다. 시게이르 왕은 무장한 부하들을 앞세우며 협박했다. 딸을 주지 않으면 볼숭 가문을 모두 죽이고 왕국도 폐허로 만들겠다고 윽박질렀다. 하지만 시그니를 시집보내면 그런 일을 없을 것이라고 장담했다. 볼숭 가문 사람들의 회의가 길게 이어졌다. 열 명의 아들은 이렇게 말했다.

"시그니를 시게이르 왕과 결혼시킵시다. 시그니가 말한 것처럼 그렇게 악해 보이지는 않아요."

하지만 나머지 한 명은 반대했다.

"우리 누이를 사악한 왕에게 보내서는 안 됩니다.

시게이르 왕에게 시집을 가게 된 시그니(조세프 빌헬름 윌랜더 作)

오히려 저런 놈들은 혼쭐을 내 줘야 합니다."

그 나머지 한 명이 바로 볼숭 가문의 막내아들 시그문드였다. 하지만 시그니의 아버지, 즉 볼숭은 이렇게 말했다.

"우리는 시게이르 왕이 악한 사람인지 선한 사람인지 아직 잘 모른다. 또 우리가 그를 초대하지 않았느냐. 오늘밤 브란스토크 궁전에서 연회를 열고 시그니를 시집보내도록 하자."

볼숭과 그의 아들들은 말이 끝나기 무섭게 시그니를 쳐다보았다. 시그니의 얼굴은 굳어져 있었다.

"아버지와 형제들의 뜻에 따라 시게이르 왕과 결혼하겠습니다."

시그문드는 시그니가 한숨을 쉬며 혼잣말하는 걸 엿듣게 되었다.

"그렇지만 이건 볼숭 가문의 비극이에요."

이윽고 연회가 베풀어졌고 시게이르 왕과 부하들이 브란스토크 궁전에 모습을 드러냈다. 궁전 안에는 진수성찬이 차려져 있었다. 손님들은 각자 큰 뿔잔에 벌꿀 술을 대접받았다. 연회가 한창 이어질 때 한 낯선 손님이 궁전 안으로 들어왔다. 궁전 안에 있던 사람들 중 누구보다도 키가 컸다. 그의 몸가짐은 뭔지 모를 경외심을 불러일으켰다. 시중드는 하인이 벌꿀 술 한 잔을 가져다주자 낯선 사람은 단숨에 들이켰다. 그는 검푸른 망토 안에서 눈이 시리도록 번쩍이는 검을 꺼내 들었다.

낯선 사람은 홀 중앙에 있는 나무 브란스토크 쪽으로 가서 나무에 그 검을 찔러 넣었다. 사람들은 그 광경을 숨죽이며 지켜보았다. 낯선 사람은 사람들을 돌아보며 큰 소리로 외쳤다. 그의 목소리가 궁전 안에 쩌렁쩌렁 울려 퍼졌다.

"이 나무에 꽂힌 검을 뽑는 자는 검을 가져도 좋다!"

그렇게 말하고는 홀연히 궁전 밖으로 사라졌다.

사람들의 시선이 모두 나무에 꽂힌 검으로 모였다. 정말 한 뼘 정도의 칼날만 보일 정도로 깊숙이 박혀 있었다. 이 사람 저 사람 달려들어 검의 손잡이에 손을 뻗으려 했다. 그때 볼숭의 목소리가 들려왔다.

　"이 연회는 내 손님이자 사위인 시게이르 왕을 위한 자리이다. 그러므로 시게이르 왕에게 검을 뽑을 기회를 가장 먼저 줄 것이다."

　우쭐해진 시게이르 왕은 나무가 있는 쪽으로 걸어가 검의 손잡이를 힘껏 움켜쥐었다. 젖 먹던 힘까지 써 가며 검을 뽑으려 했지만, 꿈쩍도 하지 않았다. 여러 번 시도했으나 검은 조금도 움직이지 않았다. 화가 난 시게이르 왕은 낯빛이 어두워졌다.

나무 브란스토크에 검을 꽂는 오딘(요하네스 게르츠 作)

시게이르 왕의 부하들도 한 명씩 돌아가며 검을 뽑으려 했지만 아무도 성공하지 못했다. 볼숭도 검을 뽑지 못했다. 열한 명의 아들도 돌아가면서 있는 힘껏 검을 뽑아 보려 했지만 모두 실패하고 마지막으로 막내 시그문드만 남았다. 시그문드가 검 손잡이를 잡고 잡아당기는데 놀랍게도 검이 움직였다. 마침내 나무 브란스토크에서 검이 뽑혀 나왔다. 시그문드가 검을 들어 올리자 칼날에서 비치는 신비로운 빛이 온 궁전 안을 환하게 비추었다.

이 진기한 검은 세상에서 가장 좋은 철을 가지고 세상에서 가장 영특한 대장장이가 만들었다. 사람들은 놀라운 검을 얻은 시그문드를 부러워했다.

시게이르 왕은 탐욕스러운 눈으로 검을 쳐다보며 말했다.

"시그문드, 내가 자네에게 그 검의 무게만큼 금을 줄 테니 검을 나에게 팔겠나?"

시그문드는 위풍당당하게 말했다.

"왕께서 이 검을 뽑았다면 왕의 것이 되었겠지요. 하지만 이 검은 왕의 손에 있지 않고 볼숭 가문의 손에 있습니다."

시그니는 시게이르 왕의 표정을 살폈다. 왕의 얼굴에는 독기가 올라 있었다. 시게이르 왕의 마음속에는 볼숭 가문에 대한 증오심이 가득했다.

연회가 막바지에 이르면서 시그니와 시게이르 왕의 결혼식이 치러졌다. 이튿날 아침 시그니는 시게이르 왕을 따라 브란스토크 궁전을 나와 배가 정박해 있는 바닷가로 내려갔다. 시게이르 왕과 시그니는 볼숭 가문 사람들과 작별 인사를 나누었다. 시게이르 왕은 볼숭 가문 사람들에게 다음에 자기 왕국으로 놀러오라고 초대했다. 시게이르 왕은 볼숭 가문 사람들 한 명 한 명이 초대에 응하기 전까지 배의 갑

판 위로 올라가지 않았다. 그는 시그문드에게 이렇게 말했다.

"자네는 올 때 내가 뽑지 못했던 그 검을 꼭 가지고 오게나."

숲을 향해 말을 달리던 시구르드의 머릿속에는 아버지 시그문드에 관한 이 모든 이야기가 주마등처럼 떠올랐다.

시간이 흘러 볼숭과 그의 아들들이 시게이르 왕과 맺은 약속을 지켜야 할 때가 왔다. 볼숭 가문 사람들은 배를 준비해 항해 길에 올랐고, 바다 건너 시게이르 왕이 통치하는 나라에 도착했다. 어두운 밤에 해안가에 도착한 탓에 볼숭 가문 사람들은 날이 밝기 전까지 배 안에 천막을 치고 기다리기로 했다. 날이 밝으면 왕궁에서 사람을 보낼 테니 말이다.

동이 틀 무렵 아직 이른 시간에 볼숭 가문의 배로 망토를 뒤집어 쓴 사람 하나가 찾아왔다. 그때 시그문드가 불침번을 서고 있었는데, 배로 찾아온 사람은 다름 아니라 누이 시그니였다! 시그니는 지금 음모가 꾸며지고 있다는 사실을 알리기 위해 왔다고 말했다.

"시게이르 왕이 엄청난 규모의 군대를 모으고 있어요. 뼛속까지 볼숭 가문을 증오하고 있단 말이에요. 군대를 동원해서 아버지와 우리 형제들을 모두 죽일 계획을 세우고 있어요. 그리고 시그문드가 가지고 있는 명검 '그람'도 손에 넣고 싶어 해요. 그러니 제발 배를 돌려서 이곳을 떠나세요."

그러나 아버지 볼숭은 딸의 말을 들으려 하지 않았다.

"우리 볼숭 가문은 약속을 어길 수 없단다. 이미 한 사람 한 사람이 시게이르 왕에게 이곳을 방문하겠다고 약속했거든. 왕이 비열하게 우리를 공격한다면 우리도 가만히 있지 않을 것이다. 시게이르 왕과 맞서 싸워 그를 죽이고 너를 다시 브란스토크 궁전으로 데려갈 거란다. 날이 밝는 대로 시게이르 왕의 궁전으로 갈 것이다.”

시그니는 시게이르 왕이 대규모의 군대를 모으고 있다고 거듭 말했지만, 아버지와 형제들은 더 이상 들으려 하지 않았다. 시그니도 어쩔 수 없이 다시 시게이르 왕의 궁전으로 돌아갔다.

시게이르 왕은 시그니가 몰래 볼숭 가문 사람들에게 경고하러 갔다는 사실을 알게 되었다. 그는 군대를 집합시켜 볼숭 가문 사람들이 어느 길로 올 건지 미리 알려 주었다. 그러고는 볼숭 가문의 배로 환영의 메시지를 전할 전령을 보냈다.

볼숭 가문 사람들과 부하들이 배에서 내리자, 갑자기 시게이르 왕의 군대가 그들을 덮쳤다. 해안가에서 한바탕 격렬한 전투가 벌어졌다. 육지 쪽에서는 시게이르 왕의 전사들이 끊임없이 밀려 내려왔다. 볼숭 가문 사람들은 죽을 힘을 다해 싸웠지만 역시나 역부족이었다. 결국 볼숭은 그 자리에서 전사하고 열한 명의 아들들은 모두 사로잡히고 말았다. 시그문드의 검 그람도 시게이르 왕에게 빼앗겼다. 볼숭의 아들들은 시게이르 왕의 궁전으로 끌려갔다. 왕은 자기 앞에 무릎 꿇은 포로들에게 비웃듯이 말했다.

“나를 멸시하고 모욕하던 왕자님들께서 이 누추한 곳을 다 찾아오셨군. 나무에서 검을 뽑는 일보다 더 어려운 과제를 보여 주지. 오늘 해가 지기 전까지 명검 그람으로 너희들을 모조리 토막 내 주겠다.”

그때 시게이르 왕 옆에 서 있던 시그니가 입을 열었다.

“제 형제들이 더 이상 오래 살아있는 건 바라지도 않아요. 아무리 애원해도 제 말은 귓등으로 들거든요. 하지만 왕께서는 그들이 죽어 가는 모습을 최대한 오래 보고 즐기시는 게 어떠세요?”

시그니의 제안에 시게이르 왕은 씨익 웃어 보이며 말했다.

“오, 나의 왕비여. 죽어 가는 모습을 최대한 오래 보고 즐기라고! 그럼 한 번에 몽땅 죽여서는 안 되겠구먼. 좋아, 그럼 한 번에 한 명씩 천천히 저 세상으로 보내 주도록 하지."

시게이르 왕은 부하들에게 다시 명령을 내렸다. 열한 명의 형제를 깊은 산속으로 끌고 가서 큰 말뚝에 밧줄로 꽁꽁 묶어 두고 오게 했다. 부하들은 왕의 명령대로 행했다.

다음 날 시그니에게 하인 하나가 찾아왔다. 이 믿을 만한 하인은 볼숭의 아들들이 어떤 상태인지 살펴보고 시그니에게 보고했다. 시그니가 물었다.

"내 형제들은 어떻게 되었느냐?"

그러자 하인이 말했다.

"커다란 늑대가 와서 형제 중 한 명을 잡아먹었습니다."

시그니는 하인의 말을 듣고서도 눈물 한 방울 흘리지 않았다. 모진 풍파를 겪으며 마음이 단단해진 탓이다.

"다시 가서 상황을 지켜보아라."

얼마 있지 않아 하인이 돌아와 보고했다.

"또 한 명이 늑대에게 희생당했습니다."

시그니는 이번에도 눈물을 흘리지 않았다. 그만큼 강심장이 되어 있었다.

이렇게 매일같이 하인은 시그니에게 형제들이 당한 일을 보고했다. 이제 열 명의 형제가 죽고 마지막으로 막내 시그문드만 남았다.

시그니가 하인에게 말했다.

"무슨 수를 쓰지 않으면 결국 마지막 남은 시그문드까지 죽겠구나. 내가 생각한 한 가지 묘책이 있다. 꿀단지를 들고 가서 시그문드의 얼굴에 꿀을 발라 주어라."

하인은 주인의 명령대로 시그문드의 얼굴에 꿀을 발랐다. 이번에도 커다란 늑대가 밧줄에 묶여 있는 시그문드에게 찾아왔다. 늑대는 코를 킁킁거리며 시그문드의 얼굴에 묻은 꿀 냄새를 맡았다. 그러고 는 혀로 꿀을 핥기 시작했다. 그 순간, 시그문드는 늑대의 혀를 꽉 물 었다. 늑대는 온 힘을 다해 몸부림쳤지만 시그문드도 절대 혀를 놔 주지 않았다. 늑대와 사투를 벌이느라 시그문드가 묶여 있던 말뚝이 부러졌고 그러면서 밧줄도 풀렸다. 시그문드는 두 손으로 늑대의 아 가리를 잡고 비틀어 버렸다.

이 광경을 지켜보던 하인은 시그니에게 쪼르르 달려가 방금 벌어 진 일을 그대로 보고했다. 시그니는 기쁨에 겨워 이렇게 말했다.

"볼숭 가문의 자손이 살아남았구나! 언젠가는 시게이르 왕에게 앙 갚음할 날이 오고야 말 것이다."

하인은 여전히 숲 속에서 시그문드를 지켜보며 그가 어디에 몰래 오두막을 짓는지 확인했다. 시그니는 가끔씩 시그문드에게 먹을 것 과 필요한 것을 보내 주었다. 시그문드는 사냥을 하거나 산적 행세를 하면서 살았고, 숲은 결코 떠나지 않았다. 시게이르 왕은 볼숭 가문 의 자손이 근처에 시퍼렇게 살아있다는 사실을 꿈에도 알지 못했다.

시그문드와 신피오틀리

시구르드는 어머니 히오르디스가 들려준 아버지 시그문드의 삶과 죽음에 대해 생각했다. 시그문드는 숲 속에서 사냥꾼으로 살면서 시게이르 왕이 다스리는 왕국을 결코 떠나지 않았다. 때로는 시그니에게 도움을 받기도 했다. 볼숭 가문 최후의 자손인 시구르드와 시그니는 아버지와 형제들의 원수에게 복수할 날을 고대했다.

시그니는 아들을 보내 시그문드를 돕게 했다. 어느 날 아침, 열 살배기 남자 아이가 시그문드의 오두막을 찾아왔다. 시그문드는 이 아이가 시그니의 아들임을 알았다. 시그니는 시그문드에게 자기 아들을 볼숭 가문의 전사로 키워 주길 부탁했다.

시그문드는 그 꼬마를 쳐다보지도 않고 말도 별로 걸지 않았다. 시그문드는 사냥을 하러 나가면서 꼬마에게 한마디 툭 던졌다.

"꼬마야, 저기 밀가루 포대가 있다. 그 밀가루로 빵을 만들어 놓아라. 내가 돌아오면 먹을 수 있도록 말이다."

한참 후 시그문드가 사냥에서 돌아왔다. 그런데 빵이 준비되어 있지 않았다. 꼬마는 겁에 질린 채 밀가루 포대만 바라보고 있었다.

"빵을 만들어 놓지 않았느냐?"

시그문드가 물었다.

"포대 안에 뭔가 섞여 있는 것 같아요. 가까이 가는 게 무서워요."

"넌 간이 콩알만 하구나! 어머니에게 돌아가서 너는 볼숭 가문의 전사가 될 만한 자질이 없다고 전해라."

시그문드가 그렇게 말하자 꼬마는 울면서 집으로 돌아갔다.

한 해가 지나고 시그니의 또 다른 아들이 숲 속 오두막을 찾아왔다. 이번에도 시그문드는 그 꼬마에게 눈길도 주지 않고 말도 잘 걸지 않았다. 그러다가 저번처럼 꼬마에게 심부름을 시켰다.

"저기 밀가루 포대가 있으니 내가 돌아오기 전까지 밀가루로 빵을 만들어 놓아라."

시그문드가 돌아왔을 때 역시 빵이 준비되어 있지 않았다. 꼬마는 밀가루 포대를 보며 겁에 질려 있었다.

"빵을 만들어 놓지 않았구나."

"포대 안에 밀가루 말고 뭔가가 있어요."

"너도 간이 콩알만 하구나! 어머니에게 돌아가 너도 볼숭 가문의 전사가 될 자격이 없다고 전해라."

이 꼬마도 자기 형처럼 울면서 집으로 돌아갔다.

시그니에게는 두 아들이 전부였다. 하지만 얼마 지나지 않아 아들이 또 태어났다. 아이가 어느 정도 자라자 시그니는 이번에는 정말 마지막이라 생각하고 시그문드에게 보냈다.

"어머니가 너에게 무슨 말씀을 하셨느냐?"

시그문드가 오두막에 나타난 아이에게 물었다.

"아무 말씀도 안 하셨어요. 그냥 장갑을 제 손에 꿰매 주셨어요. 손

에서 빠져 나가지 않게요.”

“장갑을 손에 꿰맸다고?”

“네, 피부에 꿰맸어요.”

“아파서 울지 않았니?”

“볼숭 가문 사람은 이런 일로 울지 않아요!”

시그문드는 이 아이를 한참동안 바라보았다. 키도 크고 팔다리도 꽤 두꺼웠으며 눈빛에는 전혀 두려워하는 기색이 없었다.

“이제 제가 뭘 하면 되죠?”

“저기 밀가루 포대가 있으니 내가 돌아오기 전까지 빵을 만들어 놓아라.”

시그문드가 사냥에서 돌아왔을 때 빵이 구워지고 있었다.

“밀가루 포대 안에 뭐가 있지 않았느냐?”

“밀가루 안에 뱀 같은 게 있었는데, 밀가루랑 같이 반죽해 버렸어요. 지금 뱀도 같이 불에 구워지고 있을 거예요.”

시그문드는 큰소리를 웃더니 두 팔로 아이의 목을 껴안았다.

“그 빵은 먹으면 안 돼. 독이 든 뱀이 들어가 있거든.”

이 아이의 이름은 신피오틀리(Sinfiotli)였다. 시그문드는 아이를 훈련시켜 자기처럼 사냥꾼으로 만들어 놓았다. 그리고 두 사람은 이리저리 돌아다니며 시게이르 왕과 관련된 사람들에게 보복을 가했다. 신피오틀리는 성격이 매서웠지만 거짓말을 전혀 못할 정도로 정직했다.

어느 날 시그문드와 신피오틀리가 사냥을 하러 나갔을 때, 어두운 숲 속에 어느 낯선 집을 보게 되었다. 집 안으로 들어가자 두 남자가 깊이 잠들어 있었다. 팔목에 큰 금팔찌를 한 걸로 보아 왕가의 자손임이 틀림없었다.

자고 있는 두 사람 옆에 늑대 가죽도 보였다. 그들이 벗어 놓은 것이었다. 시그문드는 이 두 사람이 늑대 가죽을 뒤집어쓰고 늑대로 변신해 숲을 이리저리 뛰어다닌다는 걸 눈치챘다.

시그문드와 신피오틀리는 늑대 가죽을 훔쳐 뒤집어쓰고 늑대로 변신했다. 늑대로 변신한 두 사람은 숲 속을 이리저리 뛰어다녔다. 늑대 가죽을 벗으면 다시 사람으로 돌아왔다. 시그문드와 신피오틀리는 늑대로 변신해 시게이르 왕의 사람들을 더 많이 죽였다.

그러던 어느 날 시그문드가 신피오틀리에게 말했다.

"너는 아직 어리니 무리하지 않으면 좋겠구나. 한 번에 일곱 명까지는 상대하되, 그 이상이면 늑대의 울음소리로 네가 있는 곳을 알려다오."

신피오틀리는 그렇게 하겠노라고 약속했다.

하루는 시그문드가 늑대로 변신해 숲 속을 돌아다니고 있었다. 그런데 갑자기 숲 속에서 늑대와 사람들이 싸우는 소리가 들렸다. 시그문드는 당연히 신피오틀리가 자기를 부를 거라고 생각했다. 하지만 늑대의 울음소리는 들리지 않았다. 시그문드는 싸우는 소리가 들리는 쪽으로 갔다. 가는 동안 숲 속에 열한 명의 사람들이 죽어 있는 게 보였다. 시그문드는 수풀 속에 엎드려 있는 신피오틀리에게 다가갔다. 신피오틀리는 많은 적을 상대하느라 지쳐서 헐떡이고 있었다.

"혼자서 열한 명이나 물리쳤구나. 왜 나를 부르지 않았느냐?"

시그문드가 물었다.

"왜 시그문드 님을 불러야 하죠? 저는 그렇게 연약하지 않아요. 혼자서도 열한 명은 너끈히 상대할 수 있다고요!"

시그문드는 신피오틀리의 말대꾸에 화가 났다. 신피오틀리를 노려보는데 사악한 늑대의 본성이 자신을 사로잡는 것 같았다. 시그문드

는 휙 뛰어오르더니 날카로운 이빨로 신피오트리의 목을 물었다.

신피오틀리는 숨이 턱 막혀 죽을 것처럼 고통스러웠다. 너무 세게 물었다는 걸 깨달은 시그문드는 마음이 아파 크게 울부짖었다.

시그문드는 신피오틀리를 깨어나게 하려고 혀로 그의 얼굴을 핥았다. 그때 족제비 두 마리가 저쪽에서 싸우는 모습이 보였다. 한 녀석이 다른 녀석의 목을 물었다. 그러자 물린 녀석은 거의 죽은 듯이 쓰러졌다. 시그문드는 그렇게 싸움이 끝났다고 생각했다. 하지만 동료를 물었던 족제비가 약초 잎을 가져다가 쓰러진 녀석의 상처에 올려놓았다. 그랬더니 상처가 깨끗이 나았고 다시 일어나 팔팔하게 움직였다.

시그문드도 부리나케 똑같은 약초를 찾기 시작했다. 운이 좋게도 까마귀 한 마리가 부리에 약초를 물고 있었다. 시그문드가 다가가자 까마귀는 약초를 떨어뜨리고 날아가 버렸다. 이렇게 시그문드는 천만다행으로 약초를 얻을 수 있었다! 신피오틀리의 목에 약초를 올려놓자 상처가 씻은 듯이 나았고 몸도 기운을 되찾았다. 시그문드는 가슴을 쓸어내리며 신피오틀리와 함께 숲 속 오두막으로 돌아왔다. 다음 날 해가 뜨자마자 두 사람은 늑대 가죽을 불태웠고, 다시는 늑대의 사악한 본성이 자신들을 사로잡지 않게 해 달라고 신들에게 기도를 올렸다. 그 사건 이후로 시그문드와 신피오틀리는 어떤 모습으로도 변신하지 않았다.

볼숭 가문의 복수와
신피오틀리의 죽음

신피오틀리도 어느새 자라 청년이 되었고 힘도 강해졌다. 이제 볼숭 가문의 비극을 초래한 시게이르 왕에게 앙갚음할 때가 다가왔다. 시그문드와 신피오틀리는 머리에 투구를 눌러 쓰고 손에 검을 쥐어 들고는 시게이르 왕의 궁전으로 향했다. 두 사람은 왕궁 입구에 놓여 있던 술통 더미 뒤에 숨어서 왕의 병사들이 왕궁을 떠나기만을 기다렸다.

궁전에서 시게이르 왕의 어린 아이들이 놀다가 한 아이가 공을 떨어뜨렸다. 공은 술통 더미 뒤쪽으로 굴러갔다. 공을 쫓아가던 아이는 술통 뒤에 숨어 있는 무장한 두 사람을 발견했다. 아이는 신하에게 가서 술통 뒤에 누가 있다고 일러바쳤고, 신하는 왕에게 그 이야기를 전했다. 시게이르 왕은 자리에서 일어나 병사들을 불렀다. 그러고는 술통 뒤에 숨어 있는 사람들을 당장 잡아 오라고 명령했다. 이미 숨

기는 글러 먹은 시그문드와 신피오틀리는 자리에서 벌떡 일어나 왕의 병사들과 맞서 싸웠다. 하지만 곧 사로잡히고 말았다.

사실 두 사람은 그 시간 그 자리에서 죽임을 당해서는 안 되었다. 해가 진 뒤에 포로를 죽이는 것은 불법이었기 때문이다. 그럼에도 불구하고 시게이르 왕은 두 사람을 구덩이에 가두고 그 위에 흙을 덮어 산 채로 매장하라고 명했다.

명령은 그대로 이행되었다. 게다가 큰 널돌을 구덩이에 넣어 공간을 둘로 나누었다. 시그문드와 신피오틀리를 각각 한쪽씩 들어가게 했다. 가운데가 돌로 막혀 있어 서로 죽어 가는 목소리는 들을 수 있지만 서로 도울 수는 없었다.

왕의 하인들이 구덩이 입구를 흙으로 덮고 있는데, 망토를 뒤집어쓴 사람이 신피오틀리가 있는 쪽에 짚으로 둘러싼 무언가를 던져 넣었다. 어느새 구덩이는 완전히 덮여 하늘이 보이지 않았다. 그때 신피오틀리가 시그문드에게 소리쳤다.

"저는 죽지 않을 거예요. 왕비 님이 고기를 짚으로 싸서 넣어 주셨어요."

또 한참 후에 신피오틀리가 소리쳤다.

"고기 안에 검이 있어요. 정말 훌륭한 검이에요. 시그문드 님이 저에게 말해 준 명검 그람인 것 같아요!"

"그게 그람이 맞다면 이 큰 널돌을 뚫을 수 있을 거야. 그 검으로 돌을 찔러 보아라."

시그문드가 말했다.

신피오틀리가 돌을 향해 검을 찌르자 정말 검이 돌을 뚫고 들어갔다. 그들은 그 검으로 널돌을 계속 뚫어 두 동강을 내 버렸다. 그런 다음 함께 힘을 합쳐 흙을 헤치며 구덩이 밖으로 탈출했다.

두 사람은 시게이르 왕의 궁전으로 가서 마른 나무들을 모아 놓고 불을 질렀다. 불길은 금세 궁전으로 옮겨 붙어 활활 타올랐다. 시게 이르 왕이 불타오르는 궁전 밖으로 나오며 고래고래 소리를 질렀다.

"어느 놈이 왕궁에 불을 질렀단 말이냐?"

그러자 시그문드가 말했다.

"나 볼숭의 아들 시그문드가 볼숭 가문의 원수를 갚으러 왔다!"

시그문드의 손에 들려 있는 그람을 보고 흠칫 놀란 시게이르 왕은 다시 궁전 안으로 도망쳐 들어갔다. 그때 누이 시그니의 모습이 보였 다. 시그문드는 누이를 불렀다.

"누이, 어서 나오시오. 어서 나오라고! 이제 시게이르의 궁전에서 벗어나 브란스토크 궁전으로 함께 갑시다!"

하지만 시그니는 이렇게 말했다.

"이제 모든 게 끝이 났어. 원수를 갚았으니 나는 더 이상 살 필요가 없어. 볼숭의 혈통은 이제 네가 이어가도록 해라. 그것이 나의 기쁨 이야. 시게이르 왕에게 시집와서 그와 함께 사는 건 지옥 같았지만, 이제는 정말 기쁜 마음으로 그와 함께 죽을 수 있을 것 같아."

시그니는 그렇게 마지막 말을 남기고 궁전 안으로 들어가 버렸다. 궁전은 무섭게 화염에 휩싸였고 그 안에 있던 사람들은 모두 불에 타 죽었다. 그렇게 볼숭 가문의 복수는 끝이 났다.

숲을 향해 말을 달리던 시구르드는 아버지 시구르드와 신피오틀리 가 원수를 갚았던 일과 그 이후에 그들에게 닥친 일들도 떠올랐다.

시그문드와 신피오틀리는 시게이르의 왕국을 떠나 다시 브란스토 크 궁전으로 돌아왔다. 시그문드는 왕이 되었고 신피오틀리는 왕의 호위대장이 되었다.

이제 시그문드가 보르그힐드(Borghild)라는 여인과 결혼한 이야기, 보르그힐드의 남동생이 사랑한 여인을 신피오틀리도 사랑하게 된 이야기가 펼쳐진다. 보르그힐드의 남동생과 신피오틀리는 한 여인을 두고 꽤 큰 전투까지 벌이게 되는데, 결국 신피오틀리가 보르그힐드의 남동생을 죽이고 만다.

전투가 끝나고 신피오틀리는 다시 집으로 돌아왔다. 시그문드는 신피오틀리와 왕비를 화해시키기 위해 보르그힐드에게 남동생을 잃은 대가로 어마어마한 양의 황금을 주었다. 왕비는 황금을 받으면서 이렇게 말했다.

"아, 내 남동생의 가치가 이만큼이군요. 이제 남동생의 죽음에 대해 더 이상 왈가왈부하지 않겠어요."

왕비는 다시 신피오틀리를 브란스토크 궁전으로 맞아들였다. 보르그힐드는 겉으로는 신피오틀리에게 우호적이었지만, 속마음은 그가 죽이고 싶도록 미웠다.

신피오틀리가 다시 브란스토크 궁전으로 돌아온 날 밤, 궁전에서는 연회가 베풀어졌다. 여왕 보르그힐드는 모든 손님들에게 벌꿀 술을 직접 따라 주었다. 신피오틀리의 차례가 되자 그녀는 뿔잔을 내밀며 이렇게 말했다.

"제 잔을 받으세요. 시그문드 왕의 벗이여!"

하지만 신피오틀리는 그녀의 눈빛을 보더니 잔을 거절했다.

"이 뿔잔을 받지 않겠습니다. 잔에 독이 묻어 있을지 모르지 않습니까?"

그러자 왕비가 신피오틀리를 더 이상 조롱하지 못하도록, 옆에 있던 시그문드가 왕비의 손에 있던 잔을 빼앗아 단숨에 들이켰다. 마지막 한 방울까지 먹었지만 술에는 독이 없었다.

왕비가 신피오틀리에게 말했다.

"다른 사람들이 당신의 술까지 마셔야 하나요?"

그날 밤 왕비는 다시 손에 벌꿀 술을 들고 신피오틀리를 찾아왔다. 왕비가 벌꿀 술을 내밀었지만, 신피오틀리는 그녀의 눈빛에서 증오심을 읽을 수 있었다.

"술에 독이 있을지 모르지 않습니까? 저는 받지 않겠습니다."

이번에도 시그문드가 뿔잔을 받아 벌꿀 술을 단숨에 들이켰다. 또한 번 왕비가 신피오틀리를 갖고 놀았던 것이다.

왕비가 세 번째로 찾아왔다. 뿔잔을 내밀기 전에 그녀는 이렇게 말했다.

"이 술을 마시기 두려워하는 자가 볼숭 가문의 전사라고 할 수 있을까요?"

이번에도 신피오틀리는 왕비의 눈빛에서 증오심을 느꼈고, 그래서 그녀의 조롱에도 불구하고 술잔을 받지 않았다. 시그문드가 옆에 있었지만 이제 술을 대신 마시는 것도 지쳤다. 그래서 신피오틀리에게 이렇게 말했다.

"자네 수염에 술을 좀 묻혀 보지 그래?"

신피오틀리는 시그문드의 말을 이제 그만 술을 마시고 왕비와 화해하라는 뜻으로 알아들었다. 하지만 시그문드의 말은 그런 뜻이 아니었다. 술을 마신 채만 하고 술을 바닥에 흘려버리라는 말이었다. 왕의 말을 잘못 알아들은 신피오틀리는 왕비가 주는 뿔잔을 받아 그대로 마셔 버렸다. 그 순간 술 안에 들어 있던 독이 심장까지 퍼져 나갔다. 신피오틀리는 브란스토크 궁전 바닥에 쓰러져 죽었다.

시그문드는 오랜 벗이자 가족과 같았던 신피오틀리의 죽음이 너무도 가슴 아팠다. 그는 아무도 신피오틀리의 시신에 손을 대지 못하게

신피오틀리의 시신을 받아드는 오딘(요하네스 게르츠 作)

했다. 시그문드는 자신이 직접 신피오트리를 안아 들고 궁전 밖으로 나가서 숲을 지나 해변으로 갔다. 바닷가에 도착하자 어떤 남자가 배를 타고 들어오고 있었다. 시그문드는 배 쪽으로 가서 그 남자를 보았다. 남자는 나이가 많았고 이상하리만치 키가 컸다.

"제가 임금님의 짐을 덜어드리지요."

시그문드는 신피오틀리의 시신을 배에 올려 두었다. 그러자 배는 돛이나 노가 없는데도 바다로 나아갔다. 시그문드는 배 위에 근엄하게 서 있는 노인이 사람이 아니라는 것을 알게 되었다. 그는 바로 명검 그람을 넘겨준 신들의 아버지 오딘이었다.

시그문드는 궁전으로 돌아갔다. 머지않아 왕비도 세상을 떠났다.

바로 그 무렵 시그문드는 시구르드의 어머니인 히오르디스를 새 왕비로 맞이했다.

　이제 시그문드와 히오르디스의 아들이자 볼숭 가문의 전사인 시구르드가 숲길로 접어들었다. 허리춤에 찬 명검 그람과 용의 보물인 황금 투구가 유난히도 밝게 빛나고 있었다.

불꽃 궁전의 브륀힐드

숲길은 산비탈로 이어졌다. 시구르드는 산비탈을 올라 마침내 산 정상에 이르렀다. 힌드펠이라고 하는 산 정상 쪽에는 나무가 거의 없었다. 오로지 하늘만 넓게 펼쳐져 있고 바람이 세차게 불었다. 바로 이곳에 듣기만 하던 불꽃 궁전이 있었다. 궁전 주위로 검은 색의 높은 담이 빙 둘러쳐져 있고 담을 따라 불길이 치솟으며 불의 방벽을 이루고 있었다.

시구르드는 그라니를 타고 불꽃 궁전에 좀 더 가까이 갔다. 불이 타오르는 소리가 마치 짐승이 울부짖는 소리처럼 들렸다. 시구르드는 한참을 말을 타고 궁전 주위를 돌았다.

그러다가 갑자기 말에 박차를 가해 불길 속으로 뛰어들었다. 다른 말 같았으면 겁먹고 멈칫했을 텐데, 그라니는 침착했다. 도무지 두려움을 모르는 시구르드는 이글거리는 화염 속을 거침없이 뚫고 들어갔다.

어느새 시구르드는 궁전 안뜰까지 들어왔다. 인기척은 전혀 없었

불의 방벽을 뚫고 들어가는 시구르드(윌리 포가니 作)

고 개미 새끼 한 마리도 보이지 않았다. 시구르드는 말에서 내려 문
을 열었다. 넓은 방이 나타났다. 그 방 중앙에는 침상이 하나 있었고
그 위에 누군가 잠들어 있었다. 투구를 쓰고 흉갑을 입고 있었다. 시
구르드가 투구를 벗기자 여인의 길고 반짝이는 머리칼이 침상 아래
로 흘러내렸다. 이 사람이 바로 새들이 말한 그 여인이었다.

시구르드는 검으로 흉갑의 잠금 고리도 잘라냈다. 그러고는 한참

잠자는 브륀힐드를 발견한 시구르드(아서 래컴 作)

동안 여인을 뚫어져라 쳐다보았다. 얼굴은 아름다우면서도 뭔가 단호함이 느껴졌다. 여인의 팔과 손은 가녀렸지만 어딘지 모르게 단단함이 느껴졌다. 입술은 야무져 보였고 감은 두 눈 위로 이마는 둥그스름하면서도 날렵했다.

잠에서 깬 여인은 부스스 눈을 뜨더니 고개를 젖혀 시구르드를 올려다보았다.

"나를 잠에서 깨운 당신은 누구신가요?"

"볼숭 가문의 자손, 시그문드의 아들 시구르드라고 하오."

"불의 방벽을 뚫고 저에게 오신 건가요?"

"그렇소."

여인은 침상 위에서 무릎을 꿇더니 빛이 들어오는 곳을 향해 두 손을 뻗었다.

"오, 낮의 신이시여. 낮의 아들인 빛의 신이시여. 밤의 신과 밤의 딸들이여. 제 눈에 축복을 내려 주셨습니다. 아스가르드의 신들이여! 저에게 지혜와 언변과 치유의 능력을 주옵소서. 거짓과 두려움은 물리쳐 주옵소서!"

여인은 눈을 크게 뜨고 신들에게 기도를 올렸다. 시구르드는 태어나서 지금까지 그렇게 푸른 눈은 본 적이 없었다. 푸른 꽃, 푸른 하늘, 푸른 바다, 세상의 그 어떤 것도 그녀의 눈만큼 푸르지 않았다. 여인은 고개를 돌려 시구르드를 바라보았다.

"저는 브륀힐드라고 해요. 한때는 발키리였지만 지금은 그냥 평범한 인간 여자로 살지요. 앞으로 보통 인간들처럼 죽음과 슬픔이 무엇인지 알게 될 거예요. 하지만 발키리일 때처럼 여전히 정직하고 용감하답니다."

브륀힐드는 세상에서 가장 용감하고 지혜로우며 아름다운 여인이

신들에게 기도를 올리는 브륀힐드(아서 래컴 作)

었다. 시구르드도 그걸 알고 있었다. 시구르드는 자신의 검 그람을
브륀힐드의 발 앞에 내려놓으며 그녀의 이름을 불렀다.

"브륀힐드!"

시구르드는 자신이 용을 어떻게 죽였고 새들로부터 그녀에 대해 무슨 이야기를 들었는지 말해 주었다. 브륀힐드는 침상에서 일어나 아름답고 긴 머리칼을 묶었다. 시구르드는 넋이 나간 채 그녀의 모습을 지켜보았다. 두 사람은 나란히 앉아 도란도란 이야기를 나누었다. 브륀힐드는 시구르드에게 놀랍고도 진기한 비밀을 들려주었다.

"제가 발키리였을 때 오딘의 궁전 발할라에서 오딘의 뜻에 따라 전투의 전사자들을 선택하고 승패를 결정하는 일을 했어요. 하지만 저는 신들의 아버지 오딘의 뜻을 거스르는 바람에 아스가르드에서 추방당하고 말았죠. 오딘은 '잠들게 하는 나무의 가시'로 제 몸에 찔러 잠들게 했어요. 두려움을 모르는 용감한 남자가 나타나 저를 깨울 때까지는 잠든 채 누워 있어야 했죠. 누구든 와서 제 흉갑을 벗기면 '잠들게 하는 나무의 가시'도 뽑힐 거라고 했어요. 오딘은 제가 세상에서 가장 용감한 남자와 결혼할 수 있도록 이 궁전 둘레에 불길을 치솟게 해 놓았어요. 그리고 시그문드의 아들 시구르드 당신이 저를 찾아온 거죠. 당신은 세상에서 가장 용감한 남자예요. 검객 티르 신처럼 가장 멋지고요."

브륀힐드는 불의 방벽을 뚫고 들어온 남자의 청혼을 받아들여야 하는데 그 사람이 바로 시구르드라고 말했다. 두 사람은 시간 가는 줄 모르고 대화에 빠져 있었다. 그때 밖에서 그라니의 울음소리가 들려 왔다.

"이제 그만 가 봐야겠소. 나는 세상에서 가장 위대한 영웅이 되어야 하오. 리그니 왕을 무찌르고 파프니르를 죽였지만 아직 아버지와 할아버지보다 많이 부족하오. 나는 최고의 영웅이 된 후에 다시 불꽃 궁전으로 당신을 데리러 오겠소."

"네, 그렇게 하세요. 최고의 영웅이 되세요. 저도 기다릴게요. 시구

최고의 영웅이 되어 돌아오기 위해 브륀힐드와 헤어지는 시구르드(아서 래컴 作)

르드 당신만이 불의 방벽을 뚫고 찾아올 수 있어요."

두 사람은 오랫동안 서로를 지그시 바라보았다. 하지만 더 이상 아무 말도 하지 않았다. 두 사람은 손을 마주 잡고 다시 만날 때까지 다른 사람과 결혼하지 않기로 약속했다. 약속의 징표로 시구르드는 자기가 끼고 있던 반지를 브륀힐드에게 건네주었다. 예전에 안드바리가 끼고 있던 그 반지였다.

니벨룽 궁전에 간 시구르드

 시구르드는 불꽃 궁전을 떠나 니벨룽(Nibelung) 가문 사람들이 다스리는 왕국으로 갔다. 기우키(Giuki)가 그 나라의 왕이었다. 기우키 왕과 왕비와 왕자들은 시구르드를 진심으로 환영했다. 니벨룽 가문 사람들은 시구르드가 최고의 영웅이 될 사람이라는 것을 알아보았다. 시구르드는 니벨룽의 왕자들인 군나르(Gunnar), 회그니(Högni)와 함께 전쟁에 나가 큰 승리를 거머쥐기도 했다. 세 사람은 곧 영웅으로 추앙받았는데, 특히 시구르드가 다른 두 사람보다 더 뛰어났다.

 세 사람이 전쟁에서 돌아오자 니벨룽 궁전은 기쁜 마음으로 그들을 맞아들였다. 시구르드는 니벨룽 가문 사람들이 무척 마음에 들었다. 특히 군나르, 회그니와 마음이 잘 맞아 세 사람은 의형제를 맺었다. 기우키 왕에게는 구토름(Guttorm)이라는 의붓아들도 있었는데, 그는 시구르드와 의형제를 맺지는 않았다.

 전쟁이 끝났지만 니벨룽 가문 사람들은 시구르드에게 올 겨울만 니벨룽 궁전에 머물러 달라고 부탁했다. 시구르드의 마음속에는 불꽃 궁전에 두고 온 브륀힐드에 대한 생각으로 가득했지만, 아직 그녀에게 가지 않기로 했다. 의형제를 더 돕기로 약속했기 때문이다.

그러던 어느 날 시구르드는 말을 타고 길을 가고 있는데, 우연히 새들이 이야기하는 소리를 들었다. 새 한 마리가 이렇게 말했다.

"저기 시구르드 봐 봐. 파프니르의 보물인 마법의 투구를 쓰고 있어."

그러자 다른 새가 말했다.

"그런데 시구르드는 저 투구를 쓰면 변신할 수 있다는 걸 모르고 있는 것 같아."

또 다른 새가 말했다.

"맞아. 저 투구를 쓰면 무엇이든 할 수 있다는 걸 모르나 봐."

니벨룽 궁전으로 돌아온 시구르드는 저녁 식자 자리에서 니벨룽 가문 사람들에게 오늘 낮에 새들에게서 들은 이야기를 들려주었다. 그러고는 마법의 투구도 보여 주었다. 또 자기가 어떻게 파프니르를 죽였고 엄청난 보물을 얻게 되었는지도 이야기했다. 그 자리에 있던 두 의형제는 시구르드가 놀라운 보물을 얻게 된 것을 함께 기뻐해 주었다.

하지만 많은 보물보다도, 놀라운 투구보다도, 시구르드에게는 브륀힐드에 대한 기억이 더욱 소중했다. 그러나 아무에게도 그녀에 대한 이야기는 하지 않았다.

왕비의 이름은 그림힐드(Grimhild)였다. 그림힐드는 군나르와 회그니와 이복형제 구토름의 어머니였다. 왕과 왕비 사이에는 딸이 하나 있었는데, 이름은 구드룬(Gudrun)이었다. 영민한 여인이었던 그림힐드는 시구르드가 세계 최고의 영웅임을 단번에 알아보았다. 그녀는 시구르드를 니벨룽 가문의 일원으로 만들고 싶었다. 그러려면 니벨

룽의 왕자들과 의형제를 맺
는 것으로는 부족했다. 좀 더
각별한 관계가 필요했다. 시
구르드에게 엄청난 보물이
있다는 이야기를 들은 뒤로
는 그를 맞아들이고 싶은 열
망이 더욱 간절해졌다. 황금
투구와 훌륭한 갑옷을 입고
있는 시구르드를 보면서 그
림힐드는 저 사내를 자기 딸
구드룬과 결혼시켜야겠다고
마음먹었다. 물론 시구르드
나 구드룬은 그림힐드의 생
각을 전혀 알 리가 없었다.

왕비는 시구르드를 가까이
서 관찰해 보니 옛 사랑에 대
한 기억 때문에 구드룬에게
눈길을 주지 않는 것 같았다.

시구르드에게 묘약이 섞인 술잔을 건네는 구드룬(아서 래컴 作)

그래서 시구르드의 기억을 지울 묘약을 만들었다.

어느 날 밤 니벨룽 궁전에서 연회가 한창 벌어지고 있었다. 왕비는
묘약을 섞은 술잔을 구드룬의 손에 쥐어 주면서 시구르드에게 가져
다 주라고 시켰다.

시구르드는 구드룬이 전해 준 술잔을 받아들고는 꿀꺽 마셔 버렸
다. 술잔을 내려놓고 연회장을 걷는데 마치 꿈속을 거니는 것처럼 느
껴졌다. 시구르드는 정신이 몽롱해져 자기 방으로 들어갔다. 그렇게

하루가 지나고 이틀이 지났는데, 시구르드는 말수도 적어지고 뭔가 잃어버린 사람처럼 마음이 허전했다. 군나르와 회그니가 뭐 잃어버린 것 있냐고 물었지만, 시구르드는 아무 말도 하지 못했다. 자기가 무엇을 잃었는지조차 몰랐기 때문이다. 시구르드의 기억 속에서 불꽃 궁전에서 만난 발키리 브륀힐드에 대한 추억은 모조리 사라졌다.

시구르드는 구드룬을 알고 있었지만 처음으로 그녀를 자세히 살펴보기 시작했다. 곱게 땋아 내린 머리가 아름다웠고 손도 참으로 고왔다. 눈은 야생초 같았고 몸짓과 말투는 온화했다. 그러면서도 왕국의 공주답게 타고난 기품이 느껴졌다. 구드룬은 그라니를 타고 황금 투구를 쓴 시구르드의 모습을 처음 봤을 때 이미 사랑에 빠져 있었다.

야생 백조들이 호수를 찾아올 시기가 되자 구드룬은 둥지를 만드는 백조를 구경하러 호숫가로 내려갔다. 시구르드는 소나무 숲을 지나가다가 우연히 호숫가에 있는 구드룬을 발견했다. 그녀의 아름다운 모습이 호숫가의 풍경 전체를 바꾸어 놓는 듯 했다. 시구르드는 말을 멈춰 구드룬이 백조들에게 불러 주는 노랫소리를 들었다. 예전에 대장장이 뵐룬드(Völund)가 백조 신부인 알비트(Alvit)를 위해 만든 노래였다.

이제 시구르드의 마음은 호숫가에서 노래를 부르는 구드룬에 대한 기억으로 가득했다. 시구르드의 눈에는 구드룬이 궁전에서 어머니와 마주 앉아 수를 놓는 모습이나 아버지나 형제에게 상냥하게 대하는 모습이 모두 사랑스러워 보였다.

시구르드는 의형제 군나르와 회그니에게 여동생을 아내로 맞이하고 싶다고 말했다. 군나르와 회그니는 무척 반가워하며 좋아했다. 그들은 시구르드를 기우키 왕과 그림힐드 왕비 앞에 데려갔다. 왕과 왕비는 구드룬과 결혼하고 싶다는 시구르드가 마치 니벨룽 가문의 사

람이 된 것 마냥 기뻐했다. 구드룬도 소식을 듣자, 어머니에게 이렇게 말했다.

"오, 어머니. 지혜로운 어머니께서 저에게 이런 기쁨을 허락해 주셨어요. 저는 정말이지 너무도 그를 사랑합니다. 하지만 티를 내지는 않을 거예요. 위대한 영웅은 그런 사랑에 관심이 없을 테니까요. 저는 그냥 영웅의 아내로서 열심히 내조만 하겠어요."

시구르드와 구드룬은 결혼식을 올렸다. 니벨룽 왕국 전체가 축제 분위기로 달아올랐다. 여왕 그림힐드는 속으로 생각했다. 묘약의 효과는 시간이 지나면서 차츰 사라지지만, 시구르드의 마음속에는 구드룬을 향한 사랑이 가득해 다른 기억이 비집고 들어올 틈이 없을 거라고 말이다.

군나르가 브륀힐드를
아내로 얻다

시구르드는 구드룬과 결혼하면서 니벨룽 가문의 사위가 되었다. 파프니르의 동굴에서 얻은 보물도 모두 가져와 니벨룽 가문의 보물 창고에 쌓아 두었다. 그리고 다시 양아버지의 왕국으로 돌아가 알브 왕과 어머니 히오르디스에게 인사를 올렸다. 하지만 그때까지도 시구르드는 불꽃 궁전에 대해, 자신을 기다리는 브륀힐드에 대해 전혀 기억하지 못했다.

기우키 왕이 죽고 시구르드의 의형제인 군나르가 니벨룽 왕국의 왕이 되었다. 그의 어머니는 아들을 혼인시키려고 했지만, 군나르는 어머니에게 아직 아내로 삼을 만한 여인을 찾지 못했다고 말했다.

하지만 시구르드와 단둘이 있을 때, 군나르는 사실 관심을 두고 있는 여인이 먼 곳에 살고 있다고 말해 주었다. 시구르드가 이 여인에 대해 좀 더 자세히 말해 달라고 조르자, 군나르는 시인들이 말하는

세상에서 가장 지혜로운 여인이라고 이야기해 주었다. 그녀는 바로 불꽃 궁전에 사는 브륀힐드였다!

시구르드는 군나르에게 어떻게 소문만 듣고 그 여인에게 매력을 느낄 수 있는지 속으로 의아했다. 하지만 군나르가 마음에 든다는데 찾아가서 여인을 얻지 못할 이유가 무엇인가? 군나르는 시구르드에게 그 여인을 아내로 삼을 수 있도록 도와 달라고 부탁했다. 시구르드는 군나르의 손을 꼭 붙잡고 반드시 그렇게 해 주겠다고 약속했다.

군나르와 회그니, 그리고 시구르드는 힌드펠을 향해 말을 달렸다. 그곳에 도착하자 산꼭대기 위에 검은 담으로 둘러싸인 궁전이 있었다. 궁전은 무시무시한 화염이 방벽을 이루고 있었다. 시구르드는 그 장소 역시 전혀 기억하지 못했다. 군나르는 말을 타고 불의 방벽을 뚫고 들어가려고 했다. 하지만 그의 애마 고티(Goti)는 이글거리는 화염 속으로 들어가려 하지 않았다. 군나르는 시구르드의 애마인 그라니를 타면 불의 방벽을 뚫고 들어갈 수 있을 거라고 생각했다. 하지만 그라니는 자기 등에 탄 사람이 불을 무서워한다는 걸 알고는 뛰어들려고 하지 않았다. 오로지 시구르드만이 그라니를 타고 화염 속을 들어갈 수 있었다. 세 의형제는 당황스러워 어찌할 바를 몰랐다. 하지만 곧 지혜로운 회그니가 묘안을 생각해 냈다.

"브륀힐드에게 갈 수 있는 방법이 있어. 시구르드가 마법의 투구로 변신할 수 있잖아. 그러니까 시구르드가 군나르로 변신한 다음 그라니를 타고 불의 방벽을 지나가면 되는 거지."

회그니의 기발한 생각에 군나르의 얼굴에 웃음꽃이 피었다. 시구르드는 께름칙했지만 차마 거절할 수가 없었다. 그는 마법의 투구를 쓰고 군나르의 모습으로 변신했다. 그런 다음 그라니에 올라타 불의 방벽에 뛰어들었다. 시구르드는 불꽃 궁전의 안뜰에 들어섰다. 그러고는 말에서 내려 방 안으로 걸어 들어갔다.

방에 들어서자 한 여인이 표적을 향해 활을 쏘고 있었다. 그러다가 시구르드 쪽을 돌아보는데, 얼굴이 아름다우면서도 단호함이 느껴졌다. 머리카락은 신비로운 빛깔을 내며 밝게 빛났고 눈은 밤하늘의 별처럼 반짝였다. 시구르드는 그녀가 자기에게 활을 쏠 거라고 생각했지만 그러지는 않았다. 브륀힐드는 활을 내려놓고 그에게 사뿐히 걸어왔다. 가까이 다가온 그녀는 군나르로 변신한 시구르드를 의심스러운 눈으로 올려다보며 물었다.

"당신은 누구시죠? 불의 방벽을 뚫고 저에게 온 당신은 누구신가요?"

"니벨룽 가문의 자손, 기우키의 아들, 군나르라고 하오."

시구르드가 말했다.

"당신이 세상에서 가장 용감한 사람인가요?"

"나는 저 활활 타는 화염을 뚫고 당신을 만나러 왔소."

"불의 방벽을 뚫고 오는 사람은 저에게 청혼할 수 있어요. 마법의 룬 문자로 적혀 있기 때문에 반드시 그렇게 되죠."

브륀힐드는 화가 난 눈으로 그를 쏘아보았다.

"오, 아무래도 전사의 무기를 가지고 있는 당신과 싸우는 건 무리겠죠?"

하지만 그녀는 말이 끝나기 무섭게 두 손으로 그를 붙잡아 넘어뜨리려고 했다. 두 사람은 별안간 몸싸움을 벌이게 되었다. 둘 다 힘이 장사인지라 상대를 넘어뜨리지 못했다. 한 사람은 인간 세상에서 제일가는 영웅이었고, 또 한 사람은 천상의 여전사 발키리 출신이었다. 시구르드는 브륀힐드와 손을 맞잡았다. 브륀힐드의 손가락에 반지를 보자마자 몸을 뒤로 젖히며 반지를 손가락에서 빼냈다.

그 반지는 바로 시구르드가 브륀힐드에게 약속의 징표로 준 반지였다. 예전에 안드바리가 끼고 있던 반지이기도 했다. 반지가 손가락에서 빠지자 브륀힐드는 힘이 빠진 사람처럼 풀썩 주저앉았다.

시구르드는 브륀힐드를 들쳐 엎고는 그라니가 기다리고 있는 곳으로 나왔다. 시구르드는 브륀힐드를 말 위에 태웠다. 두 사람은 다시 불의 방벽을 뚫고 궁전 밖으로 나왔다. 회그니와 군나르가 기다리고 있었다. 브륀힐드는 불의 방벽을 뚫고 나오는 사이에 두 손으로 얼굴을 가리느라 회그니와 군나르를 보지

그라니를 타고 불꽃 궁전에서 탈출하는 브륀힐드
(아서 래컴 作)

못햇다. 시구르드는 다시 제 모습으로 돌아왔고, 브륀힐드를 두 사람에게 넘겨준 뒤 먼저 니벨룽 궁전에 도착했다.

시구르드는 궁전에 들어올 때 아내 구드룬이 아들 시그문드와 놀고 있었다. 시구르드는 구드룬 옆에 앉아 지금까지 있었던 이야기를 들려주었다. 의형제 군나르를 위해 자기가 군나르로 변신해 불의 장벽에 뛰어들어 발키리 출신 브륀힐드를 만난 이야기도 했고, 그녀와 몸싸움을 해서 제압하고 그녀의 반지를 빼서 지금 자기가 끼고 있다

는 이야기도 들려주었다.

심지어 불꽃 궁전을 이번에 처음 간 게 아닌 것 같다는 말도 했다. 변신하지 않은 채 불의 장벽에 뛰어들었던 기억이 희미하게 난다고 말했다. 또 구드룬이 전해 준 술을 받아먹었을 때 꿈속을 걷는 듯 몽롱했던 기억도 이야기했다.

그 순간 때마침 군나르와 회그니가 브륀힐드를 데리고 니벨룽 궁전 안으로 들어왔다. 구드룬은 자리에서 일어나 오빠의 아내가 될 브륀힐드를 반갑게 맞이했다. 그런데 시구르드는 다시 브륀힐드를 보자마자 모든 기억이 되살아났다. 아뿔싸! 시구르드는 자신도 모르게 큰 한숨을 내쉬었다.

시구르드의 죽음

하루는 군나르의 아내이자 왕비가 된 브륀힐드가 시구르드의 아내 구드룬과 함께 강가에서 머리를 감고 있었다. 사실 둘이 함께 있는 일은 거의 드물었다. 발키리 출신인 브륀힐드는 누구보다도 도도하고 자존심이 셌다. 그래서 가끔은 시누이인 구드룬을 무시하기도 했다. 그런 두 사람이 웬일로 함께 머리를 감고 있었다. 구드룬이 머리를 흔들자 물방울이 브륀힐드에게 튀었다. 브륀힐드가 짜증을 내며 멀리 떨어졌다. 구드룬은 브륀힐드가 화가 난 지도 모르고 뒤따라갔다.

"언니, 왜 자꾸 강을 거슬러 올라가는 거예요?"

구드룬이 물었다.

"자네가 머리를 흔드니까 물방울이 튀잖아?"

브륀힐드가 짜증 섞인 투로 대답했다.

브륀힐드는 혼자 있고 싶어 강 상류로 올라갔다. 그러자 구드룬이 소리를 질렀다.

"언니는 왜 항상 그런 식으로 말하는 거예요?"

구드룬에게 화를 내는 브륀힐드(아서 래컴 作)

군나르는 처음 만났을 때부터 브륀힐드가 냉랭하고 불친절한 것이
못내 불만스러웠다. 그녀는 브륀힐드가 왜 그러는지 이유를 전혀 알
지 못했다.

그것은 시구르드 때문이었다. 시구르드는 브륀힐드가 불꽃 궁전에서 잠들어 있을 때 찾아와서 잠을 깨워 준 첫 번째 남자였다. 브륀힐드는 시구르드에게 사랑을 주었지만, 시구르드는 그 사랑을 헌신짝처럼 내버리고 이 여인 구드룬과 결혼해 버렸다. 왕년에 여신 발키리였던 브륀힐드는 자존심이 너무 상했고 그것이 마음속에 분노로 변했다.

"언니, 왜 그런 식으로 말하냐고요?"

구드룬이 재차 물었다.

"왕비인 나에게 그렇게 함부로 물을 튀겨서 되겠어?"

브륀힐드가 대꾸했다.

"언니는 왕과 결혼했지만, 군나르 왕은 제 남편보다 용감하지는 않잖아요?"

"내 남편 군나르 왕이 더 용감하지. 왜 네 남편 시구르드와 비교하는 거야?"

"시구르드는 파프니르를 죽이고 보물을 차지했다고요."

"군나르는 활활 타오르는 불의 방벽을 뚫고 들어왔다고! 그 얘기 들어봤을 텐데?"

"물론 들어봤죠. 그런데 불의 방벽을 뚫고 들어간 사람은 군나르가 아니라 시구르드였어요. 시구르드가 군나르로 변신했던 거라고요. 시구르드가 언니 손에 있던 반지를 빼냈거든요. 보세요. 지금 제 손가락에 있잖아요."

구드룬은 손을 들어 자기 손가락에 있는 안드바리의 반지를 보여 주었다. 브륀힐드는 구드룬의 말이 사실임을 직감했다. 첫 번째로 자신을 찾아온 사람과 두 번째로 찾아온 사람 모두 시구르드였다. 시구르드가 자신과 몸싸움을 벌이고 반지를 빼앗아 갔던 것이다. 청혼을 한 것도 시구르드 자신을 위해서가 아니라 다른 사람을 위해서 했던 것이다.

지금까지 모든 것이 거짓말이었다. 브륀힐드는 세상에서 가장 용감한 영웅과 결혼한 게 아니었다. 그녀는 지금까지 자신을 속인 사람과 함께 살고 있었다. 브륀힐드는 더 이상 아무 말도 하지 않았다. 그녀의 자존심은 시구르드를 향한 증오심으로 바뀌었다.

브륀힐드는 남편 군나르에게 너무나 수치스러워 더 이상 궁전 생활을 기쁘게 할 수 없다고 말했다. 그녀는 연회에도 참석하지 않았다. 수를 놓지도 않았다. 누구에게도 상냥하게 말하지 않았다. 자존심 강한 왕비는 방에서 하루 종일 대성통곡을 했다. 이 소리를 듣는 궁전 사람들은 걱정이 이만저만이 아니었다.

한 번은 시구르드가 브륀힐드를 찾아왔다. 속죄하는 대가로 파프니르의 보물을 모두 주겠다고 했다. 그리고 자신이 기억을 잊게 된 사연도 이야기하면서 거짓으로 청혼한 사실에 대해 용서를 구했다. 하지만 그녀는 이렇게 답했다.

"시구르드, 이미 너무 늦어 버렸어요. 이제 내 마음속에는 분노밖에 없다고요."

남편 군나르가 찾아오자 브륀힐드는 이렇게 말했다.

"당신이 시구르드를 죽인다면 당신을 용서할게요."

브륀힐드의 간절함에 군나르는 잠시 마음이 흔들렸지만 그래도 의형제를 맺은 시구르드를 죽일 수는 없는 노릇이었다.

브륀힐드는 회그니를 찾아가 시구르드를 죽여 달라고 부탁했다. 그러면 그 대가로 파프니르의 보물을 전부 주겠다고 약속했다. 하지만 회그니도 의형제를 맺은 시구르드를 죽일 수 없었다.

시구르드와 의형제를 맺지 않은 사람이 있었다. 군나르와 회그니의 이복형제 구토름이었다. 브륀힐드는 구토름을 몰래 만났다. 구토름은 시구르드를 죽이지 않겠다고 했지만, 브륀힐드가 보니 구토름은 의지가 그렇게 확고한 사람은 아니었다. 브륀힐드는 구토름을 잘 구슬려 시구르드를 암살하고자 마음먹었다. 그녀는 시구르드를 죽이는 것 말고는 더 이상 이 세상에 미련이 없었다.

브륀힐드는 구토름에게 뱀의 독과 늑대의 고기를 섞어서 먹였다. 구토름이 그것을 먹자 반쯤 미친 사람이 되어 브륀힐드가 시키는 대로 따랐다. 브륀힐드는 구토름에게 자고 있는 시구르드를 칼로 찌르라고 명령했다.

시구르드와 브륀힐드의 장례식(찰스 버틀러 作)

구토름은 명령대로 시구르드를 찔렀다. 하지만 시구르드도 숨을 거두기 전에 자신의 명검 그람으로 구토름을 두 동강 내 버렸다.

한편 궁전 뜰에 있던 시구르드의 애마 그라니는 주인의 방에서 나는 소리를 듣게 되었다. 죽은 시구르드를 발견한 구드룬의 비명 소리였다. 그라니는 주인의 죽음을 마음 아파하다가 심장이 터져 죽고 말았다.

브륀힐드도 칼을 꺼내 자신의 심장을 찔렀다. 오딘의 뜻에 불순종한 대가로 인간 여자가 되었고, 거짓말에 속아 인간의 아내가 된 브륀힐드는 결국 이처럼 비극적인 죽음을 맞게 되었다.

사람들은 시구르드의 시신와 그라니의 시체, 시구르드가 썼던 황금 투구와 갑옷을 화장용 배에 실었다. 브륀힐드의 시신도 시구르드 옆에 같이 실었다. 시구르드와 브륀힐드는 함께 바다로 나아갔다. 배는 바다 위에서 불타올랐다. 이렇게 브륀힐드는 다시 한 번 화염 속에 들어갔다. 시구르드와 브륀힐드의 영혼은 함께 아스가르드의 신 발두르와 난나가 있는 곳으로 갔다.

군나르와 회그니는 파프니르의 보물에 서린 사악한 기운이 두려워졌다. 그들은 그 보물을 가져다가 강물 속에 던져 버렸다. 그리하여 강의 여인들이 다시금 그 보물을 차지하게 되었다. 하지만 그들이 보물을 지킬 시간도 오래 가지 않았다. 곧 온 세계에 추운 겨울이 닥쳐왔기 때문이다. 신들의 황혼, 라그나뢰크가 다가오고 있었다!

신들의 황혼

온 세상에 눈이 내리기 시작했다. 사방에서 칼바람이 불어 닥쳤다. 하늘의 해와 달도 폭설 속에 가려졌다. 이른바 '핌불의 겨울(Fimbul Winter)'이 시작되었다. 봄, 여름, 가을이 오지 않아 아무 열매도 열리지 못했다. 겨울 다음에 계속 겨울이 이어졌다.

겨울은 3년 내내 이어졌다. 첫해의 겨울은 '바람의 겨울'이었다. 폭설과 바람이 몰아치고 혹한이 이어졌다. 살인적인 추위 때문에 인간 아이들은 거의 살아남지 못했다.

두 번째 겨울은 '칼의 겨울'이었다. 살아남은 인간들은 식량을 얻기 위해 서로 싸우고, 훔치고, 죽였다. 심지어 형제끼리도 쓰러뜨리고 살인을 저질렀다. 그리고 온 세상에 전쟁이 일어났다.

세 번째 겨울은 '늑대의 겨울'이라 불렸다. 이때 철의 숲 야른비드에 살던 마녀는 전쟁에서 죽은 인간 시체를 늑대 마나가름에게 먹였다. 크게 자라난 늑대는 나중에 달 마니를 삼키게 된다. 발할라의 용사들은 그들이 앉던 의자에 마나가름의 아가리에서 흘러나오는 피가 후두둑 떨어지는 걸 보게 된다. 바로 그것이 신들에게는 최후의 전쟁이 다가오고 있다는 신호였다.

닭이 울었다. 지하 깊은 곳 헬의 궁전 옆에 있는 검붉은 닭이었다. 라그나뢰크가 임박하자 닭의 울음소리가 지하 세계를 흔들어 깨웠다. 요툰헤임에서는 시뻘건 수탉 퍄라르(Fialar)가 울어 거인들을 깨웠다. 아스가르드에서도 황금빛 닭 굴린캄비르(Gulinkambir)가 울어 발할라의 용사들을 깨웠다.

개도 짖어댔다. 지하 세계의 입구를 지키는 사냥개 가름이었다. 가름이 짖는 소리에 난쟁이들이 돌문 앞으로 몰려와 웅성거렸다. 세계수 이그드라실은 모든 가지가 신음소리를 냈다. 거인들은 배를 움직여 요란한 소음을 냈다. 무스펠헤임에서는 말발굽 소리가 시끄럽게 울려 퍼졌다.

요툰헤임과 무스펠헤임과 헬은 대지를 흔들며 출전을 기다리고 있었다. 아직 펜리르가 신들이 묶어 놓은 쇠밧줄을 끊지 못했다. 펜리르가 없으면 신들을 무찌르기 어려웠다. 머지않아 펜리르가 쇠밧줄을 우지끈 끊어 내는 소리가 들렸다. 그 소리에 맞춰 사냥개 가름이 지하 세계 입구에서 큰 소리로 컹컹 짖어댔다.

그러자 무스펠헤임의 기병대가 전속력으로 돌진하는 소리가 들려왔다. 또 어디선가 로키의 웃음소리도 들렸다. 아스가르드에서 헤임달이 뿔 나팔을 불었다. 발할라 궁전의 각 문마다 용사 800명이 출전 준비를 마치자, 총 540개의 문이 일제히 열렸다.

오딘은 미미르의 머리와 전략을 상의했다. 지혜의 샘에서 미미르의 머리를 꺼내 마법의 힘으로 말을 하게 한 것이다. 오딘은 미미르의 머리에게 에시르 신족과 바니르 신족, 그리고 미드가르드의 용사들 에인헤랴르가 무스펠헤임과 요툰헤임과 헬의 군대에 맞서 어디서

진군하는 오딘의 군대(페터 니콜라이 아르보 作)

싸워야 하고 어떻게 싸워야 하는지 물었다. 미미르의 머리는 비가르
드 평원에서 적군을 맞아야 하고 비록 오딘의 세계가 적과 함께 파멸
하더라도 모든 힘을 다해 적의 세력을 파괴할 정도로 큰 전쟁을 치러
야 한다고 조언해 주었다.

무스펠헤임의 기병대가 무지개다리 비프뢰스트에 도달했다. 기병
대는 신들의 도시 아스가르드를 불바다로 만들 생각이었다. 하지만
기병대가 무지개다리에 올라타자 그 무게에 못 이겨 다리가 무너져
내렸다. 결국 기병대는 신들의 도시에 입성하지 못했다.

세계를 휘감고 있던 뱀 요르문간드는 바다 속에서 밖으로 불쑥 튀
어나왔다. 그러자 큰 홍수가 일어나 육지에 살아남아 있는 것은 죄다
쓸어 버렸다. 홍수 때 거인들이 오랫동안 만들어 놓은 나글파르와 헬

파멸할 운명인 신들의 전쟁(프리드리히 빌헬름 하이네 作)

의 배가 물 위로 떠올랐다. 나글파르은 요툰헤임의 군대를 태워 아스
가르드로 향했다. 로키도 헬의 배에 늑대 펜리르를 태워 마지막 전쟁
이 벌어질 전장으로 나아갔다.

　무지개다리 비프뢰스트가 무너졌기 때문에 에시르 신족과 바니르
신족, 에인헤랴르와 발키리는 말을 타고 아래쪽 강을 건너 비가르드
평원으로 내달렸다. 오딘은 황금 투구를 쓰고 마법의 창 궁니르를 움
켜쥔 채 용사들의 선두에 섰다. 오딘의 양 옆에는 영웅 토르와 검객
티르가 함께 섰다.

　암흑의 숲 미르크비드(Mirkvid)에서는 바니르의 신들이 무스펠헤임
의 기병대를 맞았다. 무지개다리가 끊어진 곳에서 무스펠헤임의 기
병대가 불꽃을 일으키며 다가왔다. 뇨르드는 여전사로 무장한 거인
아내 스카디와 함께했다. 프레야도 그 자리에 함께 있었고 프레이도

자신의 수호 여전사가 되어 줄 거인 아내 게르다와 함께했다. 괴물 수르트의 칼날은 무시무시할 정도로 번뜩였다. 프레이가 스키르니르에게 건네준 칼 말고는 지금까지 그처럼 번뜩이는 칼은 세상에 없었다. 프레이와 수르트는 치열한 결전을 벌였고 결국 그곳에서 프레이는 최후를 맞이했다. 프레이가 마법의 칼로만 싸웠더라도 그렇게 허무하게 죽지는 않았을 것이다.

이제 사냥개 가름이 세 번째로 짖었다. 가름은 온 세상을 휘젓고 다니다가 무서운 속도로 신들의 군대가 진을 치고 있는 비가르드 평원으로 돌진하기 시작했다. 땅에서는 가름이 큰 소리로 컹컹 짖어대고 하늘에는 독수리 흐레스벨그(Hræsvelg)의 찢어질 듯 우는 소리가 울려 퍼졌다. 그러자 하늘이 갈라지고 세계수 이그드라실이 뿌리째 흔들렸다.

요툰헤임의 배와 헬의 배, 무스펠헤임의 기병대와 사냥개 가름이 신들이 기다리는 비가르드 평원으로 몰려왔다. 비가르드 평원을 둘러싸고 있는 바다 속에서 거대한 뱀 요르문간드도 튀어나왔다.

오딘은 자신을 바라보고 있는 신들과 용사들에게 이렇게 외쳤다.

"우리는 목숨을 다해 싸우며 우리의 세계가 스러져 가는 것을 지켜볼 것이다. 그러나 우리가 모두 죽고 난 뒤에도 저 악한 세력이 살아남지 못하도록 죽을힘을 다해 싸울 것이다!"

그때 헬의 배에서 늑대 펜리르가 뛰쳐나왔다. 펜리르가 아가리를 쩍 벌렸는데 아래턱은 대지에 닿았고 위턱은 하늘에 닿았다. 이 괴물 늑대는 오딘과 맞서 싸웠다. 토르는 괴물 뱀 요르문간드와 싸우느라 오딘을 도울 수 없었다.

오딘은 온 힘을 다해 싸웠지만 결국 늑대 펜리르에게 죽임을 당했다. 이때 젊은 세대의 신들이 전장으로 달려왔다. 이번에는 오딘의

오딘과 늑대 펜리르의 싸움(에밀 되플러 作)

아들이자 침묵의 신인 비다르가 늑대와 맞붙었다. 비다르는 가죽 조
각을 엮어 만든 가죽신을 신고 있었다. 그는 가죽신으로 늑대의 아래
턱을 밟고 두 손으로 위턱을 꽉 잡은 채 아가리를 비틀어 찢어 버렸
다. 이렇게 해서 적진에서 가장 두려운 존재를 제거하게 되었다.

　괴물 뱀 요르문간드는 독을 뿜어낼 듯 위협적인 자세를 취했다. 그
독을 뿌리면 신들의 군대가 전멸할지도 모르는 일이었다. 토르는 서
둘러 뛰어와 쇠망치 몰니르로 뱀을 내리쳤다. 그런 다음 곧바로 뒷걸
음질했지만 뱀이 내뿜는 독을 피하지 못했다. 결국 천둥의 신 토르도
눈이 멀고 숨이 막혀 죽고 말았다.

토르와 괴물 뱀 요르문간드의 싸움(에밀 되플러 作)

　헬의 배에서 로키도 뛰어내려 신들의 파수꾼인 헤임달과 맞서 싸
웠다. 사투 끝에 로키는 헤임달을 쓰러뜨렸지만 자신 역시 헤임달의
손에 죽고 말았다.

　늑대 펜리르를 쇠밧줄로 묶기 위해 자신의 오른손을 희생한 티르
도 용감하게 싸웠다. 온 힘을 다해 싸워 왼손으로 수많은 적군을 쓰
러뜨렸다. 하지만 사냥개 가름이 죽기 살기로 덤벼든 탓에 티르 역시
전장의 이슬이 되고 말았다.

　무스펠헤임의 기병대가 전장으로 달려왔다. 기병대의 무기는 모두
날카롭게 번뜩였다. 기병대는 여기저기서 불꽃을 일으켰다. 괴물 수

불타오르는 아스가르드(에밀 되플러 作)

르트가 땅에 불을 내지르자 이그드라실에 불이 옮겨 붙었다. 이렇게
해서 세계수 이그드라실도 불에 타 재로 변해 버렸다. 그런데 그 불
이 다시 무스펠헤임의 기병대와 수르트를 비롯해 모든 적군을 불살
라 버렸다.

늑대 하티는 태양 솔을 뒤쫓았고 늑대 마나가름은 달 마니를 쫓아
다녔다. 결국 늑대들은 솔과 마니를 게걸스럽게 먹어 버렸다. 별도
하늘에서 떨어졌다. 세상은 암흑천지가 되었다.

바닷물이 불타 버린 땅 위를 덮었고 바다 위 하늘은 껌껌했다. 솔과 마니가 더 이상 빛을 비추지 않았기 때문이다. 시간이 흘러 바다가 물러가고 다시 푸르고 아름다운 새 육지가 드러났다. 하늘에도 새로운 태양과 달이 떠올랐다. 솔의 딸과 마니의 딸이었다. 이제는 무시무시한 늑대에게 쫓기지 않아도 되었다.

다음 세대의 젊은 신 네 명이 세계에서 가장 높은 산꼭대기에 서 있었다. 오딘의 아들 비다르와 발리, 토르의 아들 모디와 마그니였다. 모디와 마그니는 아버지의 망치 묠니르를 찾아내 그때까지도 세계를 어지럽히고 있던 사냥개 가름과 늑대 마나가름을 때려 죽였다.

비다르와 발리는 어느 덤불 속에서 돌판을 발견했는데, 거기에는 선대의 신들이 마법의 룬 문자를 새겨 놓았다. 그 문자는 비다르와 발리에게 아스가르드의 하늘 위에 있는 세계와 수르트의 불꽃에도 끄떡 없는 신들의 궁전 김리(Gimli)를 알려 주었다. 하늘 위에 있는 세계를

라그나뢰크 이후의 새로운 세계(에밀 되플러 作)

다스리는 자는 빌리(Vili)와 베(Ve), 즉 '의지'와 '신성'이었다. 발두르와 회두르는 헬의 궁전에서 돌아왔는데, 두 신은 산 위에 나란히 앉아 신들의 종말 이전에 있었던 일들을 떠올리며 이야기를 나누었다.

어느 깊은 숲 속에 인간 두 명이 살아남았다. 수르트의 불꽃도 이들 두 사람을 피해간 것이다. 두 사람이 잠에서 깨어나 보니 세상은 다시 푸르고 아름답게 변해 있었다. 두 사람은 아침 이슬을 먹고 살았다. 그들은 리프와 리프트라시르라는 여자와 남자였다. 두 사람은 온 세계를 돌아다녔고 남자와 여자 아이들을 낳았다. 이 아이들이 자라서 또 아이들을 낳고 그렇게 대를 이어 가면서 인류는 온 세상으로 퍼져 나갔다.